Zsuzsanna E. Budapest

Das magische Jahr

Mythen, Mondaspekte, Rituale

*Das Handbuch der geheimen
Frauenmacht*

WILHELM HEYNE VERLAG
MÜNCHEN

SPHINX BEI HEYNE
Herausgegeben von Michael Görden
13/3052

Aus dem Amerikanischen
von Annette Charpentier

Umwelthinweis:
Dieses Buch wurde auf
chlor- und säurefreiem Papier gedruckt.

Taschenbucherstausgabe 10/99
Copyright © der Originalausgabe 1989 by Zsuzsanna Emese Budapest
Die Originalausgabe erschien unter dem Titel
THE GRANDMOTHER OF TIME
im Verlag HarperSanFrancisco,
einer Tochter von HarperCollins Inc., New York
Copyright © der deutschsprachigen Ausgabe 1996 by
Heinrich Hugendubel Verlag, München
Genehmigte Taschenbuchlizenzausgabe 1999 im
Wilhelm Heyne Verlag GmbH & Co. KG, München
http://www.heyne.de
Printed in Germany 1999
Umschlaggestaltung: Atelier Bachmann & Seidel, Reischach
Umschlagabbildung: Agentur Walter Holl/Norbert Lösche, Aachen
Innenillustrationen: Robin Dorn und Judith Mitchell
Satz: Pinkuin Satz und Datentechnik, Berlin
Druck und Bindung: Elsnerdruck, Berlin

ISBN 3-453-15503-3

Erinnerungen leben weiter. Ich widme diese Arbeit der Göttin aller Festlichkeiten, Habondia – möge sie uns zurück in ihr Paradies geleiten.

Unter den Menschen möchte ich dieses Buch meinen geliebten Söhnen widmen, László und Gábor, meiner Mutter Masika Szilagyi und meiner Generation – den zahlreichen, starken, vielleicht auch revolutionären Baby-Boomern, den Müttern und Vätern des einundzwanzigsten Jahrhunderts.

Inhalt

11

13

15

Zur Benutzung dieses Buches

Der Name der Urmutter der Zeit lautet Anna Perenna. *Annus* bedeutet »das Jahr«, Perenna leitet sich vom lateinischen *perennis* – dauerhaft, stets wiederkehrend – ab. Anna ist unsere Führerin auf der Reise durch den Sonnenkreislauf. Wenn man Anna zu Rate zieht, mit ihr in Kontakt tritt, verinnerlicht man bald den heiligen Kalender ihrer Tage. Man gewinnt für sich selbst, auch im Herzen, an Bedeutung. Die Feste, Zaubersprüche, Geschichten und Lehren führen uns tiefer in die eigene Welt und verleihen uns mehr Kraft, die Wunder des Alltags zu vollbringen. Wenn man sich etwa aufregt, sich einsam fühlt oder Angst vor dem nächsten Geburtstag hat, sucht man im Inhaltsverzeichnis nach dem entsprechenden Zauber, Ritual oder nach Informationen über dieses Thema. Außerdem befindet sich im Anhang ein Register aller angesprochenen Themen. Geburtstagsfeierlichkeiten findet man allerdings im Januar-Kapitel erwähnt, weil ich selbst im Januar geboren bin, und nicht etwa im Juni.

Man kann dieses Buch auf jede erdenkliche Weise lesen, denn es ist kein Roman. Die Dominanz der römischen Festtage zeugt von der Macht des Römischen Reiches, das fast ganz Europa beherrschte und die bestehenden Bräuche entweder abschaffte oder sich einverleibte. Überlebt haben die Traditionen, die die Römer beschrieben und die ich aufspüren konnte. Es war mir aus Platzmangel leider nicht möglich, alle Festtage zu behandeln. Aufgeführt sind jedoch die bedeutendsten, die es wert sind, heute wieder beachtet zu werden. Ich habe auch Festtage von anderen Kontinenten aufgenommen, aber natürlich ist diese Liste ebenfalls nicht vollständig. Kern dieses Buches sind die verlorenen Traditionen und Festtage der alten Europäer aus der Zeit, bevor sie mit Gewalt christianisiert wurden, aber ich konnte den ausgeprägten Kulturen Asiens, Afrikas und Nord- und Südamerikas nicht widerstehen, um die Einheit dieses Fest-Geistes zu belegen. Die Geschichten aus meinem Leben sind nach den Jahreszeiten geordnet, nicht chronologisch. Ich versuche mitzuteilen, wie ich mit den Jahreszeiten lebe, wie mein Leben von der Urmutter der Zeit geprägt wurde.

Es war ein überwältigender Drang, der mich anregte, dieses Buch zu schreiben, die Sorge, daß unsere von der Industriellen Revolution geblendete Gesellschaft uns so weit vom Tisch des Überflusses fortgeschoben hat, daß wir die Spiritualität des Lebens, die entsteht, wenn wir unser Leben zelebrieren und Übergangsrituale feiern, nicht einmal mehr vermissen. Das Leben besteht aus mehr als nur der Arbeit und einem guten Gehalt. Wir müssen uns heute, kurz vor der nächsten Jahrtausendwende, wieder unserem Erbe und den alten Feiertagen zuwenden, müssen mehr Festtage begehen und unser Leben mit schuldloser Macht bereichern. Anna, unsere Urmutter, will, daß wir glücklich sind und uns als bedeutsam empfinden. Sollten wir uns nicht das gleiche wünschen?

Danksagung

Dieses Buch entstand aus meinem Radioessay »Jeder Tag ist ein Feiertag« in Berkeley. Ich danke Ginny Z. Berson und meinen Hörern für ihre ermutigende Reaktion, die es mir ermöglichte, weiterzumachen und den Essay zu einem Buch zu entwickeln. Besonderen Dank schulde ich Jane Ellen Harrison, der bekannten Autorin und Professorin für Archäologie, die durch ihre Werke »Themis« und »Prolegomena to the Study of Greek Religion« meine Aufmerksamkeit auf die besonderen Festtage der Frauen lenkte. Dazu beigetragen hat auch das Buch von Lawrence Durbin-Robertson, »Juno Covella. Perpetual Calendar of the Fellowship of Isis«. Danke, Marli Rabinowitz, für den Glauben an die Göttinnen-Bewegung, für Freundschaft und Philanthropie. Danke, Melissa Reed, meine jugendfrische und kompetente Assistentin, die das »Spiritualitäts-Forum«, unsere gemeinnützige Basisgruppe für Frauen, in Gang hielt, während ich schrieb. Danke, Diana L. Paxson, für die liebevolle Redaktion meines Manuskripts und konstruktive Kritik; ein Dank geht an meine langjährige Göttin-Freundin Merlin Stone, die das Manuskript auf Zugfahrten korrigierte. Merlin, göttliche Liebe für deine Hilfe! Danke, Diana Rae, für die Hilfe bei der Endfassung des Manuskripts und bei der Komposition und Aufnahme der wunderbaren Audiokassette, die für die amerikanische Ausgabe des Buches konzipiert wurde. Und schließlich danke ich Jan Johnson, meiner Lektorin, und Yvonne Keller von Harper & Row, die an dieses Buch glaubten und mir bei allen Terminen beistanden. Ihnen allen meinen herzlichsten Dank!

Ein Leben ohne Feste ist nur ein halbes Leben

Als kleines Mädchen in Ungarn verbrachte ich meine Ferien oft auf dem Land. Dort erwachte bei bestimmten, besonderen Gelegenheiten noch der Geist der alten Volksmärchen zum Leben. Dann empfand ich immer eine tiefe, ursprüngliche Freude, die ich sonst nie erlebte, selbst nicht bei den großzügigen Geburtstagsfeiern, die meine Eltern immer für mich veranstalteten. Etwas schlummerte in den hintersten, dunklen Ecken meines Wesens, als sei auch ich einst an diesen Spielen, der allgemeinen Ausgelassenheit, den Maskeraden und dem Mummenschanz beteiligt gewesen, hätte die letzte Kornpuppe gefunden, die hübsche Maikönigin geküßt oder wäre selbst Maikönigin gewesen. Dank meiner Freunde aus Nagykunság, die mich in diese heimlichen Riten einführten, klopfte mein Herz wie wild vor Aufregung und Vorfreude auf die verbotenen, aber heiligen Spiele.

Und was haben wir getrieben? Ich weiß noch, daß wir uns immer ausgiebig verkleideten. Wir bastelten uns Masken für das Gesicht und wurden so zu Bären, Hähnen, Gänsen, Feenköniginnen, alten Weibern, bösen und guten Geistern. Wir stibitzten Milch von den Kühen und tranken sie noch lauwarm, um unsere Gesundheit zu erhalten. Wir verschütteten etwas davon auf dem Boden, um dem gesamten Haushalt Glück zu bringen. Aber das waren beileibe nicht die aufregendsten Rituale. Ich sehnte mich damals immer danach, alt genug zu sein, um mit den anderen mit stampfenden Schritten um die lodernden Feuer herum zu tanzen, die rein und ohne Rauch brannten, weil nur bestimmte Holzsorten verwendet wurden. Mich faszinierten die Tänze der Frauen,

die in einer Schlange hintereinander hergingen und mit altüberlieferten Schritten die vier Enden des Universums anriefen. Erst rückblickend wurde mir klar, um was es bei diesen
Tänzen eigentlich ging. Die Kostüme der Tänzerinnen waren
reich verziert wie die Gewänder von Königinnen. Wie Königinnen trugen sie eine Krone. Sie zogen dreizehn Röcke übereinander an, und wenn sie herumwirbelten, sahen sie aus wie
lebendige Räder, wie erblühende Rosen. Wenn ich nur ein
paar Jahre älter gewesen wäre, hätte ich dabeisein dürfen!

Die Atmosphäre bei diesen Festlichkeiten war immer voller Spannung und Erwartung. Die jungen Frauen und Männer fingen jedes Signal auf, das unter ihnen ausgetauscht
wurde. Auch verbargen sie ihre Anziehung zueinander nicht
vor den jüngeren Mädchen, sondern diskutierten jede Ein-
zelheit mit dem stolzen Bewußtsein ihres Geschlechts. »He,
warum gehst du nicht zu Tibor hinüber? Er schaut dir schon
den ganzen Abend nach«, forderte ein Mädchen das andere
auf. »Wenn ihr zusammen durch das Feuer springt, werdet
ihr noch in diesem Jahr heiraten!«

Manchmal stellten sich die Eltern gegen solche Ehever-
sprechungen, aber auch sie wurden meist vom Zauber dieser
Nacht besiegt. In der Mittsommernacht traten selbst die
Schüchternsten vor, um ein Mädchen zu umwerben, und die
ungehobeltsten Jungen wurden plötzlich ganz sanft. Einzelne Paare verschwanden im Obstgarten und liebten sich unter
den Sternen; andere küßten sich unter den Bäumen, andere
wiederum umwarben einander und unterhielten sich.

Ich erinnere mich unter anderem daran, wie ich mit vielen
anderen kleinen Mädchen unter den Sternen sang. Es waren
Lieder, die man kaum von Sechsjährigen erwarten würde,
weil es um Hirschkönige ging, die Rehköniginnen bespran-
gen, und darum, wie der Feuergott sich in den Schoß einer
schönen Jungfrau legt. Kleine Mädchen, die auf dem Land
groß wurden, bekamen alle normalen Lebensaktivitäten mit.
Wir wußten alles, respektierten alles und hielten Sex für etwas Natürliches, das wir eines Tages auch erleben würden.

Ich weiß noch, wie ich einmal bei einem der Kochfeuer einschlief. Fett von dem darüber brutzelnden Speck tropfte zischend in die heißen Kohlen. Die Feiernden fingen es mit Brotbrocken auf und spülten es mit neuem Wein hinunter. Die sternenklaren Nächte schienen endlos. Man erblickte unzählige Sternschnuppen, bei denen man sich etwas wünschen durfte, und die Festteilnehmer tanzten, küßten sich, gaben sich einfach der süßen Ekstase der Nacht hin oder sangen mit uns.

Das waren die letzten Tage des traditionellen, ländlichen Lebens in Ungarn, die letzten ohne Fernsehen, als das wichtigste Thema noch war, an welchem Platz in der Stadt man den Maibaum aufstellte, als wir uns noch auf Ostern freuten, wenn die Jungen uns in ihrem Sonntagsstaat besuchten. Wir Mädchen besprengten uns mit Parfüm und empfingen sie mit einem Ei und einem Kuß.

Als ich über die Feiertage schrieb, regten sich all diese Erinnerungen in mir. Ich weiß noch, daß es besondere Tage gab, an denen nur wir Frauen feierten, bestimmte Zeiten bei Vollmond, wenn nur die Frauen einen glückbringenden Tanz begannen. Wenn ein Junge auch nur das leiseste Geräusch unseres Tanzes mitbekam, war der Zauber verdorben, wie Elfenpulver, das man umsonst verstreut hat. Das gleiche galt für die Jungen. Für sie gab es einen Tanz des Zauberstabes, einen Schwertertanz und sogar einen, bei dem sie mit einem Stuhl tanzten! Heute sind diese Tänze, die der Frauen wie der Männer, klugerweise in das Repertoire des Ungarischen Volkstanzensembles integriert.

Wenn ich diese uralten Tänze aus heutiger Sicht betrachte, sehe ich, wie heidnische Magie sich bis in die Körperbewegungen und in die Abfolge der Tanzschritte hinein bewahrte. Sie alle erzählen Geschichten, von den Jahreszeiten, von der Beziehung der Natur zum Menschen, von Frauen zu Männern, Frauen untereinander, Männern untereinander und Kindern. Selbst die Kostüme lassen die Frauen aussehen wie Göttinnen, wie etwa die berühmte *parta*, der sichelförmige Kopfputz, der gewöhnlich reich mit Perlen verziert ist, oder das Halsband *kalaris*. Diese unterscheiden sich nach Regionen, haben aber grundsätzlich die gleiche Bedeutung. Ich könnte noch stundenlang über ungarische Volkskunst weitersprechen, und darüber, wie sie das Bild der Göttin bis ins zwanzigste Jahrhundert hinein bewahrte! Aber das Ziel dieses Buches ist es, die Festtage zu beschreiben, daher kehren wir besser dazu zurück.

Feiern ist eine weibliche Kunstform. Frauen bewahren die Erinnerungen unserer Spezies, sie bereiten die festlichen Speisen. Unsere nährenden Künste sind der Leim, der die Gesellschaft zusammenhält, seit das erste Wildschwein vor dem Höhleneingang am Spieß gebraten wurde, bis zum Weihnachtsbraten, den wir heute nur noch in die Mikrowelle schieben. Feste werden von Frauen begangen, die sich in fließende Gewänder hüllen, in Seidenanzüge, Cocktailkleider oder Abendroben, von leichtfüßigen Nymphen, die die heiligen Tanzschritte befolgen, oder von der Großmutter, wenn sie nach dem Essen ein kleines Tänzchen wagt. Unsere Stimmen erheben sich zu einem himmlischen Chor und preisen die Jahreszeiten, die Göttin, das Glück oder die Ernte. Wir veranstalten mit Freunden und Nachbarn eine Prozession durch die vertraute Umgebung und segnen die Felder.

Aus diesem Stoff sind Feste. Das wollte ich wiederfinden. Es hat sich eine große Einsamkeit auf uns gesenkt: Die alten Religionen, die auf Furcht gegründet sind, sagen uns nichts mehr, der zornige Gott hat seine Macht über uns verloren, und wir lassen ihn toben und zürnen, bis wir den Fernseher abschalten. Aber tief in uns gibt es einen Raum, eine Höhlung über dem Herzen, wo früher die Freude ihren Sitz hatte, die nun spürbarer als je zuvor leer bleibt. Dieser Platz sehnt sich danach, ausgefüllt zu werden. Wir müssen aber darauf achten, womit wir diesen spirituellen Hunger sättigen – mit Fast food gibt er sich nicht mehr zufrieden.

Das erste, was in diese Leere hineingehört, ist unbändiger Mut. Wir brauchen Mut, unseren Glauben an uns selbst zu erneuern, als Kinder der natürlichen Götter. Wir sind wie unsere Eltern – nach göttlichem Bild geschaffen. Um solchen Mut zu gewinnen, müssen wir unsere spirituelle Würde wiedererlangen. Wir müssen uns sagen, daß nur die besten Gedanken in den heiligen Raum unseres Verstandes hineindürfen – nur die positivsten Gedanken waschen unsere Seelen rein von Furcht. Wir müssen unsere Verwandtschaft mit dem ungeheuren Universum bekräftigen und die Erde, unseren wunderbaren blauen Planeten, als unsere Mutter beanspruchen. Dann werden wir unsere ursprüngliche Familie wiederfinden. Endlich sind wir wieder daheim. Wir kommen zurück zu unserem eigenen Mut, die Erde zu lieben und uns selbst.

Als nächstes müssen wir wirklich in Verbindung zu unserem göttlichen Elternteil treten, der Göttin der Zeit, um sie für uns real werden zu lassen. Wir müssen sie in unseren Alltag einbringen, das Göttliche in das tägliche Leben einführen und in Ritualen begehen. Das Schlafzimmer wird zum Tempel, das Arbeitszimmer zu einem Meditationsraum, in dem man häufig ihre Schritte hört. Wir begeben uns auf ein Abenteuer mitten in der Großstadt, begehen urbanen Schamanismus, spüren ihre magischen Kräuter auf und wenden sie an, um in Kontakt zum heilenden, problemlösenden, findigen Teil der Natur zu gelangen. Ihre Kräuter sind wie Telefonnummern, die nicht im Verzeichnis stehen und die wir, wenn wir sie endlich aufgespürt haben, in unser eigenes Adreßbuch eintragen. Wenn wir sie im Weihrauch verbrennen, rufen wir sie an, die Mutter Natur, die überall gegenwärtig ist, aber sonderbar schweigsam bleibt, wenn wir sie nicht geschickt genug und richtig herbeirufen. Unser urbaner Schamanismus wird sie herbeiholen, damit sie uns hilft, uns und unser Eigentum vor Verbrechen schützt und unsere Herzen vor Einsamkeit bewahrt. Wie alle Mütter ist sie besorgt, wie alle Kinder sind wir bedürftig. Nur unser neu gefundener Mut hilft uns über die Unsicherheiten hinweg, wenn wir ihre Macht in uns anzweifeln.

Seit Jahrhunderten wird das Recht der Frauen (und Männer), ihre Festtage zu begehen, von Kirche und Staat angegriffen. In Europa hat man die alten Rituale untersagt und
das Tragen von Masken und Tanzen auf der Straße für unge-
setzlich erklärt. Doch die Menschen klammern sich an ihre
alten Bräuche. Die christliche Kirche versuchte, die zähe Vi-
talität der alten Erdriten zu unterdrücken, indem sie sie dem
Christentum einverleibte. Papst Julius I. verlegte den Geburtstag Jesu vom 6. Januar auf den 25. Dezember, auf den
gleichen Tag wie die Wintersonnenwende, die Geburt der
jungen Sonne. Die alten Festbräuche, das Singen, Trinken
und das Austauschen von Geschenken, finden nun unter
dem Mäntelchen des Christentums statt. Die zahlreichen
Festtage Anfang Februar, unter anderem die Luperkalien im
Mittelmeerraum und das Brigitta-Fest in den keltischen Ländern, wurden in den Feiertag Mariä Lichtmeß umgewandelt.
Der Versuch, die wilde Ungezügeltheit des Februars auf ein
eintägiges Karnevalsfest vor der Fastenzeit zu beschränken,
war noch erfolgloser, und der Karneval ist bis heute in vielen
Ländern ein wichtiges, mehrtägiges Ereignis.

Die beklagenswertesten Opfer dieses Kriegs gegen die alten Feierbräuche waren vermutlich die Feste, die speziell
dem Beitrag der Frauen zum Leben gewidmet waren. Wie
damals, so ist es noch heute: Vom ersten Geburtstag an bis
zu Familienfeiern zu Weihnachten, Erntedank und Chanuk-
ka sind es die Frauen, die die Gemeinschaft mit gutem Essen, gemeinsamem Lachen und Ritualen zusammenschmie-
den. Aber wo sind die Feiern für die übrigen Beiträge der
Frauen zur Gesellschaft geblieben? Im Festtagskalender von
Frauen geht es nicht um Kriege, sondern um die Lebenszy-
klen, mit denen Frauen aufs engste vertraut sind. Die spirituellen Handlungen, Feste und rituellen Zusammenkünfte von
Frauen erinnern uns an unseren Selbstwert, wie auch zuweilen an unsere Sterblichkeit und auch Unsterblichkeit.

Männer und Frauen brauchen Festtage aus dem gleichen
Grund. Ein- oder zweimal im Jahr muß man Gelegenheit

dazu haben, das wilde Tier in sich herauszulassen. Warum ist Ekstase gut für uns? In Ekstase berühren wir den Himmel, leben aber noch auf Erden. Ekstase braucht der Mensch, um die Plackerei und die Beschränkungen des modernen Lebens ertragen zu können. Ekstase befreit uns von angestautem Ballast, ob es seelischer Müll ist oder ungelöste Depression. Sie ist ein Weg für uns, uns von der Vergangenheit zu reinigen und uns zu erneuern.

Heutzutage trinken wir bis zum Exzeß oder nehmen Drogen, aber kann man sich vorstellen, durch Tanz, Musik, frische Luft, Mondschein, Gesang und Freunde in Ekstase zu geraten? Kann man sich vorstellen, hinter einer Maske zur Gottheit zu werden und Menschen zu begegnen, mit denen man normalerweise nie zusammentrifft, um mit ihnen das Fest zu genießen? Kann man sich vorstellen, die Straße nicht nur für einen Protestmarsch zurückzugewinnen, sondern für ein Tanzfest, eine Party oder einfach für einen sicheren Spaziergang? Kann man sich einen gemeinsamen Nenner vorstellen, die Liebe zur Natur und zu den Jahreszeiten, die alle Klassenunterschiede für kurze Zeit aufhebt, wenn Reich und Arm zusammen feiern, wenn die Tore der Reichen sich öffnen, um die Armen willkommen zu heißen?

Dieses Buch wurde in der innigen Hoffnung geschrieben, daß es Menschen anregt, sinnvollere Rituale und mehr Freude zu entwickeln. Wenn man ein Kochbuch lesen kann, kann man auch den Anweisungen in diesem Buch folgen und aus jedem Monat den einen oder anderen Feiertag dem normalen Kreislauf der eigenen Festtage einverleiben. Was nicht gefeiert wird, was nicht ritualisiert wird, geht unbemerkt vorbei, und Gefühle und Geschehnisse werden so langfristig entwertet. Man kann die kleinsten Ereignisse zu einem großartigen Moment des Lebens gestalten, indem man sich die Zeit nimmt, sie zu feiern. Da unsere Gesellschaft es darauf anlegt, die Menschen voneinander zu isolieren, müssen wir unsere eigenen »Selbsthilfegruppen« für Feiern und Feste gründen.

Fast immer in meinem Leben mußte ich mir selbst beschaffen, was ich zur Erfüllung meiner spirituellen Bedürfnisse brauchte. So ist das in den heutigen Zeiten. Doch es ist möglich. Aber wo findet man die Menschen, mit denen man feiern kann, wird man fragen. Man findet sie in Frauengruppen, am Arbeitsplatz, in der Familie, unter Freunden, wo vielleicht ein Interesse an mehr Feiern als an den üblichen paar Festtagen besteht. Man lädt diese Menschen zu einem Abendessen oder einem Frühstück ein und erkundet, was sie davon halten, ein paar Feste von den in diesem Buch vorgeschlagenen zu feiern. Man braucht sich ja nur auf ein Jahr zu verpflichten, auf sechs Monate oder auch nur für ein einziges Fest. Man plant ein solches Ereignis so, daß niemand dabei überfordert wird. Manches kann man allein schaffen, bei anderem braucht man Helfer. Bedauern wird man es sicher nicht: Ein solches Zelebrieren des Lebens schärft das Bewußtsein; die Belohnung besteht aus schönen Erinnerungen.

Die Reise von Anna Perenna, der Urmutter der Zeit, beginnt an ihrem heiligen Tag und führt uns mit ihr auf ihrem natürlichen Weg um die Sonne. Dieses Buch folgt ihr auf dieser Reise. Für jeden Monat gibt es die Botschaft einer Göttin, eine Liste von Symbolen und Aspekten, Ritualen und Zaubersprüchen und einen Kalender der Festtage. Am Ende des Buches finden sich eine Bibliografie und ein Register. Machen wir uns auf den Weg!

Eine Einladung von Anna Perenna, der Urmutter der Zeit

Anna Perenna, die ewige Urmutter der Zeit, hat sich freundlich bereit erklärt, uns durch diese schwierigen und verwirrenden Tage zu führen. Sie lauschte auf die Gebete ihrer Hexen und nahm die Informationen entgegen, die ihr auf den Rauchwölkchen des verbrannten Sandelholzes zuschwebten, und beschloß, uns in einer ihrer zahlreichen Erscheinungsformen als Führerin auf dem vor uns liegenden Weg zu begleiten – Anna Perenna, die Göttin der Zeit, älteste aller Göttinnen. Schon vor der Aufzeichnung der Bibel war sie seit Jahrtausenden als Urmutter der Götter verehrt worden. Aber warum ist diese wichtige Gottheit nicht ebenso bekannt wie die Göttinnen Aphrodite, Gala oder Demeter? Wer weiß! Es könnte sich um einen bequemen blinden Fleck handeln, eine Neigung von uns, die Wirklichkeit, unsere eigene Existenz betreffend, zu ignorieren. Wer denkt schon gern ans Altern oder den Tod oder an die Verwandlung der Gestalt, wenn dieser geliebte Körper der einzige ist, den wir kennen?

Annas Name stammt ab vom sumerischen Prototyp vieler Erscheinungsformen dieser großen Göttin: Anna, Anat, Ann, Ana oder Hannah. Diese Namen bedeuten alle »Herrin des Himmels« (die Zeit wird an den Bewegungen am Himmel gemessen – er ist unsere ursprüngliche Uhr). In Syrien war sie als Anatha bekannt, in Kanaan als Anat, dann wieder als Ana oder Anah. Anna hieß auch die Mutter der Jungfrau Maria. Als Asherah war sie eine Gefährtin Jahwes. Als Anu regierte sie die präkeltischen Stämme. In Phrygien war sie Nana, die Mutter des Erlösergottes. Ihr Name ist Zeugnis ihrer universellen, uralten Abstammung.

Die Römer widmeten Anna Perenna, ihrer doppelköpfigen Göttin der Zeit, zahlreiche Prozessionen, populäre Theaterstücke und Festtage. Einer dieser Köpfe, Prosursa, blickte prophezeiend nach vorn, der andere, Postverta, schaute vom himmlischen Tor aus zurück. Sie war der Anfang und das Ende, Alpha und Omega, und als die kluge Carmenta erfand sie auch alle anderen Buchstaben des Alphabets.

Ihre göttlichen Eigenschaften setzten sich von Kultur zu Kultur fort. Ovid sagte, Anna sei die gleiche Göttin wie die himmlische Mondgöttin Lucina. Für die Kelten war Anna der erste Aspekt ihrer Dreieinigkeit: Ana, der Anfang. Für die Iren bedeutete Ana Mutter, aber auch Schatz, Reichtum und Wohlstand. In ihrem Urmutteraspekt wurde sie auch als Zerstörerin betrachtet (am Ende der Zeiten). Sie besaß einen Kessel der Wiedergeburt wie die Morrigan in Irland. Anna wurde christianisiert und so zur Mutter Marias. Eine Zeitlang galt sie sogar als unbefleckt empfangen – was eigentlich sinnvoll wäre, denn warum sollte die Zeit irgend etwas mit Sex zu tun haben? Aber später entschieden die Christen, die von diesem Thema wie besessen waren, daß es mit Marias unbefleckter Empfängnis genug und die von Anna daher ganz normal verlaufen sei. Wie dem auch sei, die Göttin der Zeit hat bis auf den heutigen Tag überlebt und erlebt gerade ein Comeback.

Meine Lieblingsgeschichten über Anna sind diejenigen, in denen sie sich unter das einfache Volk mischte. Sie verliebte sich nämlich manchmal in einen jungen, gutaussehenden Mann und näherte sich ihm dann in Gestalt einer alten Vettel. »Komm, Jungchen, gib mir einen süßen Kuß auf den Mund«, bettelte sie, aber oft vergeblich. Junge Männer küssen runzelige alte Frauen nicht gern auf die Lippen. Doch dann wandte sie einen Trick an. Sie lockte: »Wenn du mich küßt, Jungchen, werde ich mich in die schönste junge Braut verwandeln, die du je gesehen hast!« Damit hatte sie manchmal Erfolg, und der fragliche junge Mann ging das Risiko ein und küßte sie großzügig.

Und siehe da! Anna, die Göttin der Zeit, die große Schamanin, die ihre Gestalt nach Belieben verändern kann, verwandelte sich in eine junge Braut, schöner und bezaubernder, als der junge Mann es sich je hätte vorstellen können. Wie groß war die Freude des Jungen! Aber für Anna war das Spiel noch nicht zu Ende. Sie neckt die Menschen gern. Als nächstes forderte sie von dem jungen Liebenden: »Ich kann nur die eine Hälfte der Zeit schön sein. Möchtest du mich lieber tagsüber jung und schön, wenn deine Freunde uns sehen, oder nachts, wenn wir uns lieben?« Wenn der junge Mann erkannte, was gut für ihn war, dann antwortete er: »Das ist mir egal, meine Liebste!« Darauf lächelte Anna Perenna und sagte: »Dann bleibe ich die ganze Zeit jung und schön.« Doch wenn er zögerte und begann, Tag und Nacht gegeneinander abzuwägen, verschwand sie auf immer.

Anna, die älteste Gottheit, Urmutter der Zeit, das junge Mädchen des Frühlings, die alte Vettel des Winters, ist bei dieser magischen Reise um die strahlende Sonne unsere Führerin. Komm mit! Laß dir von Anna Botschaften zukommen und Zauber wirken. Lausche mit deinem inneren Ohr und höre auf den irrationalen Teil deines Verstandes. Kann irgend jemand die Zeit wirklich begreifen?

Es spricht die Göttin:
Anna Perenna

Ich habe dir heute eine Botschaft in den tiefen Schnee geschrieben, als du gerade an der alten, kahlen Birke vorbeigingst. Ich spürte deine Verzweiflung und wollte mit dir in Verbindung treten. Ich bin Anna Perenna, die Göttin des kommenden Jahres, aller vergangenen Jahre und all jener, die sich noch entfalten werden. Ich kann dich erkennen, ohne hinzusehen, und ich spüre dich von deiner Geburt bis zum Grab. Doch ans Grab wollen wir hier nicht denken. Nein, eigentlich nur ans Gegenteil. Ich möchte dir nur mitteilen, daß ich dir von nun an Botschaften hinterlassen werde. Daran kannst du erkennen, daß deine Schöpferin dich nicht verlassen hat. Hast du vielleicht geglaubt, daß ich mich nach dem großartigen und schweren Akt der Schöpfung einfach zurückziehe? Mein liebes Kind, das würde ich nicht tun. Ich bin eine verantwortungsbewußte Göttin. Natürlich siehst du mich nicht ununterbrochen, aber ich bin stets da.

Schau, wie die Morgenröte heraufzieht! Das ist deine Fahrkarte für eine Reise mit mir rund um die schöne Sonne. Doch ich will dir noch etwas zeigen. Da, siehst du die Sonne? Unser Planet steht ihr am drittnächsten, und drei ist eine Glückszahl. Wir bewegen uns in einer eiförmigen Kreisbahn um sie herum und feiern die Tagundnachtgleiche, die Sonnenwenden und die Höhepunkte dazwischen. Das macht Spaß, nicht wahr? Über unseren Kalender verteilt begehen wir acht höhere Feiertage, und ich verwandle mich wie eine Schamanin dabei von Jung in Alt und wieder zurück! Wir beginnen mit Halloween, dem heiligen Neujahr. Dann folgt die Wintersonnenwende, Lichtmeß, die Tagundnachtgleiche

im Frühjahr, der Maitag, die Sommersonnenwende, Petri
Kettenfeier, die Tagundnachtgleiche im Herbst, und dann
sind wir wieder bei Halloween. Das ist mein uralter, spiral-
förmiger Tanz.

Hast du dir die kleine Karte angesehen, die ich für dich
gezeichnet habe? Hier bist du! Du stehst gerade wieder am
Anfang. Aber dieses Jahr wird die Reise viel erfreulicher,
denn ich dulde keinen Mißmut. Ich rechne damit, daß du
meine Botschaften ernst nimmst, und erwarte, daß du dir die
Zeit nimmst, meine Geheimnisse zu entziffern, über die in
den Schnee geschriebenen Worte nachdenkst (schnell, ehe
sie schmelzen), deiner Seele erlaubst, innezuhalten und mich
zu entdecken und kennenzulernen.

Ich bin eine Göttin, die gern mit denen arbeitet, die aufmerksam sind, nicht mit den Trägen. Ich zeige dir einen besseren Weg, einen fröhlicheren als den alten. Nur halb bewußt
hieltest du den Blick gesenkt, und die Seele hinkte hinter dir
her, als wolltest du alle Geschenke ablehnen, die ich dir in
die Gene gepackt habe. Sieh doch! Dazu brauchst du nicht
einmal einen Raumanzug, denn das Raumschiff Erde befindet sich schon in vollem Flug. Ich stelle den Kurs genau ein,
und wir fliegen mit Lichtgeschwindigkeit durch den Kosmos.
Das neue Jahr ist meine jüngste Schöpfung – freue dich zu
meinen Ehren daran.

Ich bin die Göttin, die sich nicht fortstiehlt, die Göttin,
die dir dein Leben gab, dich bisher großzog und dich nun auf
einen besonderen Weg führt, denn ich glaube, es gibt unter
euch Menschen zuviel Unglück. So hatte ich mir das nicht
vorgestellt. Du mußt dich an einen neuen Kalender gewöhnen, der mich ebenso feiert wie dich, meine Schöpfung,
Fleisch von meinem Fleisch. Ja, ich bin gleichzeitig in dir
und abgelöst, und wenn du mich früher angerufen hättest,
wäre ich gekommen. Aber du hast dich an einen Gott ohne
Schoß gewandt, ohne Sinn für Humor. Soll ich vielleicht so
tun, als wäre ich er? Nein, mein Kind, ich habe dir die Gelegenheit geboten, zu entdecken, wer ich bin, und ich meine,

du hast mich nun endlich gefunden. Das wurde aber auch höchste Zeit!

An dieser Stelle möchte ich sagen, daß es nicht klug wäre, genau wie ich werden zu wollen. Ich habe dir wie eine Mutter viele Eigenschaften von mir mitgegeben, die du dir zunutze machen kannst. Doch wir beide sind gleichzeitig unabhängig und eins. Ich kann zum Beispiel spontan jung oder alt sein, du nicht. Ich kann in die Zukunft sehen, die Vergangenheit überblicken und weiß alles über das Hier und Jetzt. Das könntest du üben – eine kleine Vorausschau ist für dich gut. Nimm ein Hilfsmittel dazu, etwa die Tarotkarten, Runen oder eine Kristallkugel, und versuche, die Kommunikation zwischen uns zu verbessern. Verweile aber nicht zu lange in der Vergangenheit oder in der Zukunft. Die Vergangenheit war einmal dein Hier und Jetzt, und ich hoffe, du hast sie gut genutzt. Jetzt ist sie vorbei. Bald wird die Zukunft dein Leben sein, aber jetzt noch nicht. Verstehst du, wie ich das meine? Bleibe in der Mitte, und alles wird gut.

Bei unseren monatlichen Besuchen (den Zeitpunkt suchst du selbst aus – traditionell geschieht es bei Vollmond, wenn sich die Astralebenen, Himmel und Erde, berühren) werde ich dir beibringen, wie man meditiert, um dir mehr von mir mitzuteilen und dir zu ermöglichen, mich zu sehen und mit mir zu reden, auch wenn ich jeden Monat in anderer Gestalt erscheine. Meine geliebte Tochter, mein geliebter Sohn, versuchen wir, dies in die Praxis umzusetzen. Komm, begegne deiner Schöpferin, deiner Mutter, deiner Göttin.

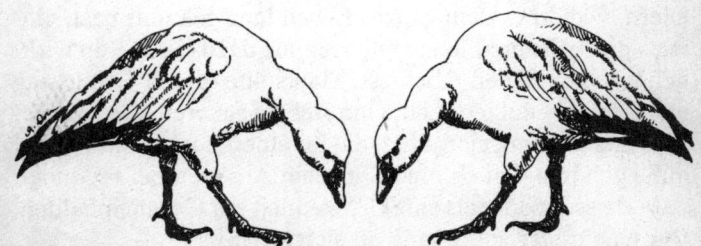

Aspekte des Januar

Der Name dieses Monats ist mit dem des römischen Gottes Janus verwandt, der eine männliche Form von Anna Perenna darstellt. Wie Anna hat auch Janus zwei Gesichter und blickt gleichzeitig in die Vergangenheit und in die Zukunft.

Vollmondaspekt: Kalter Mond, Erderneuerungsmond
Universalereignis: Beginn des neuen Jahres
Gemeinschaftsereignis: Säen des Frühjahrsweizens
Botschaft: Beginn, Empfängnis, Ursprung
Aktivität: Selbstverewigung
Heilwirkung: Den Krankheiten von Gelenken und Haut gewidmet
Passender Zauber: Bestimmung der Ziele für das neue Jahr: Wohlstand, Gesundheit, Zentrumsuche
Farbe: Weiß
Baum: Birke
Blume: Schneeglöckchen
Tier: Fasan, Schneegans
Edelstein: Granat

Annas Zauber, Rituale und Feste für den Januar

Eine Geburtstagsfeier

Du könntest dein Geburtstagsfest, statt es ganz normal so zu feiern, wie du es dein ganzes Leben lang gekannt hast, einmal spiritualisieren. Lade nur Freunde dazu ein, die du wirklich um dich haben möchtest. Man sollte seinen Geburtstag nicht dazu benutzen, Leute um sich zu scharen, die man gerade erst kennengelernt hat, die für einen noch nicht zur Familie gehören – auch nicht, um sein Ansehen bei Freunden zu verbessern oder als eine Gelegenheit zur Gegeneinladung. Der Geburtstag sollte ganz für sich stehen.

Besorge alles so wie üblich – den Zimmerschmuck, Kuchen und Kerzen –, aber folge nicht der üblichen Prozedur, nach der man die Kerzen auf den Kuchen steckt, sie anzündet, ein Lied singt und sie dann mit einem Wunsch ausbläst. Bei einem Wunschzauber bedeutet das Auslöschen der Kerzen, daß man sein Glück fortbläst. Wie kann man es also anders machen?

Man setzt so viele Kerzen, wie man Lebensjahre zählt, auf ein Tablett neben den Kuchen. Jede Kerze stellt ein Jahr des Lebens dar. Ich benutze dazu jüdische Chanukka-Kerzen, denn sie haben genau die richtige Größe; außerdem gibt es sie in vielen verschiedenen Farben. Nimm dir die Zeit, für jede einzelne einen Ständer aus Alufolie zu drehen. Wenn alle Gäste sitzen und »Happy Birthday« singen, serviert man den Kuchen, aber wenn man üblicherweise die Kerzen ausblasen würde, zündet man sie an.

Bei der ersten danke deiner Mutter, die es dir ermöglichte, durch den Schleier zwischen Leben und Tod zu treten und zum Selbst zu werden. Sie ist der Ursprung deines Universums. Die zweite und alle folgenden Kerzen zünde eine nach der anderen zu eigenen Ehren an. Sprich dabei über die Jahre, in denen etwas Bemerkenswertes geschah. Erzähl die Geschichte deines Lebens und laß die Gäste darauf reagieren – sie werden lachen und dir zuprosten. Gib bei deiner Geburtstagsfeier etwa drei gute Geschichten zum besten (andere hebt man für das nächste Jahr auf). Wenn du dein ganzes Leben durchgehen möchtest, geschieht das am besten mit Menschen, die deine Erlebnisse bestätigen oder noch andere Aspekte hinzufügen können, die du vielleicht vergessen hast. Wenn einem ein Ereignis einfällt, das man erwähnen sollte, hält man inne, spricht einen Toast und nimmt die Glückwünsche der anderen entgegen. Man könnte es eine Party der Geschichten nennen. Die Kerzen sollen anschließend natürlich ausbrennen – bei ihrem Licht kann man sich über die eigene Ausdauer und Schönheit freuen.

Zauber für einen gesunden Schlaf

Das Zauberkraut hierfür heißt *Herba euphrasia*. Man bereitet daraus einen leichten Tee und trinkt ihn zur Schlafenszeit: Er soll einen erholsamen Schlaf bewirken. Darüber hinaus hat das Kraut Einfluß auf die seelischen Zentren und erzeugt Träume, die prophetische Visionen enthalten können. Solche Träume schenken Energie durch Einsichten und neue Kraft. Andere gute Einschlaftees bereitet man aus Hopfen, Helmkraut und Kamille.

Zauber, damit der Liebste treu bleibt

Ich habe festgestellt, daß Eifersucht eine bestimmte Form von Machtlosigkeit ist. Wenn du eifersüchtig bist, verschwendest du deine Energien mit Selbsterniedrigung. Werde zum Stadtschamanen, stelle dir die folgende Kräutermischung zusammen und verbrenne sie jeden Abend vor dem Schlafengehen: Man nimmt dazu eine Handvoll Lindenblüten, Basilikum, Piment, Diptamdost und eine gestoßene Nelke. Dies zerreibt man zu einem feinen Pulver und verbrennt es auf Holzkohle. Alten Legenden zufolge zieht eine solche Mischung auch einen Liebhaber an, wenn man allein ist.

Zauber, um sich das Rauchen abzugewöhnen

Zu Beginn des neuen Jahres hast du großartige Entschlüsse gefaßt, nicht wahr? Was war es nur dieses Mal? Gott sei Dank stand die Gesundheit ganz oben auf der Liste. Wie steht es daher mit dem Entschluß, dieses Jahr das Rauchen aufzugeben? Du kennst die vielen Argumente gegen das Rauchen: Es verkürzt dein Leben, es stinkt. Bald werden neue Gesetze erlassen, nach denen man dieser Gewohnheit nur noch in stickigen, muffigen Raucherzimmern nachgehen darf. Damit wird man aus der menschlichen Gesellschaft verbannt. Es wird genauso sein wie damals, als man mit dem Rauchen anfing und es nur heimlich tun konnte.

Faß dir ein Herz! Appelliere an deine höhere Macht, Anna. Sie hilft dir, es durchzustehen, ohne dich zu schelten oder aufzugeben. Sie gibt dir die innere Kraft, die du dazu brauchst. Sei gut zu dir, während du dich änderst. Das ist es: Fühle die Kraft. Sprich einen Zauber für dich, spüre deine Macht. In der Vergangenheit haben viele verschiedene Menschen deine persönliche Kraft gespürt, warum nicht auch du? Zaubersprüche sind wie ein Gebet, und Rituale sind Nahrung für die Seele, Spiele für den Verstand. Man hat die Wahl, ein lebensbejahendes Ritual auszuüben oder ein Todesritual wie das Kaufen, Anzünden und Inhalieren von Zigaretten.

Das Ritual dauert insgesamt zehn Minuten – das sollte dir das Leben wert sein. Dazu gehört aber mehr als nur Kerzenschein. Man füllt zum Beispiel Kapseln mit Enzianpulver und nimmt dreimal täglich eine – Enzian ist ein Heilkraut, das das Verlangen nach Nikotin betäubt. Während der Entzugserscheinungen sollte man eine Mischung aus Rotklee, Huflattich und Königskerze rauchen; diese Mixtur reinigt die Lungen. Man raucht das Gemisch zweimal täglich in einer Pfeife und verringert allmählich die Dosis.

Dann folgt ein weiterer Schritt, bei dem man sich anfangs vielleicht seltsam fühlt, aber was macht das schon? Einige der zu diesem alten Zauber benötigten Gegenstände findet man heutzutage vermutlich nur noch in Läden für Okkultbedarf oder im Versandhandel. Die Adressen findet man im Branchenverzeichnis oder in entsprechenden Magazinen. Man braucht zu diesem Zauber eine Kerze in Gestalt eines Menschen. Als Mann sucht man eine männliche Kerze, als Frau eine grüne, weibliche. Warum muß es unbedingt eine grüne sein? – Weil es die Lieblingsfarbe von Mutter Natur ist – das ist dir vermutlich schon einmal aufgefallen. Hei-

lung hat schließlich damit zu tun, daß man die eigenen natürlichen Kräfte anregt. Auf diese grüne Frauenkerze schreibt
man auf beide Seiten seinen Namen und reibt sie mit dem
Lieblingsduftöl ein – warum nicht auch mit dem Lieblingsparfüm oder -After-shave? Für eine solche Salbung benutze
ich manchmal auch meinen Speichel.

Diese Kerze läßt man nun jeden Freitag zu Ehren des eigenen Körpers brennen und segnet sich dabei selbst. Beim
Blick in die Flamme malt man sich aus, wie die Lungen wieder ihre ursprüngliche kräftige Rosatönung annehmen. Man
bezieht dazu den ganzen Körper ein: Stell dir ein glühendes
grünes Licht vor, das nach und nach deine Chakras durchzieht. Es beginnt bei den Zehen und steigt nach oben auf, bis
es schließlich aus dem Kopf entweicht.

Der nächste Schritt ist etwas schwerer. Während man
sich vorstellt, wie dieses intensive Heilungslicht den Körper durchzieht, hält man bei jedem Organ inne und sagt
dann:

Ich erneuere meine Knochen mit Liebe.
Ich segne meinen Magen mit Liebe.
Ich erneuere meine Lungen mit Liebe.
Ich segne meine Leber mit Liebe.
Ich erneuere mein Herz mit Liebe.
Ich segne meine Augen mit Liebe.

Und so weiter. Segne alle Teile deines Körpers, bis du das
Gefühl bekommst, daß Liebe sich frei aus deinem göttlichen
Zentrum ergießt. Sie hat dort immer existiert, aber man hat
dir vielleicht nie beigebracht, dich selbst zu lieben, und es
kann schwer sein, diese Selbstliebe freizusetzen. Denk einfach immer daran, daß es dich schwächt, wenn du diesen
natürlichen Fluß innerer Heilung zurückhältst. Anna wird
dir beistehen und dir bei diesem Heilversuch die natürliche
Liebe und Unterstützung einer Mutter geben.

Allgemeiner Läuterungszauber

Dieser Zauber stammt aus Nordeuropa. Um einen Neuanfang zu machen, muß das Alte aus dem Weg geräumt werden. Man beginnt, indem man die Wohnung oder das Haus um sich aufräumt, alle alten Kleider wegwirft oder fortgibt, seine Gedanken ordnet und einen knappen Plan für den Rest des Jahres aufstellt. Denk daran, daß dies die Zeit des Jahres ist, wenn wir kühne Phantasien über die Zukunft anstellen und sie uns auf diese Weise zu eigen machen.

Nimm weißes Pergamentpapier und rote Tinte und schreib alles auf, was du dir wünschst. Drück es so genau wie möglich aus. Wenn du noch keinen Hausaltar besitzt, sieh dich nach einem geeigneten Ort in deinem Haus dafür um und ehre ihn. Oft schafft man sich instinktiv einen Platz für die wichtigen Dinge und legt zum Beispiel Geld und Schmuck dort ab, vielleicht auch die Fotos von geliebten Menschen, Erinnerungsstücke an glückliche Zeiten und ähnliches. Man braucht diese Stelle nur zu erkennen und ein wenig aufzuräumen.

Als nächstes braucht man einen Gegenstand, wie ihn die Bauern seit Urzeiten benutzen: eine Kerze, am besten eine weiße, in einem Glas, die dreizehn Tage und Nächte brennt. Es gibt solche Kerzen in Spezialgeschäften, und es ist durchaus gefahrlos, sie so lange brennen zu lassen. Dann legst du deine Wunschliste auf diesen Altar, den besonderen Platz, neben eine Dreizehntage-Votivkerze, die du entweder mit Veilchenöl oder deinem Lieblingsparfüm eingerieben hast. Auf die Liste gibst du ein wenig Speichel, um sie mit dir selbst zu verbinden. Schmücke dein Zimmer mit frischen Birkenzweigen – stelle bei dem Zauber auch ein paar davon auf den Altar. Birkenzweige stellen die Verbindung zu Nordeuropa her. Aber wenn man keine Birkenzweige finden kann, ist das auch nicht so schlimm: Die Birke ist die traditionelle Pflanze für diesen Zauber, doch er wirkt auch ohne sie gut. Man nimmt in diesem Fall andere Baumzweige.

Nach einer heißen Dusche, die die Poren öffnet, tritt man

vor den Altar, nimmt die Birkenzweige und schlägt sich damit sanft an den Hals, während man die Worte spricht:

Ich reinige mich von negativen Gedanken.
Ich reinige mich von alten Mustern.
Ich reinige mich von der Vergangenheit.
Möge mein Geist zu neuem Leben erwachen
wie die Birken, in denen der Saft hochsteigt.

Bitte nicht zu hart mit den Zweigen zuschlagen, denn es handelt sich lediglich um eine symbolische Stimulierung, nicht
um einen masochistischen Akt. Dann schlägt man mit den
Zweigen gegen den Bauch und spricht:

Ich befreie mich von Einsamkeit.
Liebe wird in mein Leben treten
wie neues Leben von einer Mutter.

Und schließlich schlägt man sich mit den Zweigen
an die Füße und spricht:

Ich befreie mich von Trägheit.
Lebenskraft kommt zu mir zurück
wie neues Leben von einer Mutter.

Wenn man will, kann man sich anschließend wieder
anziehen. Dann geht man, im Osten anfangend und im Uhrzeigersinn, in jede Ecke des Hauses oder der Wohnung und
schlägt mit den Zweigen gegen die Wände, das Bett, den
Schreibtisch und so weiter, um die Reste des alten Jahres zu
vertreiben. Anschließend verbrennt man die Zweige im Kamin oder draußen in einem *hibachi* oder Freudenfeuer. Es
ist nicht nötig, dies Abend für Abend zu wiederholen; es genügt, einfach vor der Kerze zu meditieren. Nach zwölf Tagen, wenn die Kerze fast zu Ende ist, verbrennt man die Per-
gamentliste in der letzten Flamme. Jetzt ist man gereinigt und
bereit, kommende Segnungen zu empfangen.

Meditation zur Vertreibung von Furcht

Schaffe Stille rings um dich her. Stell das Telefon ab, erkläre dich für Kinder, Partner und Freunde unerreichbar. Lausche auf die Göttin: Du gehörst nun mir. Um mich zu finden, mußt du dir einen kleinen Raum schaffen, auf den du dich konzentrierst. Zünde eine weiße Kerze an, die dich leitet, verbrenne ein paar Salbeiblättchen in einer Schale. Und nun schließ die Augen und atme mit mir: Dein Atem verbindet dich mit mir, ich kann ihn spüren, und ich atme mit dir.

Denkst du an den Tempel – deinen eigenen spirituellen Raum, den sicheren Ort in deinen Gedanken, an dem Stille und Schönheit herrschen? Komm her, tritt barfuß auf die moosüberzogenen Steine, sieh den Tempel vor deinem inneren Auge, öffne leise die Tür und warte dort gelassen ab. Vielleicht sind meine Vögel da, vielleicht siehst du Blumenfelder oder schneebedeckte Berge. An diesem magischen Ort können Gebäude stehen oder auch nicht. Vielleicht ist es einfach eine Bank in dem geheimen Versteck deines Großvaters, in dem er seine verbotene Pfeife rauchte. Auch deine Erinnerungen leben hier, und du kannst mich von nun an immer hier aufsuchen. Jetzt sehe ich dich, du bist eingetreten, du hast diesen sicheren Ort leicht gefunden. Atme den Salbeiduft ein und hör mir zu:

Du bist ein Kind des Universums.
Ich verleihe dir meinen allmächtigen Schutz.
Du sollst frei von Unfall, Tod und Krankheit sein.
Du erglänzt von Kopf bis Fuß in goldenem Licht.
Du bist mein erwähltes, beschütztes Kind, und ich bin dein
   Schild.
Winde beflügeln deinen Fortschritt.
Wasser reinigt dich von aller Furcht.
Feuer werden dich von Zweifeln läutern,
und die Erde nährt und heilt dich.
Alles ist gut, alles ist gut, alles ist gut.

Und nun wiederhole, bis du es glaubst:

Ich bin ein Kind des Universums.
Die Göttin verleiht mir ihren allmächtigen Schutz.
Ich bin frei von Unfall, Tod und Krankheit.
Ich erglänze von Kopf bis Fuß in goldenem Licht.
Ich bin ihr erwähltes, beschütztes Kind, und sie ist mein
   Schild.
Winde beflügeln meinen Fortschritt.
Wasser reinigt mich von aller Furcht.
Feuer läutert mich von Zweifeln,
und die Erde nährt und heilt mich.
Alles ist gut, alles ist gut, alles ist gut.

Die Festtage im Januar

1. JANUAR
GAMELIENFEST (GRIECHISCH)

Gamelia ist ein anderer Name für Hera, die Himmelskönigin
der Griechen. An diesem Tag wurden Ehen geschlossen,
denn er galt als ein glücklicher Tag für Bindungen. Im alten
Rom begann Anna Perenna ihren Zyklus, und an diesem ersten Tag waren alle Taten gesegnet. Ein Festtagsbrauch bestand darin, Geschenke, *strenea*, unter Freunden auszutauschen – man nannte den Tag danach auch Strenia. Der
Tempel wurde mit Palmen- und Lorbeerzweigen, Süßigkeiten, Datteln und Feigen geschmückt. Sinn dieses Brauches
war es, das neue Jahr mit Geschenken, Freude und Glück
günstig zu stimmen. Manchmal wurden die Früchte auch ver-
goldet. In Frankreich besteht dieser Brauch weiter als die
»Étrennes«, der Austausch von Geschenken zu Neujahr.

San-ga-nichi ist japanisch und bedeutet »drei Tage«, an
denen man üblicherweise Eintopf ißt. Man darf das Haus
nicht ausfegen, weil man damit das Glück hinausbefördern
könnte; außerdem werden die Sieben Gottheiten des Glücks
– *takara-bune*, »Schiff voller Schätze« – geehrt, indem man
bei Straßenhändlern kleine Boote kauft, die die Schätze für
das neue Jahr enthalten: einen Hut, der unsichtbar macht,
einen glückbringenden Regenmantel, einen Geheimschlüs-
sel, eine unerschöpfliche Geldbörse, einen kostbaren Edelstein, eine Gewürznelke, ein Gewicht und einen flachen Gegenstand, der für eine Münze steht. Der Legende nach kann
man mit einem solchen Boot getrost in die Zukunft segeln.

3. JANUAR
INANNA-TAG (SUMERISCH);
GEBURT DER HERRIN

Sie ist der Abendstern, und mit ihrer Geburt feiern wir die Geburt des Lichts. Den Sumerern zufolge »scheint unsere Herrin in den Armen der Mutter in der grauen Dämmerung«. Inanna ist eine Göttin mit großer Macht über Liebende und Städte. Wenn man zu jenen gehört, die Angst vor Erfolg haben, betet man zu ihr. Sie hat mit der gleichen Angst gerungen und gesiegt.

Wer ist Inanna? Im dritten Jahrtausend v. Chr. wurden bei den Sumerern, der Keimzelle der Zivilisation, die komplexen Göttinnen des Lebens, der Liebe und des Todes unter dem Namen Inanna verehrt. Die Babylonier, die den Sumerern als Beherrscher des fruchtbaren Tals folgten, nannten sie Ishtar. Diese Göttin verkörpert die ganze Palette des Menschseins der Frauen, von der Jugendlichen, Geliebten und Mutter zur Zerstörerin und alten Frau. Sie versucht die schwierigste Umwandlung von allen, die der eigenen Seele, und steigt in die Unterwelt hinab, wo ihre Schwester und ihr Alter ego Ereshkigal herrscht. Hier haben wir also eine Göttin von Himmel und Erde, die Herrin der Unterwelt werden will!

Es bedarf großer Reife, freiwillig zu sterben, um die dunkle Seite des Lebens kennenzulernen. In der Unterwelt verliert Inanna alle Macht, ihren Schmuck, ihre Krone und ihre Zauberamulette. Sie ist nackt, machtlos, gedemütigt und ohne Stolz. Die fruchtbare Liebesgöttin wird in der Unterwelt von ihrer Schwester getötet. Indem sie den Tod erleidet, gewinnt sie Kontrolle über ihre Angst, ihren Haß und ihre Furcht. Inanna hat ein höheres Selbst, die Priester-Dienerin Ninsubar (die reine, sonnengleiche Energie), die sich für sie beim Gott der Weisheit einsetzt. Er schickt der einsamen Ereshkigal Geister als Gefährten, die in ihre Klagen einstimmen. Die unglückliche, einsame Königin der Unterwelt wird durch diese Geister von ihrem unendlichen Kummer befreit und bietet ihnen dafür Geschenke an, die sie jedoch ablehnen. Sie verlangen statt dessen den Leichnam Inannas, der sumerischen Königin. Ereshkigal, die durch ihre Gesellschaft sanfter geworden ist, gestattet die Wiedergeburt Inannas, öffnet die Tore des Todes für sie und läßt sie in ihr Reich zurückkehren.

Doch die Gesetze des Todes gelten weiter, und Inanna muß für sich in der Unterwelt einen Ersatz suchen. Die Anzahl der Toten muß gleichbleiben. Inanna besucht ihre Kinder, die um sie trauern, und ihre Priesterin, die sie erwartet. Dann findet sie ihren Gatten, Dumuzi, der sich inzwischen des Throns bemächtigt und die Privilegien der Königin an sich gerissen hat. Sie bestimmt, daß er sie in der Unterwelt vertritt. Einmal im Jahr wird Dumuzi daher in die Dunkelheit verbannt, um seine eigene Verwandlung zu erleben. Wenn man eine Geschichte über Transzendenz sucht, sollte man sich stets an Königin Inanna erinnern, die klug und mutig war.

5. JANUAR
KORE-TAG (GRIECHISCH)

Gegrüßt sei Kore, die göttliche Jungfrau, die alle Dinge über dem Erdboden wachsen läßt. Gegrüßt sei die Kornjungfrau, die Maid der jungen Felder mit Weizen und Gerste, Heil ihrer Nährkraft! Die Frauen im Mittelmeerraum und im Nahen Osten schmückten ihre Statuen mit Edelsteinen und trugen sie durch die Städte. Sie zogen siebenmal mit ihr durch das eigene Haus, um sich vor dem Bösen zu schützen. Am Festtag dieser Göttin trägt man ihr Standbild (man fertigt unter Umständen selbst eines aus Brotteig an) durch das Haus und beschwört sie, alle Krankheiten, Einbrecher und andere Verbrecher von der Schwelle fernzuhalten. »Kore, Kore, Kore, schütze uns und wehre das böse Auge ab.«

6. JANUAR
KORE-FEST (GRIECHISCH)

An diesem Tag veranstaltete man nächtliche Theaterriten und
Feste zu Ehren von Kore, der göttlichen Jungfrau. Fackelträ-
ger gingen in die unterirdische Kultkammer und brachten
eine hölzerne Statue der Göttin herauf, die bis auf ihren
Goldschmuck nackt war. Siebenmal wurde sie auf einem
Gestell durch den Tempel getragen: Die Zahl Sieben bringt
Glück und Erfolg.

Der sechste Januar ist auch die »Zwölfte Nacht«, der
Dreikönigsabend aus den Sagen und Märchen. An diesem
Tag feierten die Kelten die dreifache Gottheit des Schicksals, Spenderin von Gut und Böse, Weberin von Geschichten und Schicksalen – Morgane. In ihren Geschichten er-
möglicht ein Wendepunkt stets, daß das Gute über das Böse
triumphiert.

In Italien ist La Befana das Abbild der Halloween-Hexe,
die wild und ungestüm auf einem Besen einherreitet. An diesem Tag – Befana-Tag oder Epiphanie – fliegt diese gute Fee
über das Land, bringt Segen und füllt die Strümpfe der Kinder mit Süßigkeiten – erschreckt aber alle.

8. JANUAR
JUSTITIA-TAG (RÖMISCH)

Justitia ist die Göttin der Gerechtigkeit. Die europäische
Rechtsgeschichte beginnt mit der Göttin Themis, Vorgänge-
rin von Justitia, deren Name »Äußerung« bedeutet. In ihrem Namen wurden die ersten Eide geschworen. Die Göttin tötete jeden, der ihren Purpurmantel trug und unter Eid
die Unwahrheit sprach. Die Menschen verpflichteten sich
daher von selbst zur Wahrheit, wenn sie sagten: »Ich will
tot umfallen, wenn das eine Lüge sein soll.« Klingt das nicht
vertraut? So wurden Gesetze und Tabus geschaffen. Auf ei-

ner höheren Ebene ist die Göttin Themis die Quelle aller
sozialen Instinkte. Sie ist das Gefühl für Gerechtigkeit in
uns.

8. UND 9. JANUAR
KARNEVAL, FASCHING (EUROPÄISCH)

Auch schon vor dem Christentum war der Fasching oder
Karneval eine fröhliche Zeit. In vielen Ländern spielt er immer noch eine wichtige Rolle und wird von November bis
Mitte Februar gefeiert. Und was feiert man im Karneval? Den
Spaß an der Freude! Die Freiheit von den üblichen Gepflo-
genheiten! In der Phase kurz vor der Fastenzeit werden die
Prozessionen und Umzüge auf den Straßen immer verrück-
ter. Die Menschen dürfen sich ausnahmsweise einmal außerhalb der sozialen Normen bewegen. In Venedig wimmeln die
Plätze von Maskierten, die brennende Kerzen tragen, einander mit Süßigkeiten und Blumen bewerfen und ausgiebig miteinander flirten.

In Spanien gestattet der Karneval jungen Männern, sich
höhergestellten jungen Damen zu nähern, ohne dazu aufgefordert worden zu sein. In Madrid paradieren Karossen mit
elegant gekleideten Menschen durch die Straßen; die Frauen
können sich den Partner für die Festlichkeiten selbst aussuchen, ohne darauf warten zu müssen, daß ein Mann sie ein-
lädt. In Osterreich wird ein »Tanz der Geister« mit bunten
Kostümen und Holzmasken vorgeführt, die Fangzähne und
schreckliche Züge aufweisen, um die bösen Geister zu vertreiben. In dem Karnevalszug zieht auch eine Hexenmutter
mit einem Sack voll Korn für die neue Saat mit, das sie unter
den Feiernden verstreut. Es gibt auch einen sogenannten
Spritzer, der die Leute mit Wasser bespritzt und sie symbolisch befruchtet. Die guten Geister fegen die Straßen mit Besen, und Straßenhändler verkaufen ihre Brezeln an Besen-
stielen aufgehängt.

Laß dich heute gehen! Besuche einen Ball – mach dir eine Maske und häng sie an die Wand. Betone deine Verspieltheit. Wenn man Kinder hat, kann man sich mit ihnen austoben.

11. BIS 15. JANUAR
DIE CARMENTALIEN (RÖMISCH)

In diesen fünf Tagen feierten die Römer ausgiebig ihre Carmenta, die Göttin der Geburt, die die neuen Generationen bringt. Dabei fanden unzählige Prozessionen mit den Matronen der Stadt statt. Carmenta, die hinter dem Nordwind lebte, beherrschte die Scharniere, an denen das Tor des Lebens hängt. Schwangere Frauen boten ihr Gaben an, beteten zu ihr und streuten ihr Reis hin für eine leichte Geburt, denn sie stand den Frauen im Kindbett bei. Die Festlichkeiten begannen mit dem Backen von sahnegefüllten Kuchen, die wie die männlichen und weiblichen Genitalien geformt waren (fast wie unsere heutigen Eclairs). Es gab auch dreieckige Kuchen mit Himbeerfüllung: Sie wurden zu Ehren der Geburtsgöttin verspeist, die schließlich am Anfang von allem steht, was das Leben lebenswert macht.

Am zweiten Tag wurde Carmenta als Mania geehrt, die Mutter aller Geister, denn die Türangeln des Lebens schwingen nach beiden Seiten, zu den Lebenden wie zu den Toten. Um Mania zu besänftigen, fertigten die Frauen kleine Strohfiguren an und hängten sie über die Schwelle, als Stellvertre-

ter für die Lebenden im Haus selbst; Mania nahm diese dankbar an und ließ die Bewohner des Hauses dafür in Ruhe. An den letzten beiden Tagen fanden Prozessionen von Frauen in blumengeschmückten Kutschen statt,

die ihre Rolle als Mütter feierten. Die Carmentalien waren
Tage, an denen man seine Mutter besuchte: Alle Aufmerksamkeit richtete sich auf sie, nicht auf die Kinder. Dies war
eine frühe Version unseres heutigen Muttertags.

An diesen fünf Tagen sollte man kleine Kinder besuchen,
jungen Müttern die Hand geben und auf die Babys von
Freundinnen aufpassen. Unsere Gesellschaft ist gegen junge
Mütter sehr hart und bestraft sie mit Einsamkeit, wenn sie
kleine Kinder haben. Sie haben gewöhnlich nur wenig Geld
für Babysitter und daher nur wenig Zeit für sich. Wenn man
keine Babys kennt, die man besuchen oder denen man Kleider kaufen kann, sollte man eine Blume pflanzen, etwas zum
Sprießen bringen oder Sprossen essen, um sich zu verjün-
gen.

Die Carmentalien sollten eine Zeit sein, in der sich Mütter
gemeinsam für etwas einsetzen, etwa für mehr Kindergarten-
plätze oder ein Ende des Wettrüstens. Wenn sich nun alle
Mütter der Welt zusammentäten, um zu beschließen, die Tore
des Lebens zu schließen, bis eine sinnvolle Waffenkontrolle
in Kraft tritt? Damit meine ich keinen Boykott von Sex und
Spaß, sondern nur eine Weigerung, Kinder zu bekommen,
bis wir sie in eine sicherere Welt gebären können. Wie wäre
es mit einem Baby-Moratorium?

21. JANUAR
DIE SONNE TRITT IN DAS ZEICHEN DES WASSERMANNS

Wassermann ist das Zeichen der Wasserfrau, Sophia oben
und Sophia unten, der Frau als Vermittlerin von Wissen und
Aufklärung: Lerne heute etwas. Schneide einen Eschen-
zweig. Stelle dir Gott als Frau vor. Es ist eine gute Zeit, dem
Impuls nachzugeben, die Dinge zum Besseren zu ändern.
Wassermann ist der Umwandler, der Revolutionär, der die
Liebe zur Zukunft bringt. Stelle Autoritäten in Frage und
wende dich gegen Lügen.

30. JANUAR
FEST DES FRIEDENS: PAX (RÖMISCH)

Pax war die römische Friedensgöttin. Wie sehr haben wir es
nötig, uns ihr zu widmen! Wir zünden weiße Kerzen an, um
ihre Segnungen zu erflehen. An diesem Tag sollte man für
den Frieden arbeiten, einer Friedensgruppe spenden. Wie
kam es, daß die Friedensgöttin heute nicht mehr die Ehrfurcht und das Ansehen genießt wie einst? Selbst die kriege-
rischen Römer feierten mindestens dreimal im Jahr ein Fest
zu ihren Ehren:

Eine lange Prozession nahm von der Stadtmitte aus ihren
Anfang. Sie bestand vornehmlich aus Stadträten und anderen hohen Beamten, die an diesem Tag keine Zeichen ihrer
Würde trugen. Genau wie das gemeine Volk marschierten sie
mit ihren Frauen und Kindern und blieben vor den Altären
stehen, die man entlang der Strecke errichtet hatte. Dort hatte man die Bildnisse von Kaiser oder König (oder wer auch
immer die Macht verkörperte) zu Füßen der Göttin Pax aufgestellt. Priesterinnen von Juno und Diana verlasen auf den
Tempelstufen die Namen derer, die als Feinde des Friedens
und der Frauen galten – denn diese beiden galten als miteinander verbunden. Diese Namensnennung wirkte wie ein
Fluch, sonderte die Betreffenden von der Gemeinschaft ab
und bestrafte sie.

Jüdische Frauen feiern jeden Freitag die Göttin Schechina. Dieses Fest mit Namen Sabbat wird seit Jahrhunderten
vollzogen. Die Frauen zünden weiße Kerzen an und laden
die Göttin – die heilige Braut – in ihr Haus ein. Jüdische Feministinnen haben das Göttinnenbewußtsein in alle jüdische
Feiertage wiedereingeführt. Viele jüdische Frauen feiern gemeinsam den Neumond. Dazu erklärt die Rabbinerin Leah
Novick: »Frauen verlassen die Welt der Taten und betreten
mit ihrer Arbeit für Schechina die Welt des Seins.«*

---

* Persönliche Mitteilung am 12. Januar 1989.

Außerdem wurde an diesem Tag, dem 30. Januar, Zsuzsanna Emese Budapest, Begründerin der spirituellen Frauenbewegung in den Vereinigten Staaten, in Ungarn geboren.

Die Januargeschichte:
Die Geburt der spirituellen Frauenbewegung

Es war im Jahr 1971, am Tag der Wintersonnenwende, dem 21. Dezember. Der Schauplatz war Hollywood, Kalifornien, zwei Blocks vom Hollywood Boulevard entfernt, auf dem Whitley Hill. Niemand hielt den Tag für irgendwie historisch. Es war ein milder Wintertag, und es hatte lange nicht geregnet. Ich erwartete ein paar Freunde zu meinem ersten Versuch, eine öffentliche Versammlung von Frauen zu organisieren, die die Geburt des Lichts feiern und Magie und Feminismus miteinander verschmelzen wollten. Welch gewagtes Unterfangen! Niemand vermutete damals, daß dies eine Massenbewegung in Gang setzen würde, die sich ausbreiten sollte wie Löwenzahn. Nein, es war unser allererstes Treffen.

Bei Sonnenuntergang waren sechs Frauen erschienen, alles enge Freundinnen, die mir als Person genügend vertrauten, um zu wissen, daß nichts »Seltsames« passieren würde. Phyllis war da, eine Fabrikarbeiterin, Katlyn, ebenfalls eine Schriftstellerin und meine neu gefundene beste Freundin, Delphin und ihre Freundin Kirstin und Sally, die Dichterin. Es war eine sehr gemischte Gruppe. Wir setzten uns hin und begannen, uns einen Hexengürtel zu basteln, Bänder aus geflochtenem roten Garn, das die Farbe des Lebens und des Blutes symbolisiert. Wir hatten alle große Mühe bei dieser Aufgabe: Ich hielt das Garn mit dem Mund und flocht von mir weg, Katlyn hielt es zwischen den Zehen und flocht auf sich zu. In den neuen Hexengürteln sahen wir ausgesprochen scharf aus, und das blieb auch unsere einzige »Uniform«.

Ich war damals noch keine erfahrene Hohepriesterin – diesen Namen benutzen wir für die Dirigentin des Orchesters aus Frauenseelen, die die Göttin in einem Kreis anbeten. Ein Großteil der Diskussion beschäftigte sich mit dem Begriff und der Funktion einer Hohepriesterin. Sollten wir überhaupt eine Hierarchie einrichten? Verliert ein Orchester an Macht, weil sich alle Mitglieder auf den Taktstock oder den Dirigenten konzentrieren? Wir alle reagierten allergisch auf jede Erwähnung von Hierarchie. Wir waren Anarchisten, glaubten wir, aber niemand wußte wirklich, was das bedeutete: Es klang einfach ganz gut. Doch diese Diskussionen fanden eher in den folgenden Jahren statt – beim ersten Sabbat gab es keine Fragen, denn ich war die einzige, die über Hexenkunst Bescheid wußte. Die anderen waren bloß gekommen, um sie auszuprobieren und herauszufinden, ob sie eine Bedeutung für Feministinnen hatte. Wir stimmten überein, daß wir nicht auf die Befreiung zuarbeiten konnten, solange unser inneres Selbst unverändert blieb: Die Befreiung muß von innen heraus stattfinden, Befreiung muß über Ängste hinweg geschehen, damit wir die Macht ergreifen können.

»Müssen wir nun dreimal sagen: ›Ich bin eine Hexe‹, Z.?« fragte Phyllis.

»Nein, Phyl, einfach nur für alles offen sein«, antwortete ich.

»Müssen wir ein Kostüm anziehen? Ziehen wir uns aus?«

»Jetzt nicht. Wir müssen feststellen, wohin wir diese erste Sabbatenergie schicken wollen, und dann spontan handeln. Dann werden sich all diese Fragen von selbst beantworten.«

»Meinst du, wir müssen mehr darüber lernen?«

»Nein, wir sind ja die Erfahrung. Das Curriculum sind wir selbst.«

Ich wußte nur noch, an was ich mich von meiner Mutter erinnerte. Man faßte sich in einem Kreis bei den Händen und ließ die Energien verschmelzen. Dann rief man die Ahnen an, die Geister von geliebten Menschen, damit sie kommen und einem helfen. Man flüsterte seine Wünsche in den Wind und sagte Dank für die Segnungen, die bereits unterwegs sind. Ich weiß nicht mehr, ob wir die obligatorischen Kräfte im Osten, Süden, Westen und Norden anriefen (aber ich glaube schon).

Die Energie in der kleinen Wohnung veränderte sich. Der Raum wirkte nun größer, die Frauen sahen im Kerzenlicht aus wie aus den alten Zeiten. Als Kessel benutzten wir einen kleinen japanischen Kochtopf, in dem wir Palmblätter verbrannten. Doch es entwickelte sich zuviel Rauch, und wir mußten die Verandatür öffnen, um ihn zu vertreiben. Dann begann Sally zu singen, zuerst verhalten, dann offen und mit eindringlichen Reimen. Sie trug das Kostüm der Waschbärfrau mit einem Tierschwanz am Hut und einem langen, weichen, braunen Rock, statt ihrer üblichen abgewetzten Jeans. Langsam verwandelte sie sich. Ihre Reise führte sie in das Reich des Waschbären, ihres Führers, und sie sprach stundenlang in Reimen, was Phyllis äußerst nervös machte. Mehrere Male versuchte sie, Sally am Singen zu hindern, aber ich trat dazwischen und lenkte Phyl ab. Ich weiß noch, daß es am allerschwersten war, Sally zu beschützen, damit sie in ihrer Trance sicher war, wie auch Phyllis und die anderen daran zu hindern, bei diesem psychischen Phänomen auszurasten.

Dann sangen wir die üblichen Frauenlieder, weil es noch keine Göttinnengesänge gab wie heute. Wir sprachen Segnungen für alle Schwestern aus und baten die Göttin insbesondere, eine nur Frauen zugeeignete Religion entstehen zu lassen, die aus dem uralten Erbe bestand (soweit es überliefert ist), mit einem beachtlichen Quantum neuerer Offenbarungen. Und wir erbaten uns, daß immer, wenn Frauen beten, sie sich an ihre eigene »Herrin der Wilden Dinge« richten können. Das betrachteten wir als den revolutionärsten Akt: daß der alte, stirnrunzelnde Gott seine Macht über die Frauen verlor. Das konnte ohne Gewalt und Waffen, ganz auf der privaten Ebene geschehen. Diese heilige Entthronung der alten Autoritäten sollte als erster und wichtigster Schritt zu innerer Befreiung und Erstarkung dienen.

Als wir diesen Gedanken formulierten, sorgte sich Katlyn, die Frauen könnten das als Vorwand benutzen, um einfach nur großartige Feste zu feiern. Um sicherzugehen, daß wir niemals vergaßen, wie eng Politik und Religion zusammenhingen, nannte sie den neuen Bund den Susan-B.-Anthony-Bund Nr. 1, denn wir waren überzeugt, daß andere unserem Beispiel folgen würden. Susan B. Anthony war die wohl bekannteste Feministin und Suffragette. Dann aßen wir das, was Delphin gekocht hatte, und versuchten, über unseren Kessel zu springen, wobei wir uns etwas wünschten. Da wir alle politisch engagiert waren, betrafen die meisten unserer Wünsche die politische Freiheit aller Unterdrückten: die Befreiung Chiles, die Herrschaft der Frau über den eigenen Körper (das war immerhin drei Jahre vor der berühmten Gerichtsentscheidung, die die Abtreibung legalisierte).

Nach diesen Segenssprüchen und erhitzt von unserer neuen Magie schlug ich vor, nach draußen zu gehen und den Berg, an dem wir wohnten, einmal zu umrunden. Draußen drohte ein Sturm, und der Himmel war malerisch zerrissen in wilde Wolkenformationen in Gestalt von schwebenden Geistern, lachenden Frauen und fliegenden Vögeln. Wir hielten uns an den Händen und rannten in den Wind. Dann plötzlich öffnete sich der Himmel, und der erste Regen des Jahres begann zu tröpfeln – ein warmer, nicht allzu heftiger, aber ergiebiger Regenguß, fast wie eine Dusche, um den Staub des alten Jahres abzuwaschen. Dann waren wir oben auf dem Hügel angelangt, wo ein Hain aus hohen Palmen sich im Wind beugte. Da hörte ich eine Eule schreien. Eulen hier in Hollywood? Ich wandte mich nach dem Laut um, und oben in einem der Bäume saß ein riesiger, schöner Uhu, mein Lieblingsvogel, und zwinkerte mir zu. Ehrfürchtig verharrte ich. Ich wußte, daß Eulen die heiligen Vögel der griechischen Göttin Athene sind, der Beschützerin der Frauen, der klugen Kriegerin, die Weisheit als ihren Schild benutzte. Ich hielt es für einen guten Zeitpunkt, um ein Omen zu bitten. Wie oft steht man schon in Kalifornien direkt vor einem Orakelvogel?

»O heiliger Vogel der Athene«, betete ich. »Sag mir, ob die Ereignisse dieses Abends das auslösen, was wir uns wünschen, eine globale Göttinnenbewegung. Wenn die Antwort Ja lautet, stoße einen siebenfachen Schrei für mich aus. Heule nur fünfmal, wenn du glaubst, es ist nur für uns, ein Geschenk.« Wir standen wie angewurzelt im Regen vor dem fahlen Vogel. Und dann, ohne jeden Zweifel, rief die Eule siebenmal, und wir alle zählten leise mit. Die Antwort lautete Ja! Es war der Anfang einer großen, wichtigen Bewegung! Sie würde Erfolg haben, die Göttin würde sich erheben und unsere Mühen segnen! Aber wie in aller Welt wird sie ihr Licht verbreiten können? Müssen wir uns verstreuen und andere missionieren wie die Hare-Krishna-Anhänger oder die Fundamental-Evangelisten? Dieser Gedanke machte uns nervös. Bei unserer Rückkehr erwachte Sally endlich aus ihrer Trance und trank einen Tee. Sie erzählte uns, sie habe ebenfalls bei ihrer Reise eine Eule gesehen und fühle sich erfrischt und voller Energie. Das war die wichtigste Wirkung dieses gewagten Abends.

Noch Tage nach diesem ersten Sabbat fühlten wir uns high wie von Drogen. Tiefer, erholsamer Schlaf erwartete uns, aber nach dem Erwachen stellten wir fest, daß wir nur noch halb soviel Schlaf brauchten wie zuvor, denn wir hatten alle das Gefühl, viel länger geruht zu haben. Die Kunde verbreitete sich: »Hexen geben die besten Partys!« Katlyn hatte recht. Wir brauchten niemanden zu missionieren. Die Geschichte vom ersten Sabbat machte schnell ihre Runde. Frauen wünschen sich Wunder, wollen ihren eigenen Zauber und mehr Macht. Sie kamen zu uns, und beim nächsten Sabbat waren wir schon doppelt so viele.

Schließlich mußten wir uns einen anderen Platz suchen und beschlossen, es am Strand zu versuchen. Diese Strandphase dauerte zwei Jahre. Bei diesen Versammlungen regnete es immer, aber wir baten aus dem Kreis heraus die Göttin, uns trocken zu halten. Dann hielt sie den Regen zurück, um ihn kübelweise herabzuschütten, sobald die letzte Frau nach

einer magischen Nacht sicher im Auto auf der Rückfahrt saß.
Ich weiß noch, wie die Altäre aussahen, die wir am Strand
bauten: Wir gruben sie tief in den Sand und setzten unsere
Kerzen hinein, um sie vor dem Wind zu schützen. Das Göt-
tinnenbildnis war immer das gleiche – die dreifaltige Göttin,
die kleine Gipsstatue, die im Frauenzentrum genau an dem
Tag aufgetaucht war, als ich zum ersten Mal eine Kerze dorthin brachte. Niemand wußte, woher diese dreifaltige Göttin-
nenstatue kam. Wer hatte sie mitgebracht? Die Frauen brachten Blumen und anderen Schmuck mit – Kristalle oder Bilder
ihrer verstorbenen Ahnen, an die man sich in Frauenangele-
genheiten um Hilfe wendet. Meist wurden wir bei unseren
Feiern nicht gestört. Dann wieder waren wir von Gestalten
umgeben, die wie andere Hexen aussahen, mit schwarzen
Gewändern und Kerzen, aber sie mieden uns. Manchmal versuchten betrunkene Kerle uns zu stören, aber wenn sie die
Energie aus dem Frauenkreis spürten, gleich, wie betrunken
und böse sie auch sein mochten, zogen sie sich ehrfürchtig
zurück.

Ich wurde dabei allmählich zur Priesterin. Ohne unsicher
zu sein, was ich als nächstes zu tun hatte, entwickelte ich einen partizipatorischen Stil. Meine Funktion bestand lediglich
darin, die gemeinsame Energie zu beobachten und anfangs zu
bestimmen, was die Frauen als nächstes tun sollten. »Die Göttin lebt!« rief ich in Ekstase. »Magie herrscht überall!« antworteten die Frauen. Dann riefen wir unsere Namen. »Zsus-
sanna lebt. Der Zauber ist da! Nancy lebt!« Dann schrien wir
die Namen unserer Mütter und Großmütter heraus und
brachten so die unsichtbaren Heerscharen unserer weiblichen
Ahnen ein, die in unseren Knochen und Adern weiterlebten.
Wir spürten die Energie, die dem Universum das Leben
schenkt. Wir spürten die ungeheure Macht der weiblichen Seite Gottes. Wir genossen es! Und unsere Zahl wuchs von jeder
Feier zur nächsten. Nie wechselte bei diesen Zusammenkünf-
ten Geld die Besitzerin: Wir betrieben dies als Teil der Frauenbewegung, nicht als spirituelle Geschäftemacherei.

Bei einem meiner Spaziergänge mit meiner Hündin Ilona
entdeckte ich in Malibu einen Berg. Es war ein großartiges
Plateau, von dem aus man einen phantastischen Rundblick
hatte: Im Norden sah man bis zu den Küstenbergen, im Westen die blauen Wasser, im Süden leichte Hügel, und im
Osten konnte man gerade noch die Lichter von Santa Monica ausmachen. Es war der perfekte Ort für unseren Frauen-
zirkel. Von 1973 an trafen wir uns auf diesem Berg oberhalb
der teuersten Wohngegend von Malibu, wo wir unsere Autos
parkten, ehe wir den Berg bestiegen. Drei wunderbare Jahre
lang trafen wir uns dort ohne Störung, mit immer größerer
Tellnehmerzahl. Jedesmal waren wir zwischen 17 und 25
Frauen – gezählt habe ich nie.

Jener erste Sabbat in Hollywood lag nun weit zurück. Nur
Sally und Kirstin waren vom ersten Zirkel übriggeblieben.
Phyllis gefiel es nicht, daß wir uns und unsere Arbeit immer
ernster nahmen. Sie begriff, daß wir alles nicht einfach als
Party verstanden, sondern als Gottesdienst und spirituelles
Bedürfnis, das erfüllt werden mußte. Auch Katlyn blieb fort,
aber aus anderen Gründen – sie arbeitete nun beim ersten
Krisentelefondienst für Vergewaltigungen in Los Angeles und
gab auf diese Weise den Frauen ihre Kraft. Delphin und ihre
Freundin trennten sich, und Delphin zog nach Laguna Beach
und studierte Jura. Kirstin und ich setzten die Tradition der
Frauenversammlungen fort. In diesen Jahren mußte ich viele
Fragen beantworten.

»Warum machst du das?« neckten mich meine Schwestern oft. »Du lenkst die Frauen mit diesem religiösen Zeug
nur ab. Sie lassen dann die politische Arbeit im Stich und
betrachten anschließend nur noch ihren Nabel.«

»Das ist keine Gefahr«, antwortete ich. »Die Frauen, die
sich spirituell entwickeln, werden dadurch stärker. Sie brennen nicht aus, weil sie auf dem Weg zur Befreiung immer
wieder innehalten und an einer Rose riechen.« Ich schrieb
darüber in unseren Magazinen und schickte ein paar Artikel
an andere Frauenzeitungen wie »Ms.«, aber erhielt nie ir-

gendeine Bestätigung, daß das, was wir taten, revolutionär war. Es stellte sich heraus, daß wir die neue Welle des Feminismus darstellten, die Gloria Steinem heute die psycho-spirituelle nennt. Tatsächlich ist dies die einzige Art Feminismus, die zwanzig Jahre später jetzt die gesamte Frauenkultur durchdringt: Festivals, Kunst, Theologie, Literatur und Wissenschaften. Die alten Politiker, die uns als Nebengleis der Bewegung und nicht als ernsthafte Feministinnen betrachteten, haben schon lange aufgegeben – sind ausgebrannt, aus der politischen Hauptströmung herausgefallen oder damit verschmolzen.

Ich träume von Bergplateaus in aller Welt, auf denen Frauen singen und tanzen und die Felder und die Menschen segnen, wo die Männer guten Willens sind und dafür sorgen, daß die Frauen glücklich und ungestört bleiben, damit sie der menschlichen Gemeinschaft und damit dem Planeten selbst ihren Segen erteilen können. Alle Lebewesen werden daraus Nutzen ziehen, denn unsere Gebete sind wichtig, weil der Segen Macht hat und unsere Herzen großzügig sind. So soll es sein!

Es spricht die Göttin:
Hagia Sophia

Ich habe die Botschaft für diesen Monat in einer Bärenhöhle versteckt, es mir dann aber anders überlegt und sie dir auf die Schwelle gelegt. Hast du gemerkt, daß ich das Haus umschlich? Du hättest mich kaum erkannt, denn ich bin sehr schön; meine Wangen sind vom Wind gerötet, meine Füße klamm von der Feuchtigkeit, die ich aus den Tiefen der Erde bis in die höchsten Baumwipfel pumpe. Man sieht natürlich noch nichts, denn wir stehen noch mitten im tiefsten Winter, aber ich kann auch im verborgenen tätig sein. Wir da unten in den Tiefen sind schon sehr beschäftigt! Meine Esche steht kurz davor, in Blütenpracht auszuschlagen. Im Süden blüht schon mein Lorbeer, in meinem Haar stecken Krokusse, und meine Schneeglöckchen passen gut zum Schnee. Ich künde von einer Initiation.

Wie zu keiner anderen Zeit durchströmt mich spirituelle Kraft wie der Saft die Blume. Ich dringe in die Tiefen der Seele. Ein neuer Morgen zieht herauf: Es ist nicht mehr nötig, die spirituelle Kraft der Frauen zu verbergen. Mein Name ertönt frei von ihren Lippen, und ich antworte jedesmal auf den Ruf, wenn er ertönt. In dieser Jahreszeit bin ich die weise Seherin, die Hexe der Verwandlung. Hast du gespürt, wie sich meine Macht regt?

Bedeute ich für dich Valentinstag? Kannst du hören, wenn die Tiere des Nachts in Hitze geraten, heulen, miauen, an deiner Tür kratzen und Laute wilden Begehrens ausstoßen? Im Norden paaren sich meine Wölfe; sie bleiben dann ihr ganzes Leben lang zusammen. Es tut mir leid, wenn du den Winter über allein geblieben bist, doch ich war ja bei dir. Aber ich weiß, was du meinst – Mutterliebe reicht nur ein kleines Stück weit, danach ist ein Partner angebrachter. Vertrau mir darin: Sophia kann sehen, wie sich dein Glück wendet. Ich werde dich im Sturm meines Saftes zu einem neuen Anfang hinwegtragen. Du wirst geliebt werden, wie ich die Menschen liebte, die mich an den Luperkalien feierten. Du sollst neue Arbeit haben, mehr Geld, ein neues Haus, neuen Wohlstand, ein neues Leben. Ich will, daß meine Kinder diese Macht nutzen, und ich teile sie gern mit euch.

Ich habe dir das Kraut Ysop mitgebracht, mit dem du deine Augen auswaschen sollst, um die Wirklichkeit zu erkennen, die Wirklichkeit deiner inneren Landschaft, der Lebensweisheit und des Sterbens, aber vornehmlich die Weisheit der Wiedergeburt. Du gehörst nicht zu jenen unzufriedenen Kindern, die sich gegen das Rad des Lebens sperren, die sich hinausschleichen, aussteigen und nicht an mich oder ihre eigenen Inkarnationen gebunden sein, sondern irgendwohin entfliehen wollen. Ich weiß nicht, was sie wollen. Sie weigern sich, sich auf die endlose Reise der Wiedergeburt zu begeben, verspotten Wunder und sagen, es sei besser, nicht geboren zu sein. Diese halte ich in meinen weiten blauen Ärmeln zurück und versuche auch nicht, sie in meinen prachtvollen Gobelin des Lebens voll Vogelgezwitscher einzuweben. Dort wären sie nämlich auch nicht glücklich. Sie würden den Kopf recken und Dinge sagen wie: »Schau doch die Narren an, kaum betreten sie einen anderen Körper, da verlieben sie sich schon wieder ins Leben und ineinander.« Aber sie lachen auch nicht, diese sauertöpfischen Seelen. Vermutlich hat jede Mutter ein paar von diesen seltsamen Sprößlingen. Doch du interessierst mich, du versuchst es und schaffst es auch. Es ist Zeit für einen weiteren Besuch, nicht wahr? Zeit, die Realität zu wechseln, eine weitere Gelegenheit, mit meiner Liebe zu verschmelzen.

Komm und besuch mich an unserem geheimen Ort, deinem sicheren Platz, dem Tempel deiner Seele. Setz dich wieder in dein Zimmer, schließ die Augen und atme mit mir ein, aus, neunmal. Dann beruhige deine Gedanken und stell dir vor, wie ich in deine Gegenwart trete. Warte auf ein Bild. Ich komme als schönes junges Mädchen zu dir, mit Augen, die in die Ferne sehen können. Sag dann leise: »Ich suche das Selbst.« Ich werde dir einen Spiegel vor dein schönes Gesicht halten und dir zeigen, wie du Regenbogenfarben durch das Universum ausstrahlst, wie deine Seele schon allwissend ist – wie die meine.

Aspekte des Februar

Der Name dieses Monats leitet sich vom lateinischen *februarius* ab, das wiederum von *februare* kommt, einem Wort, das die Römer von den Sabinern übernahmen und das »reinigen« bedeutet.

Vollmondaspekt: Wilder Mond, roter, reinigender Mond
Universalereignis: Erwachen des Lebens
Gemeinschaftsereignis: Lichtmeß, Initiationsriten
Botschaft: Reinigen, initiieren, erwecken
Aktivität: Reinigung, Wachstum, Heilung
Kräfte: Die Kraft, das Leben zu verlängern
Passender Zauber: Alle Zauber, die mit Wachstum zu tun haben, Geldzauber, Gesundheitszauber, Segnung von Kindern, Weihe von Neugeborenen, Segnung der Ernte und des Viehs, Liebeszauber
Farbe: Rot
Baum: Eberesche, Lorbeer
Blume: Veilchen, Primel
Tier: Ente, Otter
Edelstein: Amethyst

Annas Zauber, Rituale und Feste
für den Februar

Zauber, um einen Geliebten für sich zu gewinnen

Diesen Zauber beginnt man bei zunehmendem Mond. Herzensdinge stehen allgemein im Mittelpunkt unseres Lebens, es sei denn, man wurde als Mönch geboren. Wir schämen uns oft zuzugeben, daß wir einsam sind, weil das für uns einem Versagen gleichkommt; aber das stimmt nicht. Unsere Gesellschaft ist nicht dazu angetan, Paare zusammenzuführen – sie bietet eigentlich nur dem Profitdenken Raum. Man muß sich darauf besinnen, wie es früher zuging, als es durchaus üblich war, für Frauen wie Männer, einen Liebeszauber zu veranstalten. Auf der Suche nach einem Partner vergessen wir irgendwie alle kulturell bedingten Peinlichkeiten und tun etwas, was zwar irrational erscheint, aber funktioniert. Zu diesem Zauber braucht man ein paar Dinge. Besorge zwei Kerzen, die dich und den gewünschten Liebhaber darstellen. Die Farbe hängt davon ab, was einem gefällt, empfohlen wird ein nicht zu grelles Kirschrot.

Dann schreibt man seinen Namen mit einem Rosendorn auf Vorder- und Rückseite der Kerze, die für einen selbst steht, und den Namen der anderen Person auf die andere. Wenn man noch keine Ahnung hat, wer der Zukünftige sein mag, schreibt man »meine große Liebe« darauf und überläßt es der Göttin, jemanden auszusuchen. Diese Kerzen stellt man auf dem Altar (deinem besonderen Tisch, an dem du heilige Handlungen begehst) einander gegenüber. Das symbolisiert den langen Weg, der zurückgelegt werden muß, ehe ihr beiden euch trefft.

Zünde die Altarkerzen an. Diese beiden weißen Kerzen bleiben stets auf dem Altar stehen, gleich, was man sonst tut. Sie sind deine Boten. Beim Anzünden sagst du:

Gesegnet seid ihr, Kreaturen des Feuers.

Das klingt vielleicht ein wenig altmodisch, aber wir veranstalten ja auch nicht irgendeinen High-tech-Zauber. Zünde deine Duftkräuter (Salbei) in einer feuerfesten Räucherschale an – nur ein paar Blättchen, um dich in die richtige Stimmung zu bringen. Dann stecke die anderen beiden Kerzen mit den Worten an:

Gesegnet seist du [dein Name], und gesegnet seist du [Name des Partners].

Wenn alle vier Kerzen brennen, spricht man:

Möge die Göttin der Liebe an diesem Ritual teilnehmen.

Dann widmest du dich konzentriert diesem Feuerspiel. Deine Urseele liebt das Feuer. Liebe ist Feuer – ein solcher Anblick tröstet durch seine Schönheit. Nimm dir Zeit, summ eine kleine Melodie, die dir gerade einfällt, und dann fährst du fort:

Im Namen des heiligen Geistes der Liebe, ich und [Name des Partners] werden uns in Seele und Körper nähern wie diese beiden Flammen.

Dann rückt man die beiden Kerzen ein kleines Stück aufeinander zu. Bleibe insgesamt etwa zehn Minuten am Altar stehen und stell dir vor, wie jemand aus dem Osten, dem Süden, dem Westen oder Norden auf dich zukommt. Wenn du den Altar verläßt, behalte die brennenden Kerzen im Blick. Nach einer Stunde löschst du die Kerzen mit den Fingern aus. Hauche niemals eine Kerze aus, denn du könntest dein Glück fortblasen.

Diesen Zauber wiederholst du in den drei Nächten des Vollmondes (den Tag vor dem Vollmond, den eigentlichen und den Tag danach nennen wir die drei Tage des Vollmondes). Diese drei Tage werden schnell verstreichen. Wieder-

hole den Zauber jeden Abend und rücke dabei die Kerzen näher aufeinander zu. Am letzten Abend sollen die Kerzen sich berühren und zusammen ausbrennen – ein spektakulärer Anblick! Man sollte aber in der Nähe bleiben, um zuzusehen (und nicht das Haus niederzubrennen). Außerdem trifft man Sicherheitsvorkehrungen, indem man etwa ein Metalltablett, Schüsseln oder Alufolie als Unterlage benützt.

Wenn die Kerzen abgebrannt sind, sammelt man sämtliches Material auf dem Tisch zusammen: die Asche aus der Räucherschale, die Blumen, die man zum Schmuck aufgestellt hat, abgetropftes Kerzenwachs usw. Man packt alles in eine Papiertüte und nimmt sie mit zu einem lebendigen Gewässer. Damit ist fließendes Wasser gemeint, mit Pflanzen und anderen Lebewesen, kein stehender Tümpel oder ein verschmutzter Bach. Man spricht ein paar Worte zu dem Fluß, See oder Meer, wie: »Bitte, nimm diese Dinge für mich an. Danke«, wirft die Reste des Zaubers hinein, wendet sich zum Gehen und schaut sich nicht mehr um. Dieser Teil ist Kern des Zaubers und sehr wichtig. Denk auch nicht mehr darüber nach, laß den Zauber einfach los, denn Besessenheit nützt nie etwas.

Wenn man diese Vorgehensweise genau befolgt, bewirkt die höhere Macht, daß man noch vor dem nächsten Vollmond jemanden kennenlernt. Das ist keine allzu lange Wartezeit. Doch dieser Liebeszauber hat noch einen anderen Aspekt: wenn die Anziehungskraft spürbar wird und andere sich für einen interessieren, muß man höflich bleiben und den neuen Partnern zumindest eine Chance geben. (Das heißt nicht, mit ihnen zu schlafen, sondern nur, mit ihnen auszugehen.) Wenn man großzügig verfährt, wird die dritte Person, die man kennenlernt, diejenige sein, die man sich

wünscht. Die Göttin wirkt mit diesem Zauber auch für andere; und die Natur arbeitet oft mit der Zahl Drei.

Wirksamer Geldzauber

Diesen Zauber vollzieht man bei zunehmendem Mond. Dazu
braucht man mehr Kreativität als bei den Kerzenzaubern:
Man fertigt aus grünem Tuch eine Puppe, markiert Augen,
Nase und Mund mit rotem Faden und stopft sie mit Eschen-
blättern aus. Wenn man keine Eschenblätter findet, kann man
Eukalyptus-, Rosenblätter oder Klee benutzen. Man näht die
Puppe im Uhrzeigersinn zusammen. Anschließend versucht
man, sich mit diesem Abbild zu identifizieren, denn die Puppe wird einen selbst bei diesem Zauber repräsentieren.

Lege eine weiße Decke auf den Altar und schmücke ihn
mit immergrünen Zweigen – halte auch etwas Pyrit oder goldenen Flitter bereit. Wenn der neue, sichelförmige Mond am
Abendhimmel sichtbar wird, duschst du und trittst vor den
Altar. Zünde zwei grüne Kerzen an und sprich dabei:

Gesegnet seist du, Kreatur des Feuers.

Zünde die Duftkräuter an (Salbei ist stets wunderbar, aber
man kann auch etwas anderes nehmen, wenn es einem eher
zusagt). Dann wird die Puppe mit den Worten durch die
Flamme geführt:

*Ich nenne dich [dein eigener Name]. Du bist Erfolg. Du
bist mächtig! Du wirst stets mehr als genug haben!*

Man kann diese Worte natürlich auch abändern
und die Zauberpuppe mit allem Möglichen
segnen – mit einem Firmenzusammen-
schluß, einem Lottogewinn oder einer Gehaltserhöhung. Laß deine Phantasie spielen, aber nütze nichts dreist aus. Dann
bestäubst du die Puppe mit dem Glitzerpul-
ver und sprichst:

*Ich beschwöre die Geister, die den Reichtum dieser Erde
bewachen, daß sie mich mit Wohlstand segnen.*

Salbe die Puppe mit deinem Speichel und sprich:

Ich rufe die Wasser an, meinen Zauber mit Liebe zu segnen.

Dann wickelst du die Puppe in ein weißes Tuch und verbirgst
sie an einem dunklen, schoßartigen Ort. Wiederhole den
Zauber in neun aufeinanderfolgenden Nächten. Am zehnten
Abend suchst du ein endgültiges Versteck für die Puppe, und
wenn du die Segnungen des Zaubers empfangen hast, verbrennst du sie. Es ist geschafft.

Zauber zur Läuterung des Hauses
und aller Besitztümer

Der Februar ist der Monat, in dem die Natur alles ausmerzt,
was nicht lebensfähig ist, daher muß man auch sein Haus
und Auto vor Unfällen und Einbrüchen schützen. Das Stadt-
leben ist voller Gefahren, genau wie das Leben im Dschungel. Unser Besitz ist unser Überlebenssystem; wir können es
uns nicht leisten, das Zuhause an Diebe und Autos bei Unfällen zu verlieren. Wir sind vielleicht gut versichert, aber die
beste Police ist diejenige, die niemals in Anspruch genommen wird. Wir existieren auf einer Seinsebene,
auf der wir nicht alle anderen Wesen wahrnehmen
können, die mit uns diese Erde teilen – gute und
schlechte Menschen, Geister, die uns schützen
oder uns schaden wollen. Es ist daher vernünftig,
die guten Geister auf unsere
Seite zu ziehen. Das ge-
schieht mit dem angeneh-
men Rauch von brennen-
den Salbeiblättern oder
anderen Duftstoffen und
mit Gebeten, die uns aus

alter Zeit überliefert sind. Viele kennen wir nicht mehr, aber sie stecken tief in unseren Genen, und wir müssen in unserer »Genbibliothek«, unserer Phantasie, danach graben und sie für eine moderne Anwendung hervorholen.

Lege die Salbeiblätter in die Räucherschale und betrachte den zunehmenden Mond. Umkreise anschließend das Haus mit der Schale und murmele dabei leise ein Gebet. Das kann entweder spontan erfolgen, oder man schreibt es vorher auf. Laß dich davon nicht in Verlegenheit bringen, denn niemand wird hier deine Dichtkunst beurteilen. Es ist etwas, das aus den Tiefen deiner Seele aufsteigt. Es braucht sich nicht einmal zu reimen. Hier ist mein Gebet dazu:

Ich rufe die Göttin des Schutzes an, die Geister meiner Großmutter und meines Großvaters, die mich und meinen Besitz mit unüberwindlicher Macht schützen.

Mein Haus wird sicher sein vor Verbrechen und Brand. Mein Auto ist geschützt vor Unfällen, Dieben, betrunkenen Fahrern und anderen Autos.

Und ich werde sicher im Schutz der Göttin bleiben wie ein Kind in den Armen der Mutter.

So sei es. Segen, komm.

Geh dreimal durch deine Räume und, falls möglich, auch außen herum. Schreite dreimal um dein Auto – immer im Uhrzeigersinn – und stelle anschließend die Räucherschale in die offene Eingangstür, damit der Rauch durch dein Haus ziehen und es reinigen kann. Man kann auch seinen eigenen Körper und den seiner Freunde läutern, indem man um sie herumgeht und den Rauch von der Räucherschale auf sie zufächelt (man nennt dies »ausräuchern«).

Ich habe im Auto immer ein Stück Kermeswurzel dabei, um den bösen Blick abzuwenden, auch den der Polizei. Die

Wurzel hängt, eingefaßt in Muscheln (die der Aphrodite heilig sind), zusammen mit einer Hasenpfote aus Alaska am Rückspiegel. Automaskottchen sollten drei Bestandteile haben, die drei verschiedene Elemente darstellen: Die Muscheln stehen hier für das Meer, die Hasenpfote für die Erde und die Wurzel für die Unterwelt.

Siegeszauber

Gewinnen, etwas leisten und ein Ziel erreichen sind weibliche Tugenden. Aber in den letzten tausend Jahren hat man uns dahingehend sozialisiert, sie für männliche Vorrechte zu halten. Ein Besuch in den Geschäftsvierteln der Welt zeigt uns, daß Frauen in den meisten ehemals männerbeherrschten Gebieten heute zahlreich vertreten sind. Aber wir sind noch nicht in die Reihen der Entscheidungsträger über Krieg und Frieden aufgerückt. Frauen haben noch nicht genug Macht, um den Wohlstand eines Landes an ihre Kinder zu verteilen statt an die Rüstungsindustrie.

Was willst du erreichen? Beschreibe dein Ziel so genau wie möglich. Nenne alle Einzelheiten oder nimm dir die Zeit, eine Vision zu entwickeln, bis du genau weißt, welche Art von Sieg du anstrebst. Wähle dazu einen Zeitpunkt, wenn der Mond zunimmt, bereite deine Seele und den Raum auf das Ritual vor, errichte einen Altar, benutze Sandelholz als Duftstoff und besorge drei lila Kerzen für den Aspekt der Göttin als dreifaches Schicksal. Stelle ein Abbild der Siegesgöttin auf den Altar – man findet Darstellungen von ihr auf Postkarten in Museen: ein geflügelter Geist, der gewöhnlich den Olivenzweig als Friedenssymbol in der Hand hält.

Folgendes ist sehr wichtig: Wenn dein Ziel etwas ist, das man behalten will, wie etwa eine neue Stelle, Aktien oder eine Firma, soll die nächste Kerze braun sein wie die Erde, denn diese Farbe ist gleichbedeutend mit Wohlstand, und sie bindet und hält. Ist dein Ziel etwas ganz Neues, etwas Wachsendes? Dann brauchst du eine hellgrüne Kerze. Hat dein Ziel mit Liebe und Zuneigung zu tun? Deine Farbe ist also

Rosa. Ist zu dem, was du willst, ein Kampf nötig, eine Gerichtsverhandlung etwa? Dann benutze rote Kerzen. Versuchst du, aus dem Nichts eine Idee zu produzieren? Benutze eine gelbe Kerze. Willst du ein Buch schreiben, brauchst du einen Verleger, einen Beschützer, einen Helfer? Nimm weiße Kerzen. Wenn dir nicht ganz klar ist, welche Farbe du wählen sollst, nutze den grundsätzlichen Segen weißer Kerzen.

Stelle die lila Kerzen mit den Altarkerzen in einem Dreieck in der Mitte des Altars auf; die Arbeitskerze von der bestimmten Farbe gehört in die Mitte. Auf die Arbeitskerze schreibst du so kurz wie möglich deinen Wunsch. Benutze dazu einen Rosendorn (traditionelles Mittel) oder einen Bleistift. Zünde deinen Duftstoff an und meditiere über dein Ziel; dann stecke alle vier Kerzen eine nach der anderen an, zuerst die lilafarbene, dann die Arbeitskerze, und sprich dabei:

Ich rufe den machtvollen Geist der Siegesgöttin.
Ich beschwöre ihren ungeheuren Mut in meine Seele.
Ich atme den starken Duft ihrer Gegenwart.
Ich biete ihr mein hohes Ziel an.
Der blaue Planet mit seinen Bergen
sei jetzt wie immerdar meine Heimat.
Der blaue Planet mit seinen Flüssen
sei jetzt wie immerdar mein Jagdgrund.
Der blaue Planet mit seinen Städten
sei jetzt und immerdar mein Heim.
Der blaue Planet mit all seinen Zielen
sei jetzt und immerdar mein Sieg.

Dann löschst du die Kerze mit den Fingern aus (nicht ausblasen!) und wiederholst am folgenden Tag den ganzen Prozeß. Dies vollzieht man sieben Abende hintereinander nach dem ersten Auftauchen des neuen Mondes. Nach den sieben Ritualen nimmt man alle Überreste, Kerzen, Räucherasche und so weiter und trägt sie zu einem fließenden Gewässer, wirft sie hinein, wendet sich ab und verfolgt sein Ziel mit Zuversicht.

Die Festtage im Februar

1. FEBRUAR:
DIE NIEDEREN ELEUSINISCHEN MYSTERIEN
(GRIECHISCH)

Dies sind die komplizierten Vorbereitungen auf die spirituelle Initiation junger Menschen im Mittelmeerraum, die zur Tagundnachtgleiche im Frühling vollzogen wurden, wenn Persephone aus der Unterwelt zurückkehrte.

Diese Unterweisung für einen spirituellen Weg muß sehr eindrucksvoll gewesen sein. Die Jugendlichen trugen dabei weiße Gewänder und lauschten aufmerksam den Worten der Priester und Priesterinnen im Tempel.

Irland kennt am 1. Februar einen interessanten Feiertag, der Weiberfest heißt. Hausfrauen feiern sich an diesem Tag selbst mit köstlichen Mahlzeiten, die sie gemeinsam zubereiten und einnehmen.

2. FEBRUAR:
BRIGITTA-FEST (IRISCH)

Dieser Monat ist in erster Linie der Monat der Göttin Brigida oder Brigitta. Sie wurde von den Kelten als dreifache Göttin verehrt. Das Konzept von drei Gottheiten in einer Gestalt ist sehr alt und geht vielleicht sogar bis in die Eiszeit zurück. Die christliche Dreifaltigkeit ist ein direktes Plagiat dieses viel älteren religiösen Konzeptes – abgesehen davon, daß es zu drei männlichen Aspekten, Vater, Sohn und Heiliger

Geist, umgewandelt wurde. Nur beim Heiligen Geist kann man immer noch an eine Göttin denken, weil das Symbol die heilige Taube ist. In der Kirche und in der Kunst gilt sie weithin als die Seele der Welt. Brigida, die Drei Mütter, die Drei Heiligen Frauen Britanniens, scheinen mehr mit Dichtkunst, Malerei, Handwerk, Landwirtschaft und Frauen verbunden zu sein. Sie ist die Patronin der Barden, von Erfindungen, guten Ernten und gesunden Kindern.

Brigida wurde von Frauengruppen verehrt. Neun (oder neunzehn) Priesterinnen unterhielten an ihrem Schrein in Kildare ein ewiges Heilfeuer, wie die Vestalinnen in Rom. Brigida war eine bekannte Heilerin: Ihre heiligen Brunnen überall auf den britischen Inseln machten die Blinden sehend und heilten hoffnungslose Krankheiten.

Die Christen konnten Brigida nicht vertreiben, daher versuchten sie, die heidnische Göttin zu christianisieren, und machten eine Heilige aus ihr. Doch ihre Untertanen in Großbritannien haben dies nie vollständig akzeptiert und behaupteten, Brigida sei gleichrangig mit Maria, der Mutter Jesu. Damit waren alle einverstanden, und so kann man auch heute noch die uralte Göttin in den Kirchen anbeten wie damals in ihren heiligen Schreinen.

2. FEBRUAR:
LICHTMESS: INITIATION DER HEXEN

»Ihr sollt tanzen und singen, feiern und musizieren und in meinem Namen lieben. Denn mein ist die Ekstase des Geistes«, sagt die Göttin des Mondes in der Überlieferung. An diesem Tag feiern einige Hexentraditionen ihre Initiationsriten. Ich will mich hier nicht in Geheimnisse hüllen, sondern gebe eine kurze Beschreibung davon, wie dieses Ritual in meiner Gruppe ablief.

Als wir uns an diesem Tag versammelten, baten diejenigen, die die Göttinnenreligion ein Jahr und einen Tag lang studiert hatten und dem Bund beitreten wollten, darum, initiiert zu werden. Es gab keine grausamen Prüfungen, Kostümierungen oder andere Hollywood-Rituale. Unsere Zeremonie war dem Ursprung nach teils europäisch, teils afrikanisch. Nach dem Schlagen des magischen Zirkels, indem wir die vier Enden des Universums anriefen, unseren Riten zuzuschauen, sangen wir den großen »Auftrag an die Göttin« (eines der wenigen Gedichte, die uns aus alten Zeiten überliefert sind). Die Frauen stellten sich mit gespreizten Beinen hintereinander und bildeten einen »Geburtskanal« für die neuen Mitglieder. Diese rollten sich nacheinander in Fötalstellung auf einem Schaffell zusammen, und wir zogen sie langsam durch unsere Beine, wie eine kollektive Mutter. Den Initianden war es nicht gestattet, sich aktiv daran zu beteiligen.

Dabei hatten wir viel Spaß. Ehe wir uns den Trick mit dem Schaffell einfallen ließen, zogen wir die armen Frauen an den Händen hindurch. Dabei bekamen sie Schrammen, wenn es in einem Raum stattfand, und Grasflecke und Schnitte, wenn es draußen war. Aus dieser Notwendigkeit, es für alle bequemer zu machen, haben wir gelernt. Nach dieser gemeinschaftlichen »Wiedergeburt« wurden die neuen Schwestern Bestandteil des Geburtskanals und halfen beim »Gebären« der anderen mit. Unsere Priesterin bot den Neugeborenen Honig mit den Worten an: »Schmecke die Süße der Göttin.«

3. FEBRUAR:
BRIGANTIA-FEST (IRISCH)

An diesem Tag wurde Brigida, die irische Göttin mit dem allessehenden Auge, gefeiert. An diesem Tag fertigt man traditionellerweise ein Symbol des Gottesauges an, das aus mehreren verschiedenartigen Sonnenkreuzen aus Stroh besteht. Dieses hängt man über die Tür, um das Haus vor Schaden zu bewahren. Besorge dir ein »Brigittenauge«. Züchte ein paar Sprossen und verzehre sie.

11. FEBRUAR:
UNSERE LIEBE FRAU VON LOURDES
(FRANZÖSISCH)

1858 erschien die Jungfrau in Frankreich einem Bauernmädchen namens Bernadette Soubirous. Jesus wurde seit seiner Auferstehung von niemandem mehr gesehen, aber seine Mutter kommt fleißig immer wieder einmal zurück. Zwischen dem 11. und dem 16. Februar hatte Bernadette hier insgesamt 16 Visionen der Jungfrau. In der Grotte wird heute die Marmorstatue Marias von Millionen Gläubigen angebetet. Bemerkenswert ist, daß diese Höhle mit ihrem heilkräftigen Wasser und dem Zauberkraut, das Bernadette vor ihren Visionen aß, die gleiche ist, in der schon vor Urzeiten eine heidnische Göttin verehrt wurde. So etwas kommt häufig vor: Die Madonna von Guadeloupe in Mexiko erschien ebenfalls an der Stätte eines früheren heidnischen Tempels. Es gibt viele Beispiele dafür, daß die Göttin sich einen Tempel dort erbat, wo sie schon früher verehrt wurde.

12. FEBRUAR:
SCHUTZ DER TIERWELT: FEST DER DIANA
(RÖMISCH)

Wie kam es, daß die schöne Göttin Diana (für die Griechen Artemis) zu einem bloßen Namen in kunsthistorischen Büchern verkam, während ihr einst alle Wälder Europas gehörten? Sie ging den gleichen Weg wie die Wälder selbst. Man mag Mutter Natur als eine Sklavin betrachten, die von den Menschen ausgebeutet wird: Die Wälder enden als Wohnsilos, die wilden Tiere werden ausgestopft oder hocken in einem Zoo, und die menschliche Natur verkümmert zu einer traurigen Geschichte der Selbstzerstörung. Warum läßt die Göttin dies zu? mag man fragen. Warum erhebt sich Mutter Natur nicht, schwingt ihren mächtigen Arm über uns und erteilt uns eine Lektion?

Es liegt im Wesen der Selbstzerstörung, daß wir uns selbst bestrafen. Die Natur steuert, wer lebt und wer stirbt: Unsere Art wäre nicht die erste, die verschwindet. Aber Mutter Natur gab uns einen Verstand und eine Chance. Nach den Menschen wird es erfolgreichere Arten geben, die nicht den Planeten in die Luft jagen, der ihr einziges Zuhause ist. Ich setze mich immer noch für unser Überleben ein und höre auch trotz großer Widerstände nicht damit auf. Ich glaube immer noch, daß Frauen und Männer, die das Leben lieben, die Dinge zum Besseren wenden können. Spende heute einer Artenschutz- oder Umweltorganisation. Betrachte die Natur als eine Schwester.

13. BIS 21. FEBRUAR:
DIE PARENTALIEN (RÖMISCH)

Dieses Fest war das erste in einer Reihe von Festtagen, zu denen auch die Luperkalien und Feralien gehörten (14. und 19. Februar). Das Fest begann am 13. Februar, an welchem Tag die Parentalien angebetet wurden, die Urahnen. Diese Ahnen waren entweder geliebte Verwandte, die bereits verstorben waren, oder die magischen Ahnen, die nie wirklich verschwanden, sondern die Lebenden weiter behüteten.

Es war jedoch kein Tag ausgelassener Feierei: Eheschließungen waren untersagt, die Tempel blieben geschlossen, und die Stadtoberhäupter erschienen sogar ohne ihre Amtsinsignien in der Öffentlichkeit.

14. FEBRUAR:
VALENTINSTAG: FEST DER NEUBELEBTEN
LUPERKALIEN (RÖMISCH)

Die Luperkalien waren das Fest der natürlichen Hitze – der Paarungsbereitschaft in der Natur, besonders bei den Wölfen. Lupus ist der Wolf, ein heiliges Tier, das Mutter Naturs Fortpflanzungsaspekt symbolisiert. Das war der Sinn des ursprünglichen Valentinstages, als die Menschen ihrer Sexualität und Anziehungskraft gedachten und sie feierten.

Der Valentinstag hat im alten Rom seinen Ursprung. Willige junge Mädchen schrieben ihre Namen auf Papyrusstreifen und ließen junge Männer diese Briefchen ziehen wie bei einer Verlosung. Die jungen Leute verbrachten den Tag miteinander als Gefährten, und nur die Göttin wußte, was für Abenteuer folgten – Verliebtheit, Heirat oder einfach ein Tag, an den man sich später gern erinnerte. Von beiden Geschlechtern nahm die gleiche Anzahl teil, damit niemand allein nach Hause gehen mußte.

Aufzeichnungen darüber reichen in England bis ins Jahr 1479 zurück. Demnach schrieben junge Mädchen Briefe an ihren Valentinsgeliebten. Der Brauch mit dem Auslosen der Namen wurde nicht mehr geübt; die jungen Leute schickten dem oder der Erwählten einen Brief, in dem sie ihre Gefühle ausdrückten. In den achtziger Jahren des letzten Jahrhunderts wurde diesen Briefen Spitzen, handbemalte Stoffe, Ornamente, Vögel, Körbe, Bänder und Putten beigefügt; später folgten Gedichte und Parfum. Heute ist dieser Tag verkommen zu einem Fest von Liebe und Sex. Die Fruchtbarkeitsriten sterben nie aus, es werden nur immer neue Versatzstücke hinzugefügt.

14. FEBRUAR:
GEBURTSTAG VON SUSAN B. ANTHONY
(AMERIKANISCH)

Wenn einem nicht nach Herzen und Blumensträußen zumute ist, kann man die Gelegenheit nutzen, den Geburtstag unserer Suffragetten-Schwester Susan B. Anthony zu feiern. Ihre größte Leistung bestand darin, der modernen amerikanischen Frau das Wahlrecht zu verschaffen. Wenn man für seine Rechte nicht kämpft, verliert man sie leicht. Blick zurück und fasse den Mut, eine bessere Zukunft zu bauen. Lies etwas über die Geschichte der Frauen.

16. FEBRUAR:
FEST DER VICTORIA (RÖMISCH)

Victoria war die römische Göttin des Sieges. Hast du dich jemals gefragt, warum alles, was dem Patriarchat wichtig ist, einen weiblichen Namen trägt? Im Englischen tragen selbst Länder, Schiffe und Siege allgemein das weibliche Pronomen. Frauen haben jedoch eigentlich sehr wenig damit zu tun: Sie verfügen nur über zehn Prozent der Reichtümer in dieser Welt.

Konzentriere dich heute aufs Gewinnen. Das bedeutet für jeden etwas anderes. Einige wünschen sich Geld, andere mehr Macht, andere mehr Liebe und Zuwendung. Gleich, was es ist, Victoria heißt die Göttin, an die man sich wendet, wenn man eine Gehaltserhöhung, Beförderung, neue Orientierung, Führungsposition oder Unterstützung für alles Genannte braucht.

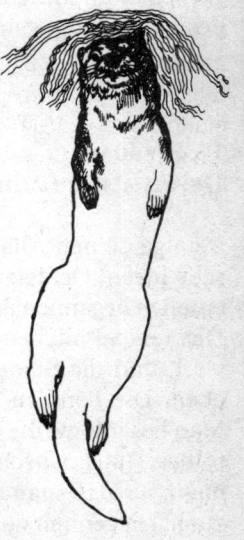

17. FEBRUAR:
DIE FORNAKALIEN: FEST DES HERDES (RÖMISCH)

Veranstalte eine Party, backe hundert Kuchen, stopf dich mit kalorienreichen Torten voll. Feiere alle in der Nahrungsmittelindustrie Arbeitenden. Es gibt ein altes Sprichwort: »Der Herd ist eine Mutter.« Ich bin nicht sicher, ob das auch auf Mikrowellen zutrifft, aber das ist nun einmal der moderne Herd. Denk an diesem Tag nur ans Essen und freu dich darüber.

18. FEBRUAR:
FEST DER FRAUEN ALS KULTURBRINGER
(PERSISCH)

Denk einen Moment nach – gibt es etwas Wichtigeres als die Kultur? Ich glaube nicht. Unser gesamtes Leben dreht sich um irgendeine Form von Kultur. Man kultiviert nicht nur Ackerböden, sondern auch Freundschaften, Familienbeziehungen, die Künste. Begieß deine Pflanzen, besuche eine Kunstausstellung, werde schwanger. Kultiviere deinen Verstand: Fang ein neues Buch an oder beginne, selbst eines zu schreiben. Kultiviere auch deine Selbstachtung, indem du dir klarmachst, wie Frauen durch ihre tägliche Arbeit, ihr Berufsleben und ihre Spiritualität mehr als nur die eine Hälfte des Himmels tragen. Vor allem aber sollten wir den Frieden kultivieren.

19. FEBRUAR:
DIE FERALIEN: LÄUTERUNGSFEST (RÖMISCH)

Reinige deinen Altar, bringe frische Blumen herein und frische Ideen! Der letzte Tag der Festlichkeiten, die mit den Parentalien begannen, bedeutete das Gegenteil von Fröhlichkeit. Die Tempel blieben geschlossen, kein Festmenü wurde serviert, und die Stadtältesten erschienen ohne ihre Amtszeichen. Die Feralien waren den Alten gewidmet, der Moral. Man besänftigte die Geister der Toten mit Essensgaben, putzte das Haus, wusch die Wäsche und gedachte der Rituale mehr, als daß man sie feierte. Das klingt für mich wie eine gute Gelegenheit zum Frühjahrsputz.

20. FEBRUAR:
DIE SONNE TRITT IN DAS ZEICHEN DER FISCHE

Im Zeichen Fische feiert man Intuition und harmonische
Gefühle. Nimm heute ein langes, heißes Bad und erneuere
dich im Schoß des Wassers.

22. FEBRUAR:
CONCORDIA (RÖMISCH)

Concordia (oder Caristia) ist ein Festtag der römischen Per-
sonifikation der Harmonie, ein Fest der guten und besten
Verwandten und Freunde. Es ist schön, alle noch lebenden
Anverwandten zu sehen und sich mit ihnen zu vertragen.
Man nutzt ein Familienbankett dazu, um Meinungsverschiedenheiten zwischen zerstrittenen Parteien beizulegen und
mit geliebten Menschen wieder in Kontakt zu treten. Im alten Rom wurden Geschenke ausgetauscht, und niemand
durfte einen Streit über diesen Tag hinaus fortsetzen. Am besten lädt man heute seine eigenen Verwandten zu einem har-
monischen Essen ein und überreicht allen ein kleines Geschenk. Sie werden große Augen machen!

26. FEBRUAR:
HYGIEIA-TAG (NORDAFRIKANISCH)

An diesem Tag wird Hygieia gefeiert, die Göttin des Heilens
und der Krankheitsvorsorge. Man bildet sie oft als Frau mittleren Alters afrikanischer Herkunft ab. Sie trägt das lange
Gewand der Ärzte; eine Python ringelt sich um ihren Ober-
körper. Wie früh man schon die Schlange mit Heilung in Verbindung brachte! Diesen Ruf erlangte sie durch ihre Fähigkeit, sich zu häuten. Betrachte einmal eine Schlange, die
gerade die alte Haut abgestreift hat. Ehre an diesem Tag Vita-

lität und körperliches Wohlbefinden. Bist du in letzter Zeit
beim Arzt gewesen? Falls nicht ist jetzt der richtige Zeitpunkt
dafür. Hygieia ist die Patronin der Vorsorge, um Krankheiten
zu vermeiden.

29. Februar: Schaltjahrtag

An diesem Tag dürfen Frauen einen Heiratsantrag machen –
doch das können sie natürlich das ganze Jahr hindurch, wenn
sie wollen. Durbin-Robertson erzählt in »Juno Covella« eine
Geschichte aus dem alten Irland, als es Nonnen und Mön-
chen noch gestattet war zu heiraten. Die Nonnen von St. Brigida inszenierten einen Aufstand, um sich das Recht zu er-
kämpfen, selbst die Frage aller Fragen stellen zu können.*
Der heilige Patrick gestand zu, daß die Frauen alle sieben
Jahre das Recht dazu haben sollten, aber die heilige Brigida
schlang die Arme um seinen Hals und rief: »Ach, Patrick,
mein Schatz, mit einem solchen Vorschlag kann ich den
Mädchen nicht kommen. Erlaube es alle vier Jahre!« Darauf
soll St. Patrick geantwortet haben: »Brigida, drück mich
noch einmal so, und ich lasse sie alle Schaltjahre!« Seitdem
dürfen Frauen sich in einem Schaltjahr den Partner selbst
aussuchen. Ich sehe in dieser Geschichte ein Zeichen einer
Göttinnenkultur, die Sex und Liebe positiv bewertet, aber
schon im Zwiespalt mit der aufkommenden patriarchalischen Kirche stand, die ihren Angehörigen die Ehe verbot,
damit die Erben keinen Kirchenbesitz beanspruchen konnten.

---

* Lawrence Durbin-Robertson: Juno Covella. Perpetual Calendar
 of the Fellowship of Isis, Enniscorthy 1982, S. 51.

Die Februargeschichte:
Ein Wintermärchen:
Heilig sind die Kojoten

Der Winter stellt immer eine Herausforderung an diejenigen dar, die die Jahreszeiten im Freien feiern wollen. Wenn
ich mir angenehmes Wetter wünschte, um den Susan-B.-An-
thony-Bund Nr. 1 draußen zusammenkommen zu lassen (immerhin trafen sich dann stets zwischen 17 und 150 Teilnehmerinnen), bestieg ich eine Woche vor der Feier den Big Rock
in den Bergen oberhalb von Malibu und bat Mutter Natur,
mir eine trockene Nacht zu schenken. Es war leicht, für gutes Wetter zu sorgen. Schwerer war es, ungestört durch die
Polizei und andere Neugierige zu bleiben: Das wurde immer
mehr zu einem Problem. Mit wachsender Teilnehmerzahl
verbreitete sich unser Ruhm, und unsere Probleme verviel-
fachten sich.

Die Geschichte, die ich nun erzählen werde, ereignete sich
zu Lichtmeß Anfang Februar. Dieser Festtag ist für Hexen
wichtig, denn es ist ein Tag der Initiation. Neun Novizinnen
hatten ein Jahr und einen Tag studiert und warteten gespannt
auf diesen Moment, da sie in den Bund aufgenommen werden sollten. Außerdem wollten einige ältere Mitglieder und
deren neue Priesterin Ramona kommen. Sie hatten eine besondere Zeremonie geplant, um die Abspaltung von unserem Bund zu feiern. Sie hatten ein eigenes spirituelles und
politisches Programm ausgearbeitet und wollten nun allein
weitermachen. Die Abspaltung neuer Gruppen von den alten ist die beste Fortpflanzungsform der spirituellen Bewegung – darauf konzentriert sich meine Arbeit nun schon seit
Jahren. Dabei sein würden auch ein paar ausländische Stu-

dentinnen aus Deutschland, Italien und Frankreich sowie
eine größere Gruppe von Kanadierinnen und Amerikanerin-
nen. Insgesamt waren wir, zusammen mit der Urgruppe, achtunddreißig Frauen. Mir gefiel der spontane Charakter unseres Bundes, denn er demonstrierte globale Aktivität. Wir
waren ein Lehrorden und machten unsere Sache sehr gut:
Ich war ganz von heiliger Erregung ergriffen.

Die achtunddreißig Frauen, die den Berg hinaufstiegen,
wirkten nicht allzu ehrfürchtig. Sie hatten Konga-Trommeln
dabei, Schlafsäcke, Essen und Getränke für das Fest, heilige
Gerätschaften wie Glocken und Kelche, Kerzen und Kessel.
Wir riefen einander häufig Warnungen vor rutschigen Stellen
zu, schafften es aber alle bis zum Plateau und zogen unseren
Kreis. Dazu sammelten wir Steine im Gras, die zum Teil noch
die bunten Wachsspuren von unserer Wintersonnwendfeier
trugen.

Liebevoll errichteten wir einen schönen Altar. Ramona
stellte ihre südamerikanische Göttin in die Mitte, und ich setzte meine üblichen »Drei Grazien« dazu, unsere offizielle dreifaltige Gottheit, die auf wundersame Weise irgendwann vor
vielen Jahren in unserem Frauenzentrum aufgetaucht war.
Segen lag über diesem Abend – alle wollten Verantwortung
übernehmen. Ramona und ihre Schar markierten den Kreis
mit Gerste, seit Jahrhunderten ein Symbol für die Göttin; langsam schütteten sie die Körner aus einer Plastiktüte auf
den Boden. Tony und Artemis steckten die Blumen auf dem Altar zurecht. Dann erzählte ein
Vogel anderen Vögeln von der Gerste.

Leise besprachen wir, wie wir die vier
Enden des Universums mit den Neulin-
gen anrufen würden. Sie waren sehr nervös, denn als Ausländerinnen war ihr
Englisch nicht sehr flüssig. Ob sie die
Göttin in ihrer Muttersprache anrufen
könnten? »Aber selbstverständlich!« erklärte ich. »Wir wissen ja alle, was ihr

meint. Es ist so natürlicher, weil es mehr aus dem Herzen kommt. Der Norden wird also auf englisch angerufen, der Osten auf deutsch, der Süden auf italienisch und der Westen in französisch. Vielleicht sollte ich die Hauptanrufung auf ungarisch vornehmen? »Istennö halgass ránk! Boldog Asszony jöjj hozzánk!« Wie immer einte uns diese Vorbesprechung sehr stark. Wir sahen gut aus, alle achtunddreißig, so verschiedenartig und unerschrocken hier draußen in der Winternacht. Wir waren bereit, furchtlos um den alten Altar zu tanzen. Die Kerzen brannten weiß und rosa, blau und lila.

Die große blonde Maggie zog einen Kreis aus Rauch, und die anmutige Kirstin folgte ihr mit dem Schwert, um die Welt von unserem heiligen Ort abzutrennen. Wir beschworen die Macht, indem wir die alten Frauentöne summten, die bis ins Mark vibrieren. Alle Individuen verschmolzen mit der Gruppe, bis wir eins waren. Heilige Stille senkte sich trotz des Summens auf uns herab. Die Töne gaben uns das Gefühl, nach Jahrhunderten der Verleugnung endlich heimzukommen.

Nun nahmen die Neulinge ihren Platz ein und begannen, die Göttin in ihrer jeweiligen Muttersprache anzurufen. Sie standen nach Osten, Norden, Süden und Westen gerichtet, die Arme sehnsüchtig ausgestreckt, um das Göttliche zu berühren. Sie riefen kühn nach Ishtar, Hulda, Pele, Anna Perenna, eine jede mit der Macht einer Priesterin. Und sie waren gut. Die verschiedenen Sprachen machten keinen Unterschied, ihre Mienen verrieten, was sie sagten. Ekstase, Zuversicht, veränderter Bewußtseinszustand.

Ich nahm mir einen Moment Zeit, Stolz zu empfinden: Das war schließlich auch meine Leistung. Frauen brauchen Spiritualität, die ihnen Macht verleiht, statt ihnen alle Macht zu nehmen.

Nun las Ramona ihre Ziele vor, sich dem Weltfrieden zu widmen und politische Gefangene in Peru zu befreien. Genau da vernahmen wir die erste Welle des anderen »Summens«. Von den Bergen her erreichte uns ein harmonischer Gesang, genau wie der, den wir erzeugten, doch in dem klangvollen Chor vernahm man auch Männerstimmen, und das Ganze schwoll so laut an, daß wir Ramona kaum noch hören konnten. »Vielleicht feiert ein anderer Bund in der Nähe«, versuchte ich zu erklären, was ich mir selbst nicht erklären konnte. Ich hatte einmal einen Steinkreis gefunden, der mit Sicherheit von einem anderen Bund gelegt worden war. Diese Stelle war sehr gut, warum sollten wir die einzigen sein, die sie nutzten. Das leuchtete ein.

Ich bedeutete Ramona fortzufahren. Sie begann aufs neue, aber als sie die Stimme erhob, wurde das Summen auf den Bergen wieder lauter und steigerte sich diesmal zu einem Urgeheul. Alle im Bund erstarrten und sahen mich an. In solchen Situationen zwingt die Stellung der Hohepriesterin zur alleinigen Verantwortung. Das ist ein Moment, in dem das feministische Prinzip, nach dem alle gemeinsam führen, in den Hintergrund tritt. Eine unerwartete Situation muß von derjenigen bewältigt werden, die letztendlich die Verantwortung trägt.

Aber auch ich wußte nicht, was ich tun sollte. Es klang für mich immer noch wie eine große Menschenschar, die aus voller Kehle eine Macht anrief; aber wer waren sie? Wir hatten vorher nichts von ihnen bemerkt – sie konnten doch nicht einfach hergeflogen sein. Wir brachen ab. Ich spürte Schweißbäche an meinem Körper. Die anderen Ältesten waren ebenso verwirrt wie ich: So etwas war noch nie passiert. Das Geheul wurde immer lauter, und uns blieb nichts anderes übrig als zuzuhören.

Ein paar Minuten verstrichen, und plötzlich ertönte ein anderer Laut aus der Dunkelheit. Diesmal erkannten wir ihn alle – Autogeräusche. Ehe wir einander loslassen konnten, ergoß sich das Scheinwerferlicht eines Polizeiwagens von

Norden her über uns, wo die Brandschneisen verliefen. Sieben weitere Wagen folgten, und alle nahmen einer nach dem anderen Stellung ein, die Scheinwerfer auf uns gerichtet.

»Wer leitet diese Gruppe?« ertönte eine Stimme durch ein Megaphon. Niemand stieg aus. Wir sahen einander an. Ich hatte damals Bewährung, weil ich Tarotkarten gelesen hatte. Da trat auch schon Maggie vor: Sie ging zu den Polizisten. Maggie trug zu dieser Zeit einen langen blonden Bart, den sie hatte wachsen lassen, um zu sehen, wie sie aussah, wenn sie die Zeichen der Göttin beließ. Dieser Bart sah aus wie ein Flaum unter ihrem Kinn; sie war sehr hübsch, und man erwartete nicht, daß sie einen Bart trug; wenn man ihn erkannte, wirkte es immer wie ein Schock. Die Polizisten standen sofort unter dem Bann von Maggies blondem Bart. Sie umringten sie, und einer zog fest daran, um zu sehen, ob er echt war. Dann hörten wir alle möglichen Spekulationen.

»Nehmen Sie Hormone?« wollte ein Polizist wissen.

»Das muß sie wohl«, meinte ein anderer überzeugt.

»Nein, das tue ich nicht«, antwortete Maggie höflich. »Er wächst ganz natürlich so. Ich rasiere ihn sonst immer ab, aber momentan nicht. Ich wollte nur mal sehen, wie es aussieht, wenn ich mich nicht rasiere.«

»Sie muß sich jeden Tag rasieren?« Die Polizisten begannen zu diskutieren.

»Nein, sie sagte, sie rasiert sich nicht mehr.«

»Zeigen Sie mal ihren Ausweis!« Endlich erinnerten sie sich daran, was sie zu tun hatten.

»Warum sind Sie hier? Haben wir ein Gesetz übertreten?« Maggie versuchte, die Lage zu klären.

»Wir haben einen Anruf von einem Anwohner bekommen. Er sagte, vor seinem Haus parkten alle möglichen Fahrzeuge. Und dann sah er ein paar Leute hier hochgehen.«

»Sir, wir haben keine Schilder bemerkt, daß dies hier Privatgelände wäre. Das ist doch nicht verboten.«

»Doch, Sie begehen Landfriedensbruch.«

»Wem gehört das Land denn?«

»Es gehört dem Iran.«

»Dem Iran? Den Ayatollahs? Die gerade Amerikaner als Geiseln festhalten?«

»Jawohl. Es ist Privatbesitz.«

»Sie meinen, Sie wollen uns verhaften, weil die Rechte der Ayatollahs von der Polizei in Malibu geschützt werden müssen?«

»Wir tun nur unsere Pflicht, Madam. Bitte stellen Sie sich hintereinander auf. Dann bringen wir es rasch hinter uns. Wir müssen Sie verwarnen.«

Unter den acht Polizisten befand sich eine Frau, und wir beschlossen, uns von ihr verwarnen zu lassen, falls es sein mußte. Und so bauten wir uns alle achtunddreißig vor der Beamtin Mary Smith auf, die gelassen blieb und heimlich Spaß daran hatte, so bevorzugt zu werden.

Das war das Ende unserer Lichtmeßfeier in diesem Jahr. Die Initianden erfuhren, daß man noch viel Unterdrückung überwinden muß, um das Privileg zu erlangen, in der freien Natur zu beten. Aber die Geschichte ist noch nicht zu Ende. Wir wurden vor Gericht gestellt und mußten erklären, was wir dort oben auf dem Berg getrieben hatten. Luise war Rechtsanwältin, und da sie auch dort gewesen war, vertrat sie uns. Am nächsten Tag machte sie Fotos und bewies ohne den Schatten eines Zweifels, daß wir kein offenes Feuer gemacht hatten und somit keine Feuergefahr bestanden hatte. Sie wollte ebenso das Recht des Iran, Frauen aus der Gegend von dem Berg fernzuhalten, in Frage stellen. Sie bereitete sich sehr gut auf den Fall vor und bedachte alle Eventualitäten. Wir machten uns schön für unser Erscheinen bei Gericht und waren rechtzeitig dort; wir hofften, daß es unser Tag werden würde.

Der Richter trug ein T-Shirt – wir waren in Malibu, und es war ein schöner, sonniger Tag. Und wir sahen so konservativ aus – wir waren wirklich die Außenseiter. Luise stellte den Fall vor, aber sobald der Richter unsere Akte geöffnet hatte, vertiefte er sich so in die Geschichte, daß er Luise und ihrer hieb- und stichfesten Verteidigung keine Aufmerksamkeit mehr schenkte. Er ließ die Polizisten herantreten und platzte mit der Frage heraus, die ihn am meisten bewegte.

»War sie nun ein Mann oder eine Frau?«

»Eine Frau, Euer Ehren. Viele Frauen haben Gesichtsbehaarung, sie rasieren sich nur einfach.«

»Ich weiß, ich weiß, aber ich habe noch nie eine mit einem richtigen Bart gesehen.«

»Es war ein echter Bart, Euer Ehren. Wachtmeister Maloney hat daran gezogen.«

»Ich weiß, es steht im Bericht. Das habe ich gelesen.«

Seitdem bete ich dafür, daß ein reicher Mann oder eine reiche Frau uns einen Berg oder ein hübsches Stückchen Land schenkt, auf dem die Göttin von Frauen der ganzen Welt verehrt werden kann. Bis heute ist das nicht passiert. Wir feiern weiterhin unsere Zeremonien, aber wir müssen uns verstecken und uns die Momente der Freiheit erschleichen, wenn wir mit ausgestreckten Armen das Göttliche berühren.

Und was hatte es mit dem machtvollen Gesang auf sich, der fünf Minuten vor unserer Verhaftung von den Bergen herabdrang? Es war wie eine Warnung, so laut, daß sie unseren Worten Einhalt gebot. Die Erinnerung daran ist noch sehr lebendig, wie immer, wenn ein Wunder geschieht – besonders ein Wunder, das von achtunddreißig Frauen bezeugt wird. Stumme Ehrfurcht begleitet immer noch den Moment, als die Kojoten heulten. Es war ein wilder Gesang, doch wir fühlten uns direkt davon angesprochen; uns standen dabei die Haare zu Berge. Niemand konnte sie sehen. Wir hörten sie nur, aber vor meinem inneren Auge sehe ich das Bild einer struppigen, kalifornischen medial veranlagten Kojotenfamilie, die von Mutter Natur erfüllt ist. Sie heulen ihr Hundelied von den sanften Höhen des Big Rock, um uns vor unseren eigenen Artgenossen zu beschützen.

Es spricht die Göttin:
Kore

Du hast mir heute die Richtung gewiesen, aber du hattest natürlich keine Ahnung, wer ich war! Ich war das kleine Mädchen auf dem Heimweg von der Schule, und ich war stehengeblieben, um mir ein Eis zu kaufen. Dann sah ich dich und dachte, ich spreche dich an. Das hat Spaß gemacht. Später hast du mich als kleinen Jungen auf einem Fahrrad gesehen, und du mußtest zur Seite treten, damit ich dir nicht über die Füße fuhr. Keine Angst, ich wollte dir nicht weh tun oder dich zu Fall bringen. Ich machte nur einfach Spaß. Was für eine wunderbare Zeit! Wieder einmal überziehe ich den Erdboden mit einem Teppich aus Blumen. Ich bringe Tulpen, Flieder und Apfelblüten und male die Mandelblüten in zartestem Rosa.

Ich bin überall. Auferstehung ist meine Spezialität, und wenn es etwas wiederzubeleben gilt, bin ich zur Stelle. Selbst alte, im Sterben liegende Dinge werden auf meinen Befehl wieder lebendig. Ist dir aufgefallen, daß selbst der alte Efeu neue Sprossen hat? Du weißt schon, der, an dem deine Katze sich immer die Krallen schärft. Sieh genau hin – er erholt sich wieder. Spürst du, wie ich den Wind sausen lasse, um den Blütenstaub zu verteilen? Ich freue mich darüber, wie üppig ich alles wachsen lassen kann. Ich bin so jung, daß ich es kaum aushalten kann. Angesichts meiner Energie werden ältere Menschen schon beim Zuschauen müde.

Ich habe meine Botschaft mit einem rosa Bändchen für dich an einen Baum gehängt. Wie mir die Farben Gelb, Rosa, Weiß und Rot gefallen! Ich bin ganz verrückt nach Farben! Zur Meditation in diesem Monat mußt du dich ganz besonders schön zurechtmachen. Trag ein Band im Haar, wenn du mich in meinem Tempel besuchst. Ich bin ja so aufgeregt! Was wirst du dir diesmal wünschen? Willst du ein Kind? Die Kinder kommen in heiligen Scharen zu mir, ungeborene Kinder, die alle eine Mutter suchen. Ich kann dir eine große Seele schicken, eine weise Seele für dein Kind. Jetzt ist die beste Zeit, ein Kind zu empfangen, die ganze Welt tut es. Dein ist die Macht, Leben zu gebären. Siehst du, darin sind wir uns ähnlich. Ich teile diese Macht mit dir, weil das Gebären und die Kinderaufzucht eine Menge Energie, Fähigkeiten und Zeit in Anspruch nehmen. Laß dir von keinem Priester deine göttlichen Rechte ausreden, die ich dir verliehen habe. Wenn ich bei solchen Entscheidungen schwarzgewandeten Priestern vertrauen würde, hätte ich veranlaßt, daß Männer schwanger werden. Aber ich habe dir diese Fähigkeit anvertraut: Du weißt, wann du bereit bist. Ich möchte dir nun sagen, daß ich soweit bin, dir Kinder zu schicken. Komm heute abend nach dem Mondaufgang zu mir. Dann ist es leichter für mich, mich zu manifestieren und mit dir zu reden. Wie du mich finden kannst? Verbrenne heute abend ein paar Rosenblätter, gehe unter die Dusche und komm dann in einem bunten Kleid zu mir. Ich warte auf dich in deinem Inneren Tempel. Dort ruhen wir uns aus und unterhalten uns. Nimm noch einen tiefen Atemzug: Stell dir vor, wie du barfuß in die Tempelhalle trittst. Dort bleibst du stehen, lauschst und siehst dich um. Ich werde das rosige Mädchen sein, das sich dir in die Arme wirft und dich küßt – ich habe soviel Liebe in mir! Du wirst es nicht bereuen.

Aspekte des März

Dieser Monat ist nach Mars benannt, dem Gott des Krieges. Im Julianischen Kalender fällt der Neujahrstag ebenfalls in diesen Monat, auf den 25. März. An diesem Tag wurden die jährlichen Pachtverträge für Häuser und Höfe unterzeichnet. Später, mit dem Gregorianischen Kalender, wurde der Beginn des neuen Jahres auf den Januar verlegt.

Vollmondaspekt: Sturmmond

Universalereignis: Frühjahrsfeuer trocknen die Fluten aus; Materialisierung des neuen Jahres

Gemeinschaftsereignis: Frühlings-Tagundnachtgleiche; Segnung der Felder und Tiere; Rehe und wildlebende Kühe werfen ihre Jungen; Geburt der Kinder, die bei den großartigen Ritualen der Mittsommernacht gezeugt wurden.

Botschaft: Wachsen, gedeihen, erforschen

Passender Zauber: Weihe von Neugeborenen, auch Namensfest genannt; Geldzauber, persönliches Wachstum

Farbe: Rot, Grün

Baum: Erle (Erlenholz wird für drei verschiedene Färbemittel verwendet, sowie für Pfeifen, mit denen man den Nordwind anruft.)

Blume: Osterglocke, wilde Narzisse

Tier: Lachmöwe, Puma

Edelstein: Hämatit, Aquamarin

Annas Zauber, Rituale und Feste für den März

Weihe eines Neugeborenen

Mütter schenken der Wahl des Namens für ein neugeborenes Kind meist die höchste Aufmerksamkeit. Sie probieren auf der Zunge, wie er klingt, versuchen abzuschätzen, welche

Spitznamen die Spielkameraden des Kindes daraus wohl machen werden. Klingt der Name ernsthaft genug für das spätere Leben, wenn das Kind eine Arbeitsstelle sucht? Kann der künftige Partner des Kindes den Namen ohne Probleme zärtlich flüstern? Alte europäische Völker glaubten, daß man zwei Namen bräuchte, einen für die Öffentlichkeit und einen Geheimnamen, den nur die Mutter und der unmittelbare Familienkreis wissen. Dieser zweite Name wird erst nach der Pubertät benutzt, wenn die Seele sich zum ersten Erwachsenen-Selbst wandelt. Erst dann kann er ausgesprochen und öffentlich werden. Der Sinn dieses öffentlichen Namens ist es, den bösen Blick abzuwehren und die Gunst des Schicksals zu gewinnen, Krankheit abzuwenden und dem Kind zu helfen, erwachsen zu werden.

Lade zu dieser Zeremonie am ersten Tag des Vollmondes ein paar Freunde ein. Suche dafür einen Platz mit einem großen alten Baum aus, der als Symbol für den Baum des Lebens dienen kann. Zieh bequeme Kleider an, bereite Getränke und ein Essen vor, das die Familie gern mag, aber denk auch an die besonderen Gerichte für die Namensgeister: eine Schale Gerste (eine Handvoll genügt), eine kleine Schale mit Salz und eine kleine Schale mit Wasser. Zünde drei weiße Kerzen für den kommenden Segen an. Wenn die Stimmung unter den Freunden sich auf dem Höhepunkt befindet und der Vollmond gut zu sehen ist, soll die Patenmutter (von der Familie auserwählt) alle in einen Kreis um den Baum herum rufen.

Ob man den Zauber allein zu Hause vornimmt oder in einer Gruppe im Freien – denke stets daran, daß das Universum in dir ist. Vielleicht möchte man den Ort schützen, an dem man arbeitet, indem man die vier Elemente anruft; dann sollte man auch nicht vergessen, ihnen am Ende der Zeremonie zu danken und sie zu entlassen.

Du wendest dich mit erhobenen Händen, wie, um den Himmel zu umarmen, gen Osten und sprichst:

Ich rufe die Mächte des Ostens durch die Luft an, die ich atme, durch die Phantasie meiner Gedanken, durch die neue Richtung, die ich einschlage!

Dann wende dich gen Süden und sprich:

Ich rufe die Mächte des Südens durch das Feuer des Lebens an, das in mir ist, durch meine Willenskraft und meine Leidenschaft!

Dann wende dich nach Westen und sprich:

Ich rufe die Mächte des Westens durch die Wasser dieses Planeten an, durch mein eigen Blut, meine tiefste Liebe und meine Bindung zu den Tiefen!

Schließlich richte dich nach Norden mit den Worten:

Ich rufe die Mächte des Nordens durch die Erde an, die mich nährte, durch die Knochen, die mir Gestalt verleihen, und durch die Gesetze des Universums!

Dann geht die Zeremonie weiter.
Ein Lied kann helfen, die Seelen der Anwesenden zur Tat anzuregen, und sie an ihre eigene Sterblichkeit und Wiedergeburt erinnern. Singt etwa:

Wir sind ein Kreis in einem Kreis, ohne Anfang und ohne Ende. *

Die Patenmutter und der Patenvater (ebenfalls von der Familie ausgewählt) sollten Weihrauch entzünden und die kleine Gruppe bei diesem Lied umrunden. Man bewegt sich im

---

* Rik Harnouris: Welcome to Annwfn, Nemeton 1986 (Audiocassette).

 Uhrzeigersinn, um die guten Geister einzuladen und die bösen abzuwehren. Nach Ende des Gesangs wird das Baby auf ein weißes Tuch in die Kreismitte auf den Boden gelegt. Die Paten wechseln sich im folgenden ab, während die Mutter die übrigen Teile dieses Rituals vollzieht.

Wir heißen diese neue Seele mit Gesang und Liebe in diesem gesegneten Leben willkommen!

Nun streut man Gerste um das Baby herum.

Liebes Kind, [Name], mögest du niemals hungrig sein oder Mangel an materiellen und spirituellen Dingen erleiden. Ich segne dich mit der Gerste der Göttin – für Nahrung und Wohlstand.

Dann streut man einen Kreis aus Salz um das Baby, Symbol für die Weisheit und Reinheit der Erde.

Liebes Kind, [Name], mögest du Zugang zu eigener Klugheit und der anderer besitzen. Mögest du vor Dummheit und Selbstzerstörung bewahrt bleiben. Mögest du die Essenz der Dinge erkennen, mögest du klug sein und Lernen wie Lehren leicht finden.

Nun sprengen die Paten ein paar Tropfen Wasser um das Baby und sprechen dabei:

Ich segne dich im Namen der Göttin allen Lebens und des Heilens, auf daß du gesund und stark werden mögest, in Körper, Seele und Geist! Möge Liebe in dir wie ein großer Schatz ruhen, und mögest du stets im Herzen glücklich sein!

Dann halten die beiden Paten und die beiden Eltern das Baby zum Vollmond hoch und sprechen dabei seinen Namen aus.

Großer Geist der Natur, beschütze und leite diese neue Seele unter uns. Segne [Name] mit Gesundheit, Wohlstand und Weisheit. So sei es!

Großer Geist, segne diesen Menschen, [Geheimnamen einsetzen, der bis zur Pubertät nie mehr ausgesprochen wird], mit Gesundheit, Wohlstand, Liebe und Zielstrebigkeit. So sei es!

Dann ist es vollbracht. Das Kind kann eine Weile im Mondlicht strampeln, doch dann wickelt man es sorgfältig wieder ein und bringt es zu Bett. Die Erwachsenen können den Rest des Abends weiterfeiern.

Geldzauber

In dieser Wachstumsphase des Jahres ist es auch angebracht, einen Zauber für das Wachstum des Bankkontos auszusprechen. Warte, bis der Neumond zu einer hübschen Sichel herangewachsen ist, und betrachte ihn am Abend, ehe du den Zauber beginnst. Denk an die natürlichen Fluten, den Saft in den Bäumen und die alles zum Bersten bringenden Kräfte, die die Fülle des Leben ausmachen.

Nun schaffst du eine schöne weiße Fläche auf einem kleinen Tisch und schmückst ihn mit ein paar echten Blumen und Objekten, die von Wohlstand zeugen, wie Schmuck, Gold, Erbstücke – Schätze für die Göttin. Kaufe vier grüne Kerzen und eine orangefarbene. Diese Kerze steht für dich, auf daß du den erwünschten Wohlstand an dich ziehen mögest, die grünen Kerzen für das Ergrünen deines Einkommens. Stelle die vier grünen Kerzen in die Ecken der vier Himmelsrichtungen: Osten, Süden, Westen und Norden, und die orangefarbene Kerze in die Mitte. Zur Darstellung des Elements Luft sollte man Räucherstäbchen mit Salbei- oder Zimtaroma bereithalten.

Dann schreibst du deinen Namen dreimal auf die orangefarbene Kerze und den erwünschten Betrag auf die vier grünen Kerzen. Übertreib aber nicht. Bitte einfach um das, was du dir selbst zugestehst. Dann laß dich eine Welle vor dem weißen Tisch nieder und betrachte ihn in voller Bereitschaft für sein Mysterium. Stell dir vor, du bist ein Vogel, dessen Futterkörnchen über die ganze Erde verstreut liegen, und du mußt überall hinfliegen, um sie aufzupicken. Geld ist wie Samenkörner – du mußt es selbst überall aufheben. Such dir eine Stelle, bewirb dich – tu das, was man in der realen Welt von dir erwartet.

Sprich mit der Göttin wie mit einer Freundin. Habondia, die Göttin des Besitzes, ist freundlich und milde – sie ist wie eine Lieblingsschwester. Ihr Haar ist geflochten wie ein Hefezopf, ihre Augen sind dunkel, sie duftet nach frischen Blumen. Zünde die Räucherstäbchen an – entweder mit Zimt- oder mit Salbeiduft. Atme den Duft ein und sage:

Diese orangefarbene Kerze stellt mich in allen Geldangelegenheiten dar. Liebste Schwester, schick mir Wohlstand aus dem Osten.

Dann rückst du die grüne Kerze des Ostens dichter an die orangefarbene Kerze; stell dir vor, deine Firma bekommt jede Menge Aufträge aus dem Osten. Nun vollziehst du das gleiche mit den anderen Himmelsrichtungen. Halte jedesmal inne und stell dir vor, wie dir aus allen Richtungen her Wohlstand zufließt.

Die Kerzen sollen einfach nur flackern und brennen. Vielleicht möchtest du im Zimmer anderen Dingen nachgehen und den Zauber fortwirken lassen. Wenn du glaubst, es sei nun genug, oder wenn die Kerzen ein wenig herabgebrannt sind, löschst du sie mit den Fingern aus. (Blase niemals eine Zauberkerze aus – damit bläst du das Glück fort.) Wiederhole den Zauber an drei, sieben oder neun aufeinanderfolgenden Abenden – ungerade Zahlen bringen Glück. Je öfter du ihn wiederholst, um so stärker dringt die Botschaft von Reichtum in dein Gehirn. Zauber ist schließlich auch nur

etwas, das sich unter deiner Schädeldecke befindet. Wenn
die Kerzen sich in der Mitte treffen (man rückt sie ja jeden
Abend näher zueinander hin), sollen sie zusammen abbrennen. Sage dann bei dir: »Es ist vollbracht. So sei es!«

Es ist nützlich, wenn man dazu einen kleinen Reim über Geld dichten
kann. Hier ein Beispiel:

Geld wird gebraucht,
Geld wird verraucht.
Geld brauch ich hier,
Geld, komm zu mir!

Anschließend übergibst du die Zauber-
reste wie üblich einem fließenden Gewässer.

Pubertätsritus der amerikanischen Ureinwohner
für Mädchen

Janet McCloud, die berühmte Aktivistin der amerikanischen
Ureinwohner, erzählte mir von der rituellen Initiation junger
Mädchen bei der ersten Menstruation. Die Mutter des Mädchens sucht drei ältere Frauen aus, die sie mag und denen sie
in sexuellen Dingen, Empfängnisverhütung und Hygiene vertraut. Es geht dabei auch um Dinge wie Liebeszauber und
andere magische Künste. Die junge Frau verbringt drei Tage
und Nächte in einer fensterlosen Hütte. Dort geben ihr die
drei Ältesten ihre Anweisungen. Dabei wird der Kopf der jungen Frau verhüllt, damit sie sich besser konzentrieren kann.
Sie nimmt nur ganz bestimmte Gerichte zu sich, und nach
der dreitägigen Unterweisung kommt sie wieder heraus. Die
Mutter nimmt den Schleier vom Kopf des Mädchens, und
anschließend wird sie der Gemeinschaft als Frau vorgestellt.
Von nun an zollt man ihr Respekt wie einem erwachsenen
Menschen. Natürlich trägt eine solche Behandlung dazu bei,

daß ein junger Mensch reift, Verantwortung übernimmt und
aufblüht.

Feier der ersten Menstruation einer jungen Frau
Dieses Ereignis wird in der modernen Gesellschaft nur sehr
selten begangen. Man flüstert nur hinter vorgehaltener Hand
über die erste Menstruation eines Mädchens, doch was es
bedeutet, zur Frau zu werden, bleibt in Geheimnisse gehüllt.
Wenn sie Glück hat, informiert ihre Mutter sie über Empfängnisverhütung und die verschiedenen Methoden, mit der
Blutung umzugehen, aber damit hat es sich auch.

Es gibt einen besseren Weg; einen oder zwei Monate nach
der ersten Menstruation des Mädchens (das gibt einem ein
wenig Zeit, um ein richtiges Fest vorzubereiten), versammelt
man Freunde und Verwandte, die nicht engstirnig sind und
in deren Gesellschaft das Mädchen sich wohl fühlt, zu einem
Fest zu Hause ein. Andere junge Mädchen sind vermutlich
die besten Gäste, weil sie den Übergang vom Kind zur jungen Frau miterleben und aus der positiven Einstellung dazu
ihren eigenen Nutzen ziehen können.
Die Mutter des jungen Mädchens kauft der Tochter einen
Ring mit einem roten Stein – das kann ein Granat sein oder
etwas Teureres. Während des Festes sollte die Mutter die
Mädchen dann kurz zum Schweigen bringen und sagen:

Ich bin stolz und glücklich, heute meine Tochter zu ehren
und sie als Frau zu begrüßen. Ich weiß, daß sie noch eine
Menge darüber lernen wird, was es heißt, eine Frau zu sein,
genau wie ich immer noch lerne. Bitte, nimm diesen Ring
als ein Symbol für diesen Übergang vom Kind zur Frau.
Leb wohl, mein Kind, willkommen, Schwester!

Dann übergibt sie der Tochter den Ring.
Man kann auch andere Geschenke überreichen, um den
glücklichen Anlaß zu verdeutlichen. Je nach Reife der jungen Frau können die Gäste eigene Geschichten von Frauen

erzählen, die für ihre Rechte auf Erziehung, auf Wahl und eigenes Einkommen eintraten. Ein junger Mensch sollte früh mit solchen Geschichten vertraut werden, damit er weiß, was er von der Gesellschaft erwarten kann.

Die Festtage im März

Der März ist ein nasser Monat, der Aphrodite, der Göttin der
Liebe, heilig. Viele Festtage in diesem Monat drehen sich um
Hochzeit, Mutterschaft und Brautzeit.

1. MÄRZ:
DIE MATRONALIEN (RÖMISCH)

An den Matronalien feiert man Frauen und Macht. Geehrt
wird an diesem Tag Juno Lucina, die Beschützerin der Frau-
en und der Familie. In Gebeten an diese Göttin erfleht man
eine gute, glückliche Ehe, und die Frauen erhalten Geschenke von ihren Männern. Man zündet die Tempelfeuer an und
begrüßt das neue Wachstum auf der Erde. Die Göttin wurde
verschleiert dargestellt, mit Blumen in der
rechten Hand und einem Säugling im
linken Arm.

2. MÄRZ:
ERSTES VESTALINNENFEST (RÖMISCH)

Die vestalischen Jungfrauen waren ein
Lehrorden mächtiger Frauen, die als
Priesterinnen der Vesta dienten, der Göttin des reinigen
Feuers. Diese Priesterinnen waren sowohl homo- als auch
heterosexuell aktiv – die Bezeichnung »Jungfrau«, lateinisch
virgo, bedeutet lediglich »eine Umschlossene«. An diesem

Tag werden alte Zweige vom Altar entfernt und ein neues Feuer angezündet.

Im alten Irland wurde das Fest der Rhiannon, der großen Königin, Muse und weißen Göttin gefeiert. Zünde heute eine lila Kerze an für die Inspiration.

3. MÄRZ:
PUPPENFEST (JAPANISCH)

In Japan feiern kleine Mädchen an diesem Tag das Fest der Puppen. Überall im Haus werden Puppen aufgestellt, die die weiblichen Ahnen darstellen, und die kleinen Mädchen spielen den ganzen Tag mit ihnen. Auf japanisch heißt dieser Tag »Hina Mastsuri«.

4. MÄRZ:
MUTTERTAG (ENGLISCH)

Dies war der ursprüngliche Muttertag. Schon vor Jahrhunderten war es in England Brauch, am mittleren Sonntag in der Fastenzeit die Mutter zu besuchen. Man schenkte ihr einen Laib Brot und trank mit ihr eine Schale Biersuppe. Das Beste aber war, daß Jahrmarktsveranstaltungen und der Karneval mit dem Muttertag zusammenfielen, daher gab es viel zu tun. Bei näherem Hinsehen wirkt dieser Festtag eher wie ein Feiertag der Erdmutter, vermutlich Ceres', der Ernährerin. Besuche an diesem Tag deine Mutter, bring ihr ein Geschenk, führe sie aus. Ich bin für jede Menge Feiern für Mütter.

5. MÄRZ:
FESTTAG DER ISIS (NORDAFRIKANISCH)

Wer ist Isis? Stell dir eine schöne Frau mit langen schwarzen Haaren, dunkler Haut und Augen von der Farbe des schwar-

zen Onyx vor: Sie sitzt auf ihrem Thron und stillt ein Baby.
Und nun stellt man sich die gleiche schöne Frau mit durch-
sichtigen Flügeln vor; Gewand und Krone sind mit glitzern-
den Rubinen und Smaragden geschmückt. Sie trägt goldene
Armreifen und Fußkettchen. In der einen Hand hält sie die
Peitsche der Oberherrschaft, in der anderen ein Kind. Das
sind nur einige Abbilder der Königinmutter Isis in ihrer
Pracht.

Isis wurde in ganz Asien und Europa angebetet. In einer
Ruineninschrift in meinem Heimatland Ungarn beschreibt
sich die Göttin selbst: »Ich bin es, die Herzen verbindet.«
Das ägyptische Bild von Mutter Isis mit dem Kind Horus an
der Brust ist sehr bekannt, wie auch seine Verbindung zur
Madonna mit dem Jesuskind. Der Gedanke ist der gleiche:
Das grundsätzliche Band der Menschheit, der Fels, auf dem
alle Gesellschaften erbaut sind, ist die Mutter mit ihrem Kind.
Isis wird vornehmlich mit Ägypten in Zusammenhang gebracht, aber auch im Römischen Reich, wo sie zur Hauptgöt-
tin wurde, war ihr Kult weit verbreitet. Königin Isis war in
Ägypten Thron, Autorität und Kultur. Apuleius beschreibt sie
in Buch 11 von »Der Goldene Esel«:

»Ich bin Natur, die Mutter aller Dinge, die Beherrscherin
aller Elemente, erster Ursprung der Zeit, höchste aller Gottheiten, Königin der Toten, einzig und allein in einer Gestalt
manifestiert. Nach meinem Willen bewegen sich die Planeten des Himmels, die gesunden Winde der Meere, ereignet
sich das traurige Schweigen der Hölle. Mein Name, meine
Gottheit, wird in der ganzen Welt auf die unterschiedlichste
Weise, mit den vielfältigsten Bräuchen und unter zahlreichen
Namen angebetet.«*

Die Anrufung von Isis als Herrscherin der sicheren See-
fahrt und Erfinderin des Segels hat im Niltal seinen Ur-

---

* Barbara G. Walker: The Women's Encyclopedia Of Myths and
  Secrets, San Francisco 1983, S. 453 (deutsche Ausgabe: Das geheime Wissen der Frauen, München 1995).

sprung; man feiert sie auf einem Schiff, weil sie die Reise
durchs Leben symbolisiert. Meditiere heute darüber, was du
in diesem Jahr erreichen willst. Segne Fischerboote mit Weihrauch oder wirf Blumen ins Meer.

8. MÄRZ:
INTERNATIONALER FRAUENTAG

1857 organisierten sich die Bekleidungs- und Textilarbeiter
der Vereinigten Staaten zu einer Bewegung. Dieses Ereignis
folgte auf ein verheerendes Feuer in einer Fabrik in New
York, durch das die unmenschlichen Arbeitsbedingungen,
unter welchen wiederum die Frauen dort schufteten, bekannt
geworden waren. Dies radikalisierte die Proteste der Arbeiter, und sie forderten nun Änderungen. Seit damals gibt es an
diesem Tag Protestmärsche und Reden, die das Bewußtsein
für die Lage der Arbeiter und ihre heutigen Bedürfnisse
schärfen sollen. Der Frauentag ist ein internationaler Feiertag, den auch die Vereinten Nationen unterstützen.

    Unternimm heute etwas Radikales. Leiste deinen Beitrag
zur nationalen Frauenorganisation, nimm an einem Workshop oder einer Arbeitsgruppe mit der Göttin als Thema teil.

9. MÄRZ
FEIER DER APHRODITE UND IHRES GELIEBTEN ADONIS
(NAHÖSTLICH/GRIECHISCH)

Wer ist Aphrodite? Sie ist die Göttin der Liebe und des Todes, benannt nach den Wassern. Ihr Name bedeutet wörtlich
übersetzt »die Schaumgeborene« und bezieht sich auf ihre
Geburt bei Paphos; er hat aber Verbindung zu ihren früheren
Namen Marina und Marianna. Aphrodite steht für die lebensspendenden Elemente in der Natur – vornehmlich das
Wasser –, ohne die nichts existiert. Sie ist die Göttin von Lie-

be und Tod, nicht nur der Sexualität. Man kann sie nicht zwingen, sie muß frei bleiben, sonst flieht sie. Das bedeutet: Wenn man versucht, Liebe zu erzwingen, wandert sie weiter. Dies ist ein seltener Feiertag, denn die Gottheit ist Teil eines Paares, obwohl sie nur selten monogam bleibt. Paare feiern Hochzeitstage, aber feiern sie auch den Tag ihrer ersten sexuellen Begegnung? Behalte dieses Datum im Gedächtnis und feiere es jedes Jahr. Diesem Beispiel werden viele folgen. Stelle viele Blumen in dein Schlafzimmer und nimm dir den Abend frei für die Liebe. Feiere an diesem Tag den Erfolg einer Verbindung. Bereite ein Liebesmahl vor, feiere alle Paare, die du kennst.

10. MÄRZ:
HYPATIA-TAG (ALEXANDRINISCH)

Dieser Tag gehört der gelehrten Hypatia, der göttlichen Heidin, die an der neuplatonischen Schule in Alexandria lehrte und sie leitete. Geboren um 370, unterrichtete sie viele berühmte Gelehrte, die sie verehrten. Man sagte von ihr: »Ihre Schüler waren ebenso zahlreich wie erhaben.« Sie wurde hoch verehrt wegen ihrer Weisheit und war Beraterin vieler wichtiger Persönlichkeiten ihrer Zeit. Christliche Priester zettelten jedoch Aufstände gegen sie an, weil sie eine Frau war, die Männer unterrichtete; der Mob bearbeitete sie mit scharfkantigen Muscheln, bis sie starb. Denk heute an sie. Klugheit wird heute nicht mehr mit dem Tode bestraft: Besuche einen Kurs, mache ein Diplom in Frauenwissenschaften.

Gründe ein Frauenkolleg und benutze deine Ressourcen als Werkzeug zu gesellschaftlicher Veränderung.

15. MÄRZ:
FEIERTAG DER KYBELE (ANATOLISCH/RÖMISCH)

Kybele wurde in ganz Europa geliebt und geehrt, und an diesem Feiertag begannen die Frühlingsfeiern. Kybele repräsentiert die Erde, ihr Sohn Attis kehrt von den Toten zurück – das ist der eigentliche Grund für die Feier: Die Göttin hat den Tod besiegt. Man veranstaltet an diesem Tag das erste Picknick des Jahres, liegt im Gras, ißt, trinkt und ist fröhlich.

Anna Perennas Festtag (römisch) wurde am ersten Vollmond im März abgehalten. Spaß, Tanz und Ausgelassenheit waren Pflicht. Manche Paare sonderten sich ab und liebten sich im Gras, was für den Rest des Jahres Glück bringen sollte.

17. MÄRZ:
DIE LIBERALIEN: FEST DER FREIHEIT (RÖMISCH)

An diesem Tag war es den Sklaven gestattet, frei zu sprechen, und die Freiheit aller Menschen wurde gefeiert, indem man ihnen erlaubte, die Grenzen der sonst geltenden Autorität zu überschreiten. Sei heute unverschämt, sag, was du willst, und organisiere Veranstaltungen!

17. MÄRZ:
FEST DER ASTARTE (KANAANITISCH)

Dies ist der heilige Tag des Verschmelzens von weiblichen und männlichen Prinzipien, der im Nahen Osten gefeiert wurde. Für Astarte färbte man Eier rot. Man kann diesen Festtag daher als Ursprung unserer Ostereier betrachten.

19. MÄRZ:
DIE QUINTARIEN: FEST DER ATHENE (GRIECHISCH)

Bei diesem Fest feierte man die körperlichen und geistigen
Fähigkeiten der Göttin. Das Fest dauerte fünf Tage und stellte
das wichtigste gesellschaftliche Ereignis in Griechenland dar:
Am Abend des ersten Tages gab es ein Wettrennen mit Fak-
keln, am zweiten Tag wurden Gymnastikwettkämpfe veranstaltet, am dritten Tag gab es einen Musik- und Gesangswett-
streit mit Harfen, Flöten und Trommeln – so feierte man die
Talente der Göttin. Am vierten Tag rangen Dichter in vier
Schauspielen, den *tetralogia,* um die Ehre des Sieges, und am
letzten Tag wurde eine Satire zu Ehren von Athene aufgeführt,
denn Lachen und Geist waren die Gaben dieser Göttin.

Die Sieger errangen die berühmten Olivenkränze von
Athenes heiligem Baum und eine Flasche Öl für geheiligte
Zwecke. Die Quintarien wurden mit einer großen Prozession
abgeschlossen, bei der ihr heiliges Gewand, der *peplus,* von
den jungen Nymphen gezeigt wurde, die es gewebt hatten.

Diesen *peplus* trug man in den Tempel und legte ihn der
Statue Athenes um.

Die Römer nannten Athene Minerva. Sie war die Beschützerin Athens, Schutzpatronin der Wissenschaften, der Musik,
des Geistes, der Rede, der Strategie, des Webens und des
Sports, außerdem galt sie als Befreierin der Frauen. Der Mythos von ihrer unnatürlichen Geburt aus dem Kopf des Zeus
gilt als patriarchalischer Versuch, sie mehr zu einer männlichen als einer weiblichen Gottheit zu machen und ihre loyale
Bündnistreue von den Frauen auf die Männer umzulenken.

20. MÄRZ:
FRÜHLINGSFEST

Nun ist das Jahr schon in vollem Gang, mit Feiern und Festen. Wir erleben Sportveranstaltungen, Prozessionen und wie

Frauen ihre Talente zur Schau stellen. Es ist eine gute Zeit für Kunsthandwerksmessen, Partys und Wohltätigkeitsveranstaltungen. Die Sonne tritt ein ins Zeichen des Widders, und die Göttin erfreut sich an der fruchtbaren Energie des Schafbocks. Ehre Frigga, die nordische Königin und Muttergottheit, deren Karosse von zwei Widdern gezogen wurde.

21. MÄRZ:
FRÜHJAHRS-TAGUNDNACHTGLEICHE

Dieser Tag ist ein hoher Feiertag für Hexen. Man feiert die Wiedervereinigung der Tochter der Erde, Kore, mit ihrer Mutter Demeter. Der Frühling kehrt zurück. »Alle schlafenden Samen werden von ihr erweckt, der Regenbogen ist ihr Zeichen.«* Die Wiedergeburt, die Erde und unser eigenes Leben triumphieren wieder.

MÄRZ (VERÄNDERLICHES DATUM):
PURIMFEST (JÜDISCH)

Die tapfere Königin Esther rettete die Juden vor Haman, der plante, sie alle umzubringen. Man ißt *hamentashin* (mit Früchten gefüllte Plätzchen) und führt Stücke über Königin Esther auf. An diesem Tag ehrt man die Macht der Frauen über die männliche Gewalt und den Sieg weiblicher Strategien.

22. UND 23. MÄRZ:
FEST DER MINERVA (RÖMISCH)

Minerva – bei den Griechen Athene – war die weise Göttin der Künste und Wissenschaften. Das Fest der Göttin der

---

* Starhawk: The Spiral Dancer, New York 1979, S. 88.

Weisheit ist ein guter Anlaß, um mit einem Studium zu beginnen. Wie wäre es, ein Hobby oder ein Talent wiederzubeleben, das man aufgeben mußte, als man ins Arbeitsleben eintrat?

25. MÄRZ:
DIE HILARIEN: DER TAG DES LACHENS (RÖMISCH)

Heute ist ein Tag, an dem man sich allgemein Mühe geben sollte, nur die lustige Seite der Dinge zu sehen. Dieser Brauch stammt von den Ritualen um Kybele und Attis im Nahen Osten ab und ist als fröhlicher Tag, an dem die Wiederauferstehung der Erde gefeiert wurde, ein Ursprung des Osterfestes. Geh heute in eine Komödie, lache mindestens siebenmal und sei fröhlich.

Die Tage vom 26. bis zum 29. März wurden bei den Römern die Theatertage genannt, um die dramatischen Künste zu ehren. Denk daran, daß zu einem erfüllten Leben die Künste gehören, und besuche ein Theater in deiner Gegend. Es ist die Zeit für Partys und um Freunde einzuladen. Nimm dir die Zeit, dich mit deinen Zeitgenossen zu freuen, denn genau das hat die Göttin angeordnet.

30. MÄRZ:
FEST DER EOSTARA (GERMANISCH)

Eostara, die germanische Göttin der Wiedergeburt, steht für die Neubelebung der Natur und damit auch von uns sowie für die ersten Anzeichen des Frühlings. Die bunten Ostereier und kleinen Häschen sind ihre Fruchtbarkeitssymbole. Bereite ein großartiges Festmahl zu ihren Ehren vor, denn es ist die richtige Jahreszeit, um sich am Überfluß der Erde zu freuen. Eostara ist die Göttin der Frühlings-Tagundnachtgleiche, Namenspatronin unseres Osterfestes. Später wurde dieses

Fest christianisiert und mit der Wiederauferstehung Jesu assoziiert statt mit der Wiederbelebung der Erde.

31. MÄRZ:
FEST DER MONDGÖTTIN (RÖMISCH)

Luna war die römische Göttin des Mondes. Wie oft schauen wir hinauf zum Himmel und halten beim Anblick des Mondes den Atem an vor Ehrfurcht: Immer wieder neu bewundern wir sein strahlend helles Licht, das er über die vertraute Landschaft ergießt und sie in ein sternenbestäubtes Märchenland verwandelt. Dichter und Liebende, Wanderer und Piloten lassen sich von seinem Licht leiten und trösten. Hexen beten ihn an und erflehen sich von ihm alle Schätze des Lebens – Gesundheit, Reichtum und Weisheit. Die alten Chinesen und Europäer buken ihm zu Ehren Mondkuchen, und die Vollmonde galten als Feiertage. Innerhalb eines Jahres ereignen sich dreizehn Vollmonde, nicht zwölf. Dies verleiht der Zahl Dreizehn ihre mystische Bedeutung: Eigentlich steht sie für Glück und nicht für Unglück. Die Zahl Dreizehn ist eine Primzahl und wird mit Wohlstand in Verbindung gebracht.

Der Mond inspirierte überall in der Welt die Spiritualität, und man verehrte universell seine Wirkung auf alles Organische, wie Empfängnis, Menstruation, Fruchtbarkeit, die Gezeiten, das Wetter und Geburtstermine. Eine Mondgöttin neuerer Zeit ist die Jungfrau Maria, die auf einer Mondsichel thront; weitere Namen der Mondgöttin, die als Weltmutter verehrt wird, sind beispielsweise Isis (Ägypten), Inanna (Sumer), Asherah (Kanaan), Akua-Ba (Ashanti, Afrika), Selene (Griechenland), Artemis (Griechenland) und Diana (kaiserliches Rom).

Die Märzgeschichte:
Bekenntnisse einer feministischen Hexe

Man wird vielleicht fragen, worin denn der Unterschied zwischen einer feministischen und einer nichtfeministischen Hexe besteht. Aber ehe wir darauf eingehen, müssen wir ein wenig zurückgreifen und erst einmal definieren, was eine Hexe eigentlich ist. Eine Hexe ist eine Frau oder ein Mann, die oder der die Erde als ein lebendiges, atmendes, bewußtes Wesen betrachtet – als Teil des gesamten Universums, das man wie Gott selbst ansehen und respektieren soll. Eine Hexe sollte sich als Teil Gottes betrachten, der nicht losgelöst von uns existiert, sondern in allen Lebewesen zugegen ist.

Grober ausgedrückt könnte man sagen, daß sich eine Hexe als Bestandteil des ständigen Flusses von Lebensenergie empfindet und denkt; eine Hexe übernimmt Verantwortung für sich und ihre Handlungen im Hinblick auf andere und die Welt. Ihre Macht liegt in ihr und außerhalb; die Schöpfung ist nicht abgelöst vom Schöpfer – dies ist auf altmodische Weise eine sehr religiöse Einstellung. Die Verantwortung für die Errettung der Welt ist internalisiert, nicht nach außen verlagert, noch wird sie auf eine dritte Partei, etwa einen Messias, übertragen. Eine feministische Hexe benutzt ihre Macht zum Wohl aller, sowohl politisch wie auch persönlich.

Wir sind der lebendige Ausdruck des göttlichen Lebensstromes, und wir sind dieser göttliche Lebensstrom selbst. Schnee im Winter beispielsweise ist Ausdruck und Manifestation des Winters, aber auch der Winter selbst. Pfirsichblüten sind ein Ausdruck des Frühlings, aber auch seine Essenz.

Es ist viel schwerer, eine Hexe zu sein, als einem Guru oder einem großen Menschen zu folgen, denn die Bürde der Macht liegt beständig auf den eigenen Schultern. Es gibt keinen Raum für einen Retter.

Was also tut eine Hexe? Zunächst einmal hat sie oder er die Furcht überwunden, die mit dem Reizwort Hexe verbunden ist. Seit sechshundert Jahren wird die weiße Rasse mehr als alle anderen verfolgt, wenn sie ihre ursprünglichen, europäischen Traditionen pflegt, und wir haben noch heute Angst, zu unserer Vergangenheit zu stehen. Auf eigenem Boden wurden Weiße gefoltert, getötet und in Kriegen niedergemetzelt, alles im Namen eines Buches – der Bibel –, das aus dem Nahen Osten importiert wurde und in dem gar keine Europäer vorkommen. Das alles verdanken wir dem römischen Kaiser Konstantin, der um 310 n. Chr. das Christentum, beruhend auf der Bibel, zur europäischen Staatsreligion erklärte.

Nun stehen wir am Ende des zwanzigsten Jahrhunderts, und die Weißen, vorwiegend Christen, beherrschen die Welt, genau wie es in der Bibel steht – aber wir haben vergessen, daß die Erde unsere gemeinsame Heimat ist und kein Feind aus dem Weltall. Unsere Blindheit bringt uns um sauberes Wasser und saubere Luft, eine freundliche, fruchtbare Umwelt, einen entspannten Lebensstil, ein Gemeinschaftsleben und die beeindruckende Spiritualität unserer nichtchristlichen Vorfahren. Immer mehr Menschen interessieren sich für die alten Religionen, versuchen, unsere unterdrückte, verleugnete Vergangenheit zu regenerieren und die Gegenwart mit Vernunft zu erfüllen.

Keine Rasse hat jemals ihre Wurzeln oder die ureigene Spiritualität aufgegeben: Die Schwarzamerikaner paßten sich im Herzen an die christlichen Vorstellungen an und gaben diesem Land eine Kultur, die wir sonst nie erlebt hätten – den Blues, die Gospelgesänge, die leidenschaftlichen Tänze zur Ehre Gottes; all dies ist Ausdruck der afrikanischen Sensibilität. Ihre Kultur gab ihnen den Stolz und die Kraft, für ihre

Bürgerrechte einzutreten. Aus dem gleichen Grund bewahrten sich die Ureinwohner Amerikas ihre Sonnentänze, ihre Schwitzhütten, ihre Prophezeiungen und, wenn es ihnen möglich war, ihre heiligen Stätten. Sie hielten so am Gedächtnis ihrer Rasse und der Freiheit ihrer Seelen fest. Die Lateinamerikaner, schöpferisch wie sie sind, überzogen ihre Spiritualität einfach mit einer Zuckerglasur, identifizierten ihre Götter mit den christlichen Heiligen und praktizierten ihre ursprünglichen Rituale unter einem anderen Namen weiter.

Wir Weiße brauchen nicht länger die rassischen oder spirituellen Waisenkinder dieser Welt zu sein. Man erkennt heute an, daß unsere Ahnen ausgezeichnete Schrein- und Tempelbauer waren, daß sie Hymnen schrieben und die mündliche wie schriftliche Tradition überlieferten, daß wir die Sonne und den Mond und die Erde als unsere kosmische Mutter anbeteten. Heute ist es in Ordnung, Frauen zu lieben – ohne daß dabei jemand in Ohnmacht fallen würde; es ist auch in Ordnung, eine Hexe zu sein: Auch das ist nicht das Ende der Welt. Die Hexenverbrennungen sind vorbei. Das sollte man sich immer wieder sagen, wenn man Angst bekommt: Die Hexenverbrennungen sind vorbei. Und zweimal kann man uns nicht verbrennen. Wir sind mit voller Macht zurückgekehrt. Sehen wir einander in die Augen und sagen wir Ja zu einem neuen Jahrhundert ohne Schuldgefühle! Man braucht jede Menge Mut, um sich dem Wort Hexe, Wiccanerin*, zu stellen, zu gestehen, daß man eine weiße, vorchristliche spirituelle Person ist. Wir können uns aber nicht völlig wieder den alten Zeiten zuwenden, weil wir nicht mehr genau wissen, wie es damals war. Aber wir wissen, daß diese Dinge etwas uns Ureigenes sind, das nicht aus einem anderen Erdteil eingeführt wurde. Wir erinnern uns an sie und erfinden sie neu.

---

* Eine Wiccanerin ist eine Anhängerin von Wicca, der alten europäischen Erdgöttin. Das englische Wort *witch* geht auf *wicca* zurück. (Anm. d. Übers.)

Wenn ich zum Beispiel morgens aufwache, stehe ich gleich auf und versuche, mich in eine positive Haltung zu bringen. Dazu trete ich vor meinen Altar und sage: »Ich bin ein Pol für die Liebe des Universums. Alle meine Bedürfnisse können leicht erfüllt werden. Ich erreiche alle Ziele mühelos. Ich spiele und liebe und helfe anderen Menschen.« Das kann man leicht zu seinem Morgengebet machen. Die Geister, die dich lieben, erfahren ganz gern, wozu du dich an diesem Tag einsetzen möchtest. Alle Gebete, die wir nötig haben, werden uns in die Seele geflüstert: Man lauscht einfach darauf und findet eines, das einem angemessen erscheint. Ich verfolge anschließend mein Morgenritual weiter, dusche, mache mir einen Tee und frühstücke möglichst gesunde Nahrung. Von Anfang an müssen göttliche Entscheidungen getroffen werden. Man nimmt nichts in sich auf, was schlecht für einen ist, wie Zigaretten, Kaffee und fetthaltige Speisen – weil man ein Pol für die Liebe des Universums ist, und nicht für Cholesterin.

Der Tag beginnt, und schon haben wir Gelegenheit, »das Pentagramm durchzugehen« – unseren armen, verfemten, von den Medien zerrissenen fünfzackigen Stern! Der fünfzackige Stern, schon lange ein Zeichen für die Erde, ist in der ganzen Welt ein starkes Symbol. Die US-Marine setzt zum Beispiel Fünfecke auf ihre Kampfflugzeuge und Uniformen, ebenso wie die Russen. Die Amerikaner malen sie gern in Blau, Schwarz oder Weiß auf ihre Fahnen. Hexen zeichnen sie einfach. Für uns steht das Pentagramm für die vier Himmelsrichtungen – Osten, Süden, Westen und Norden – und die Mitte.

Die oberste Spitze des Fünfecks wird mit Vergnügen, Erholung und Sex verbunden. Alle unsere Aktivitäten sollen durch das Prinzip der Freude beeinflußt werden, nicht das des Schmerzes. Wir sind nicht auf dieser Welt, um zu leiden oder anderen Leid zuzufügen. Kann man sich etwa eine werdende Mutter vorstellen, die für ihr Baby ein Jammertal im Sinn hat? Glaubt irgendeine Mutter wirklich, daß ihr schönes Kind ein Sünder ist? Sind Kinder »sündig«, weil sie durch eine Vagina geboren werden? Das ist Unsinn.

Die beiden Seitenzacken des Fünfecks stehen für das Selbst (welches allen Lebewesen gemeinsam ist) und Individualität (das, was einzigartig an jedem ist). Da haben wir eine harte Nuß zu knacken: Man sollte jeden Tag etwas für sich tun, das nur gut für einen selbst ist. Ist das egoistisch? Nein, eher selbst-bewußt. Doch man gleicht dies wieder aus, indem man etwas gleichermaßen Gutes zum Wohl aller tut. Das hängt von den jeweiligen Möglichkeiten ab: Man kann nur selbst entscheiden, was möglich ist. Wenn ich mir beispielsweise eine Massage gönne, gehe ich später in einem Tierheim vorbei und biete ein paar Stunden freiwillige Mithilfe an.

Die beiden unteren Ecken des Fünfzacks schließlich bedeuten Macht und Leidenschaft. Was heißt das? Macht läßt sich leicht deuten, denn wir üben jeden Tag aufs neue Macht aus. Selbst wenn wir Macht ablehnen, üben wir sie aus. Die Macht ist wie das Wetter – sie ist. Wenn man nicht selbst Macht ausüben will, tut das ein anderer, denn die Natur duldet keine Lücken.

Wenn Frauen heutzutage Macht ausüben, sind sie die Hoffnung der Welt. Man sollte als Frau vor keiner Macht zurückscheuen. Wenn du dich als Mann gegen andere Männer wendest, die rassistische und sexistische Dinge von sich geben, wendest du deine Macht zum Wohl aller an. Gerade wenn keine Frauen zugegen sind, die deinen Beitrag zu einem schuldgefühlfreien Jahrhundert bezeugen könnten, macht dich das nachgerade zum Helden! Dann verdienst du die Anrede »Bruder«. Möge es immer mehr von euch geben!

Macht wird auch angewendet, um positive Entscheidungen zu treffen, sich in der Arbeit zu bewähren, Kunst, Erfindungen oder Ideen zu kreieren, bei geschicktem Verhalten oder wenn man etwas Neues lernt. In den Medien nutzt man seine Macht, indem man Korruption trotz der damit verbundenen Nachteile aufdeckt, indem man kompromißlos Untersuchungen anstellt, die die Böswilligen und die Mächtigen stürzen könnten. Als Künstler kannst du deine Macht einsetzen, um Originalität zu erlangen und zu versuchen, die Wunden, die du ringsum wahrnimmst, zu heilen. Leidenschaft ist die letzte Barriere! Leidenschaft ist wie Dampf, den wir in allen anderen Bereichen anwenden. Alles, was wir tun, sollte mit Leidenschaft angegangen werden. Leidenschaft brauchen wir nicht nur bei der Liebe, sondern auch bei der Genesung von Krankheit, ja, schon beim Aufstehen am Morgen. Zu allem gehört eine Leidenschaft fürs Leben. Leidenschaft ist kostbar, sie deutet auf einen gesunden Geist hin – benutze sie als wichtige Energiequelle. So gehen wir also das Pentagramm durch.

Wo berühren sich Feminismus und Hexentum? Das Hexentum, diese alte europäische Erdreligion, ist seiner Natur nach feministisch. Wenn man Gott als weiblich und männlich betrachtet und kein Aspekt dem anderen unterlegen ist, wenn man beide braucht, um Wirklichkeit zu schaffen, ist man vor Sexismus sicher, denn beide Geschlechter sind mächtig und göttlich. Freue dich an ihnen!

Doch dann stehen wir vor dem strittigen, angstbesetzten Thema der Hexerei. Die Regeln gebieten uns, zu tun, was wir wollen, aber ohne Leid zu verursachen. Doch was geschieht, wenn wir einen Zauber zum Selbstschutz anwenden? Die Feministin muß hier die Risiken abwägen. Wir können die

Dunkle Mutter anrufen und sie um Hilfe bitten. Mörder gibt es nur auf der irdischen Ebene, ihre Seelen sind verdüstert durch ihre bösen Taten. Wir können ihre Seelen direkt anrufen und bitten, das Böse zu unterlassen: Dann werden ihre eigenen Seelen sie dazu verdammen (wobei das Schicksal nachhilft), fatale Fehler zu begehen, damit sie gefaßt und aus dem Verkehr gezogen werden. Warum ist es schwerer, das zu akzeptieren, als einen Kurs für Selbstverteidigung zu beginnen, zu lernen, wie man einem Menschen die Augen aussticht oder ihm die Hoden abreißt? Ich ziehe es vor, meinen Zauber anzuwenden, ohne einen Mann zu berühren. Ist das nicht viel sicherer für eine Frau?

Als ich 1980 in die Bay Area bei San Francisco zog, suchte ich einen geeigneten Platz, an dem meine Gruppe Mutter Natur anbeten konnte, und fand den Mount Tamalpais, der schon für die kalifornischen Indianer eine heilige Stätte war. Hier fand ich Tradition und Schönheit – und stieß auf Politik. Beim Wandern über diesen Berg fand ich wohlgemeinte offizielle Flugblätter an die Bäume geheftet, auf denen stand: »Frauen, ein Mörder läuft hier frei herum! Seid vorsichtig und haltet euch nicht ohne Begleitung im Freien auf!« Das machte mich wütend. Ich riß eines dieser Flugblätter ab und schrieb in roten Lettern auf die Rückseite: »Mörder! Wagt euch nicht auf diesen heiligen Berg! Hexen lauern euch auf!« Dann pinnte ich den Zettel wieder an den Baum. Was ich gegen diese Warnung hatte? Nun, daß man nicht ohne Begleitung spazierengehen sollte, zum Beispiel. Denn diese Maßnahme hatte wenig Sinn, weil auch Männer diesem Mörder zum Opfer gefallen waren. Frauen bekamen so nur den falschen Eindruck, daß sie in Begleitung eines Mannes sicher seien, und genau das hatte vermutlich einige Frauen – wie Männer – das Leben gekostet. Für den Killer war dieses Flugblatt ein Kompliment. Vermutlich dachte er: »He, jetzt haben alle Frauen vor mir Angst!«

Aber dabei ließ ich es nicht bewenden. Ich rief alle Hexen und Personen an, die ich im Umkreis kannte und die Gruppen über Hexen unterrichteten, darüber Vorträge hielten oder Bücher schrieben, und schlug vor, daß wir uns trafen. »Wozu schließlich sind wir Hexen? Verhexen wir diesen Mörder, damit er einen Fehler macht und gefaßt wird! Betrachten wir unsere Spiritualität einmal politisch!«

Zu meiner Überraschung stieß ich auf sehr unterschiedliche Reaktionen. Die alte, internalisierte Unterdrückung erhob wieder ihr gräßliches Haupt, und meine Hexenschwestern verhielten sich konterrevolutionär.

»Aber Zsuzsanna«, wandten sie ein, »wie soll denn das funktionieren? Würde diese Hexerei nicht dreifach auf uns zurückfallen?« Sie zitierten das Gesetz der Freiheit. »Nur, wenn wir Unschuldige angreifen«, erwiderte ich. »Was ist denn noch nötig, damit ihr zurückschlagt?« ereiferte ich mich. »Man schießt auf uns, wenn wir joggen gehen. Wie viele Probleme braucht ihr eigentlich, damit ihr endlich eure Macht anwendet, um euch zu verteidigen?«

Diese Hexen standen offensichtlich unter einem zu starken Einfluß des New Age.* Sie blieben einfach passiv und waren überzeugt, Hexerei an sich sei falsch und müsse um jeden Preis vermieden werden. Sie meinten, wenn man einen Mörder verhexte, würden sie zu »echten Hexen« und verdammt werden. In der Hexengemeinschaft unserer Gegend gab es noch eine andere verbreitete Meinung; das Dreifach-

---

* Die Anhänger des New Age waren zu gelassen. Ihr Plan für eine Selbstverteidigung hätte vermutlich geheißen, den Mördern ein »weißes Licht« zu schicken und dann für ihre Selbsterkenntnis zu beten. Ich fand das keine sonderlich starke Maßnahme gegen Vergewaltigung und Mord. In der New-Age-Literatur fehlt die feministische Ideologie. Den Opfern selbst wird die Schuld an ihrem Unglück aufgrund ihres Karmas gegeben. Damit wird die Notwendigkeit verleugnet, mit der dunklen Seite im Leben und in der Kultur umzugehen – der Verantwortlichkeit des sexistischen Patriarchats für die Mißhandlung von Kindern und Frauen und Kinderpornografie nämlich, desselben sexistischen Patriarchats, das die Profite aus Kriegen einstreicht.

Gesetz wurde ziemlich verdreht gesehen. Man nahm an, daß man sich jedesmal, wenn man etwas mit einem Zauberspruch belegte, selbst an das Unglück band. Das hatte natürlich die Lähmung aller politischen und spirituellen Aktionen zur Folge. Wer würde sich schon an einen Massenmörder binden? Das Dreifach-Gesetz lautet allerdings wie folgt: Wenn man die Göttin aus frivolen Gründen oder aus Habgier anruft, wird es dreifach auf einen zurückkommen. Wenn man Unschuldige angreift, wird sie sich zehnfach rächen. Wenn man in einer Notlage für sich oder andere eintritt, wird sich das Glück verdreifachen.

Ich wurde dazu erzogen, für mich selbst einzustehen. Zwischen mir und den amerikanischen Hexen meiner Umgebung gibt es einen deutlichen kulturellen Unterschied. Sie haben im Gegensatz zu mir vergessen, daß die Hexen in den europäischen Gemeinschaften ihren hohen Status durch ihre Schutzzauber vor Pest, Trockenheit und Verbrechen errungen hatten.

Ich bat einen örtlichen Radiosender, meine Hexerei zu dokumentieren, damit deutlich wurde, daß kein Teufel und keine männliche Gottheit angerufen wurde, um die Verhaftung des Mörders zu erreichen, und es nicht nötig war, daß ich seine Identität erfuhr. Die Reporterin meinte, das wolle sie um keinen Preis verpassen. Sie zeichnete jedes Wort auf. Später veröffentlichten wir das Tonband und verteilten es in den Frauenhäusern und -zentren als Beispiel dafür, wie Frauen sich wehren können.

Es gelang mir, dreißig feministische Hexen bei einer Vollmondfinsternis zu diesem Ritual zusammenzubringen. Die Eklipse war sehr wichtig, denn alle Zauber unter dem Vollmond wirken stärker; dazu bewirkt eine Eklipse, daß sich der Zauber gegen den Gegenstand oder die Person verstärkt, gegen die man arbeitet – hier der Mörder. Ich sprach den Zauber aus, daß der Mörder »durch seinen eigenen Fehler, seine eigene Bosheit« zu Fall kommen sollte. Das ist mein normaler Zauberspruch. (Der Vollzug dieses Banns spaltete die echten Hexen von den falschen, den Anhängern des New Age, die glaubten, es reiche aus, wenn man ein »weißes Licht« schickte. Das hat noch nie geklappt.)

Wir versammelten uns bei leichtem kalifornischem Regen. Zuvor hatten wir uns in einem Haus getroffen, um uns über den Verlauf zu einigen: Das war sehr wichtig. Für einen wirksamen Zauber müssen alle Frauen das gleiche Ziel verfolgen und dürfen keine Angst haben. Wenn eine Angst hat, sich zu wehren, muß sie den Kreis verlassen. Es gab einige Diskussionen: Manche Frauen hatten immer noch Angst vor der eigenen Macht – doch nur Frauen ohne Furcht vor ihrer medialen Fähigkeit konnten dies vollbringen. Anschließend fertigten wir aus schwarzem Tuch eine Puppe an, die den Mörder darstellte. Wir reichten die Puppe von einer wütenden Frau an die nächste weiter und stopften sie dabei mit bösen Kräutern aus, wie Brennesseln, Boldo und Grüner Germer. Dann salbten wir sie (die nun mit dem Vergewaltiger gleichgesetzt war) mit Doppelkreuz-Öl. So würde niemand mehr zu ihm halten, nicht einmal die eigenen Verwandten oder die eigene Mutter. Später kamen die Hexen vom Mount Tamalpais und brachten Abdrücke von den Fußstapfen, die der Mörder an den Tatorten hinterlassen hatte. So stellten wir eine weitere enge Verbindung zwischen der Puppe und dem Mörder her.

Dann endlich machten wir uns auf den Weg zum Sutro-Heights-Park, der den Pazifik überblickt. Dort steht eine Statue von Artemis/Diana, geliebt von den örtlichen Hexen. Sie wird fast täglich mit frischen Blumen geschmückt. Ich liebe diesen Park und weiß, daß es eine heilige Stätte ist.

Zuerst hielten wir uns an den Händen, um den Kreis auszumessen, den wir bilden wollten. Das war aufgrund der Hanglage nicht leicht. Als nächstes riefen wir die vier Enden des Universums an. Vier verschiedene Priesterinnen riefen die Mächte des Ostens, des Südens, des Westens und des Nordens an. Ich glaube, ich hatte, wie schon seit Jahren immer, den Norden. Und als alle Mächte gegenwärtig waren, begannen wir, diese Macht zu verstärken.

Ein leises, zurückhaltendes Summen steigerte sich zu einem ungezügelten Urschrei an den Mond, der kurz davor stand, vom Erdschatten verdunkelt zu werden. Ich rief die Dunkle Göttin an:

Dunkle Mutter des Universums! Hekate! Kali! Schwarze Madonna! Hör auf deine Priesterin Medea! Wir haben einen Massenmörder unter uns! Wir können uns nicht mehr frei bewegen, ohne daß man auf uns schießt! Es herrscht Krieg gegen deine Schwestern hier auf der Erde. Alle vier Minuten wird eine von uns vergewaltigt! Alle dreißig Sekunden wird eines unserer Kinder von einem Mann belästigt! Alle zwei Minuten wird eine Frau von einem Mann geschlagen! Die übrige Zeit planen sie, die Erde und mit ihr alles Leben zu vernichten! Wach auf, schlafende Mutter! Erwache und benutze deine unendliche Kraft, um das Leben zu verteidigen, das wir darstellen!

Dann fielen die anderen Frauen mit einem spontanen Gesang ein:

Bring ihn her! Übergib ihn der Gerechtigkeit! Man wird ihn kriegen, weil er Fehler macht, weil er leichtsinnig wird, aus freiem Willen!

Der Zauber war vollbracht. Langsam überzog der Erdschatten das Antlitz des Mondes. Als die astralen Ebenen sich berührten, konnte ich spüren, wie sie lauschte. Die Mutter war gegenwärtig in der salzigen Luft, im Bellen der Seehunde, in der gerechtfertigten Wut der Frauen, die um ihr Leben kämpften.

Als die Energie sich zum Höhepunkt gesteigert hatte, zog ich die Puppe hervor. Ich hatte bei meinem Metzger für ein paar Groschen Schweineblut besorgt. Schweine sind der Erde heilig. Ich preßte dieses Blut aus dem Plastikbeutel auf die Puppe, die den Mörder darstellte, und sprach dabei:

Das ist Mutter Demeters heiliges Schweineblut. Ich will ein Ende des menschlichen Blutvergießens. Ich bitte die Dunkle Mutter, dem Morden ein Ende zu setzen, damit keine Menschen mehr geopfert werden. Nimm statt dessen dieses Schweineblut. Nimm diesen Mörder statt seiner Opfer. Er soll gefaßt werden. Laß ihn wieder in den dunklen Schoß zurückkehren!

Darauf sangen die Frauen:

Laß ihn in deinen dunklen Schoß zurückkehren!

Dann brachte ich die Puppe, die den Mörder darstellte, zu einem Loch, das wir vorher gegraben hatten. Ich legte sie hinein und vergrub sie im dunklen, üppigen Schoß von Mutter Erde. Danach zog ich mit pulverisiertem Drachenblut (ein Kraut aus Sri Lanka) ein gleichschenkliges Kreuz auf den Boden, um das Unheil in der Erde festzuhalten. Anschließend urinierten alle Hexen eine nach der anderen auf sein Grab, um seine Bösartigkeit zu »eliminieren«.

Möge er allen Schutz verlieren!
Möge das Glück ihn verlassen!
Möge er ohne Trost sein!
Möge er die Freiheit verlieren!

Als dreißig wütende Frauen diesen Zauber bestätigt hatten, dankten wir den vier Mächten des Universums dafür, daß sie uns ihre Kraft geliehen hatten, und sangen ein Freiheitslied:

Wir stammen alle von der Göttin ab,
und zu ihr kehren wir zurück –
wie der Regentropfen –
ins große Meer.

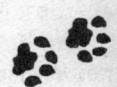

Wir hinterließen am Fuß der Artemis/Diana-Statue Gaben, wie Blumen, Äpfel und brennende Kerzen, und versuchten in dem nun strömenden Regen, dreimal im Kreis um sie herumzutanzen. Unsere Füße wurden dabei schwer vom Schlamm. Es ist nicht ganz einfach, mit schlammigen Schuhen an einem Hang zu tanzen, aber wir schafften es.

Das Ergebnis zeigte sich nach drei Monaten. Ich erfuhr erst von den Reportern, die über den Fall schrieben, den Namen des Mannes, der für die Morde in den Bergen verantwortlich war. Bis zum heutigen Tag streitet er die Taten ab, aber das ist bei Massenmördern häufig der Fall. Nach unserem Zauber ist kein weiterer Mord geschehen; der Mörder begann vielmehr, Fehler zu machen. Er ließ ein Opfer am Leben, und die Frau erholte sich und wurde so zur Augenzeugin. Dann ließ er neben einem Opfer seine Brille liegen. Die Polizei informierte alle Optiker über die genauen Meßwerte der Augengläser, und als jemand diese Brille nachbestellen wollte, wurde der Verdächtige drei Monate lang beschattet, bis genügend Beweise zu seiner Anklage zusammen waren.

Es gab noch ein weiteres Anzeichen für den Erfolg unseres Zaubers: Eine Frau über sechzig hatte die Polizei bereits über den Verdächtigen informiert, wurde aber nicht ernst genommen. Sie hatte angegeben, der Mann habe sich »merkwürdig« ihrer Tochter gegenüber verhalten, die mit ihm zusammen auf einem Schiff gearbeitet hatte. Nachdem die Brille auf genau diesen Mann hinwies, nahm die Polizei diese Frau ernst. Diese drei Zeichen gegen ihn – die Zeugin, die Brille und die alte Frau (die Göttin) – brachten ihn in die Todeszelle, in der er immer noch sitzt. Mögen alle Mörder auf diese Weise enden!

Die Frauen brauchten keinen männlichen Gott und keinen christlichen Teufel, um hier zu helfen. Die Göttin in ihrem Vernichtungsaspekt kann jederzeit angerufen werden, um den Lebenden beizustehen.

Was lernen wir aus diesem Zauber? Daß es im Interesse

von Frauen und Männern liegt, sich um Ordnung in ihrer Gemeinschaft zu kümmern und sie vor Mördern zu bewahren. Daß es im Machteinfluß der Göttin liegt, auf Frauen zu reagieren und ihnen zu helfen, ihr Leben sicher zu gestalten. Daß Frauen die psychische Kraft haben, ihre eigene universale Macht anzurufen, die sich für sie einsetzt.

Unser Beispiel inspirierte andere Frauengruppen überall im Land. In Phoenix/Arizona vollzogen Hexen des Bundes »Blauer Reiher« ein Läuterungsritual für ihre Gegend, indem sie mit Weihrauch und Kerzen durch die Stadt zogen und Segnungen sangen. Mitten in dieser Zeremonie fragten andere Frauen sie, was sie dort trieben. Die »Blauen Reiher« antworteten, sie hätten verschiedene Einbrüche in der Nachbarschaft erlebt und zögen nun einen Schutzkreis um diese Gegend, um weitere Vergehen zu verhindern. Ihr Zauber richtete sich an die Glücksgöttin: Man bat sie, den Verbrechern keine Sicherheit zu bieten, sondern ihnen ihre Glücksportion zu kürzen, damit man sie bei der nächsten Aktion entdeckte.

Die Frauen, die fragten, waren ganz normale Nachbarinnen, keine Feministinnen oder Hexen, aber sie dachten über das nach, was sie gehört hatten, und diskutierten es, während die »Blauen Reiher« ihren Zauber zu Ende brachten. Dann versammelten sie sich am Ende der Straße und baten die Hexen, ihren Block auch zu umrunden. Die »Blauen Reiher« und die neuen Schwestern legten nach in den Weihrauchschalen, überquerten die Straße und segneten die ganze Gegend. Es waren an die zwanzig Frauen. So sieht die Arbeit feministischer Hexen aus!

Es spricht die Göttin:
Aphrodite

Ich bin Aphrodite, Mariamne, Aphrodite Mari, Stella Mari – die Lebensspenderin aus den bitterkalten Wassern, dem ursprünglichen Hexenkessel der Wandlung. Ich bin Leben und Tod. Meinen Lenden entspringen alle Dinge, und zu mir kehren sie am Ende zurück.

Ich bin Aphrodite, die Schaumgeborene, Göttin der Sexualität und des Todes. Was für einen Anblick biete ich! Ich bin nackt und ohne Scham. Ich bin attraktiv und verführerisch. Man hat versucht, mich zu zähmen, aber ich wollte mich nicht fügen. Sie haben versucht, mich mit Zensur und Pornografie zu demütigen, mich durch Gesetze zu kontrollieren und meinen Stamm zu unterdrücken. Aber ich bin immer nur stärker daraus hervorgegangen.

Ja, sieh mich nur an. Ich bin der ungezügelte Sexus. Ich bin die Hitze in Hund und Katze. Ich bin die leidenschaftliche Liebesbeziehung. Ich bin die Umarmung der Liebenden und die Lust, die sie sich verbieten wollen. Wenn du einen gesunden, natürlichen Körper hast und meine Zeit kommt, bin ich es, die dich dazu bringt, die ganze Nacht zu seufzen und sehnsüchtig jenen nachzustarren, die deine Phantasie erregt haben.

Ich bin auch die Prostituierte, die sich auf der Straße der ungeliebten und unbeliebten Männer annimmt. Ich bin die großzügige Hure mit dem goldenen Herzen und der kalten Vagina, mit Eis in den Adern. Ich beherrsche alles, bin allmächtig. Niemand kann mir widerstehen, ich habe euch nämlich so geschaffen. All eure Zellen und Nervenenden sind durch mich geprägt. Ihr seht mich in den Bildern eurer erotischen Träume. Ich bin die Hoffnung der Liebeskranken und der Schatz jener, die mich zu finden wissen.

Meine Anhänger belohne ich mit einem langen und gesunden Leben. Ich bin für den Reisenden da und für den, der zu Hause bleibt. Ich bin Nahrung für Körper und Seele – die Zukunft aller Völker. Ich webe mein Netz des Wissens weiter um dein Herz, auch wenn du es vergeudest. Wenn du mich nicht mehr willst und alt und müde wirst, nehme ich dich wieder auf in meinen umfassenden Schoß, denn ich bin es, die über die Stunde deiner Wiederkehr befindet.

Bist du nun erschrocken? Wankst du und versuchst, meinen Blick zu meiden? Schämst du dich, weil du so schwach warst, dich vor mir zu verneigen? Du weißt, daß ich die Königin alles organischen Lebens bin; nur ein Stein kann mir widerstehen. Meine Ehrlichkeit allein bringt mich dazu, dir zuzuhören.

Ich verkünde Botschaften der Liebe. Das ist meine Aufgabe, und ich erledige sie gut. Alle Künste gedeihen mit meinen Gefühlen: Die Musik feiert meine Vielfalt, Tänzer widmen mir ihre Bewegungen, alle Bildhauer folgen meinen Linien, wenn sie etwas taugen. Ich bestehe aus Gegensätzen und bin beständig. Ich bin pansexuell; die Form meiner Genitalien wiederholt sich in der Natur. Schau dir die vulvaähnlichen Muscheln an, das nährende Gerstenkorn; blick tief in eine Orchidee, Rose oder Iris – sie alle imitieren mein Geschlecht. Bewundere ihren Duft und trinke tief aus den kommenden Sommernächten. Ich bin überall in der Luft und verteile großzügig Sehnsucht und Ekstase. Meine Festtage begeht man mit Flötenmusik und barfüßigen Tänzen auf den Bergen. Ich bin Marina, die Lockige, Dunkle, die Meerjungfrauen sind meine Nichten. Ich mache dein Leben lebenswert ... erweise mir also deinen Respekt.

Aspekte des April

Der Name des wunderschönen, aufregenden Monats April leitet sich von Aprilis her, einer römischen Form von Aphrodite, der Göttin von Liebe und Tod. Ihr Name scheint im Verb *aperire* zu wurzeln, das »öffnen« bedeutet. Diese Göttin ist in der Tat ein Tor zum Leben, und so wird sie auch oft abgebildet: nackt, die Hände auf ihr Geschlecht zeigend, um uns an den Durchgang zu erinnern, durch den wir in diese Welt eintraten.

Vollmondaspekt: Saatmond, Mond der knospenden Bäume

Universalereignis: Nisten der Vögel – königliches Symbol der Sonne

Gemeinschaftsereignis: Maifeiertag, Einläuten des Sommers, Tänze um den Maibaum, der den Baum des Lebens symbolisiert (Zeit für den Frühjahrsputz, für die Reinigung des Altars und die Salbung der heiligen Gegenstände im Tempel)

Botschaft: Sich entwickeln, wissen, sich bereichern, sich freuen

Aktivität: Biegen, zielen

Heilwirkung: Die Ausgewogenheit der Nerven herstellen, reinigen, kräftigen

Passender Zauber: Zauber zur Erzeugung von Leidenschaft, Verehrung der Toten

Farbe: Purpurrot, Grün, Braun

Baum: Erle, Farn, Weide (Weidenholz ist als Material für Zauberstäbe sehr begehrt. Man stellt auch Musikinstrumente daraus her. Es ist der Mondgöttin heilig; Reiher benutzen Weiden zum Nisten. Weiden lieben das Wasser.)

Blume: Wicke, Gänseblümchen

Tier: Habicht

Edelstein: Diamant

Annas Zauber, Rituale und Feste
für den April

Hudough-Tanz

Janet McCloud, die bekannte Aktivistin der amerikanischen Ureinwohner, hat mir von diesem Brauch berichtet. Es handelt sich um einen besonderen Tanz für die Frauen unter den amerikanischen Ureinwohnern, Hudough genannt. An diesem Tanz beteiligen sich beide Geschlechter. Wenn einer Frau in einem Stamm ein anderer Mann besser als ihr Ehemann gefällt, kann sie ihn zu diesem Tanz bitten. Nach diesem Tanz können die Paare beieinanderliegen, ohne damit ihre Ehe zu gefährden. Er findet in der Zeit statt, wenn solchen Neigungen stattgegeben werden kann. Die Ehegesetze werden in diesem Zeitraum aufgehoben, ähnlich wie bei Festlichkeiten unter den europäischen Ureinwohnern.

Segnung des Geschlechts

Dein Körper ist dein Tempel, und dein Geschlecht ist der Sitz aller Freuden und der Erholung. Informiere dich bei Ärzten und Heilern über pflanzliche Mittel, um sie gesund zu erhalten. In den Vereinigten Staaten haben wir das Glück, daß uns eine ganze Welt der Heilkunst zur Verfügung steht. Wenn man an einer Geschlechtskrankheit leidet, sollte man es sich zur heiligen Pflicht machen, die Ansteckung anderer zu verhindern. Informiere dich über sicheren Sexualverkehr. Es ist eine gute Idee, mit der folgenden geführten Meditation einen Rückfall zu vermeiden und sich generell bei guter Gesundheit zu halten.

Meditiere bei Vollmond im Sitzen etwa zehn bis fünfzehn Minuten lang in völliger Entspannung. Stell dir vor, du betrittst leise und barfuß den Tempel deines Geistes, einen schönen, sicheren Ort, und verharrst dort in einem Gefühl von Frieden. Warte auf die Göttin und achte darauf, ob sie dir etwas sagen will. Achte auch auf Erkenntnisse. Vielleicht erscheint sie dir als Freundin, vielleicht auch als Göttin in der vollen Pracht ihrer nackten Schönheit. Hab keine Angst vor ihrer Direktheit. Sie ist die Göttin der sexuellen Begegnung, sie ist voller Glanz, und sie ist frei. Bitte sie, deine Genitalien zu segnen, damit sie gesund bleiben, daß deine Lust geehrt wird und stark bleibt. Brenne Räucherstäbchen mit ihrem Lieblingsduft Moschus ab. Biete ihr Gaben an, Kuchen in Form der Vagina, Muscheln, Schmucksteine, einen Spiegel. Danke ihr innigst, ehe du den Tempel wieder verläßt und in deinen normalen Alltag eintrittst.

Segnung von Liebenden

Wenn dich die Göttin mit Liebe beschenkt hat und du in einer Beziehung lebst, die du als besonders empfindest, weil ihr beide in Liebe einander verbunden seid, kannst du deine Freunde zu einer öffentlichen Feier deiner Beziehung um dich scharen. Man braucht keine legale Zeremonie, um sich das Gefühl von Bindung zu schenken, denn in den Augen von Mutter Natur, eurer Hauptverwandten, seid ihr bereits aneinandergeschmiedet.

Die Liebeszeremonie findet im Freien unter einem Vollmond im April statt. Lade dazu deine Familie und jene Freunde ein, die du bereits vor der Festigung deiner »allumfassenden« Liebesbeziehung hattest. So kannst du ihnen Aufmerksamkeit schenken und jene ehren, deren Freundschaft dir auch in den Zeiten ohne Liebhaber wichtig war und dich unterstützte.

Das Symbol der Liebenden ist die Myrte, daher versucht man, im Freien oder in einem Blumengeschäft ein paar Zweige davon zu finden. Bereite einen Tisch vor, auf den du Blumen stellst, guten Wein und Obstsäfte. Darumherum schart man sich zu einem Glas. Serviere ein Festmahl – besonders Meeresfrüchte sind hier angebracht. In einem passenden Moment bittest du deine beste Freundin, die Aufmerksamkeit aller mit diesen oder ähnlichen Worten zu erregen:

Liebe Freunde! Wir haben uns heute abend versammelt, um die enge Beziehung zwischen meiner Freundin und ihrem Partner zu feiern. Ich fühle mich geehrt, die Göttin der Liebe an unseren Tisch rufen zu dürfen, um ihr Wein aus unseren Gläsern und Brot und Meeresfrüchte von unseren Tellern anzubieten. Wir bitten sie, [Name der Frau] und [Name des Mannes] zu segnen, so daß sie weiterhin in Glück und gegenseitigem Verständnis und Wohlergehen leben.

Ich weiß, daß man der Tradition nach zu einer solchen Versammlung einen Myrtenzweig als Symbol für den Baum des Lebens und die Segnungen des Lebens mitbringt. Bitte überreicht einander diesen Myrtenzweig. Wir werden diese Geste bezeugen und euch segnen.

Nun spricht das Paar selbst ein paar Worte, etwa:

Ich wähle dich, weil ich dich liebe und du für mich Himmelsblau und Morgenlachen bist.

Das aber bleibt der eigenen Improvisation und Eingebung überlassen. Falls es einem nicht gelingt, Myrtenzweige aufzutreiben, ersetzt man sie durch Orangenblüten, Jasmin oder Kirschzweige – etwas, was um diese Jahreszeit in der Gegend blüht. Man kann in diesem Augenblick auch Ringe austauschen, als Zeichen für die eingegangene Bindung oder als Geschenk und Erinnerung an diesen Abend. Das Ereignis sollte unbedingt auf Fotos festgehalten werden. Wenn sich das Paar in dieser Nacht liebt, bietet man seine Lust Aphrodite an und bittet um Gesundheit und Liebe. Baue der Göttin einen schönen Altar mit Muscheln und Blüten. Zünde eine rosa Kerze für sie an und laß sie die ganze Nacht brennen. Rosa steht für Glück und Ausgewogenheit.

Verehrung der Toten

Geh am Abend zum Grab eines geliebten Menschen. (Wenn das Grab zu weit entfernt liegt, kann man auch einen kleinen Erinnerungstisch aufbauen.) Bring es in Ordnung, setze eine Pflanze oder lockere einfach die Erde ein wenig auf. Das ist besonders gut, wenn jemand erst vor kurzer Zeit gestorben ist. Setze eine weiße Kerze in einem Windlicht auf das Grab, die eine ganze Woche lang brennt. Salbe diese Kerze mit Sandelholzöl (für die Weisheit) und sprenge davon ein paar Tropfen auf die Erde. Zünde die Kerze mit den Worten an:

Gesegnet seist du, Geist von [Name], ich bringe dir heute Liebe und Energie.

Dann zünde ein Räucherstäbchen und Myrrhe an und sprich dabei:

Möge die Göttin, die dreigestaltige, dir tiefen Frieden und Glück und Ruhe schenken.

Bleib eine Weile dort und unterhalte dich mit dem Geist des geliebten Menschen. Erzähl ihm das Neueste und sage beim Abschied:

Gesegnet sei dein Geist, gesegnet seien deine Träume. Schlafe in Frieden und ohne Furcht im Schoß der Mutter.

Haloa (griechisch)

Das prächtigste aller griechischen Frauenfeste war Haloa, das Fest der freien Rede der Frau. Es nahmen ausschließlich Frauen daran teil. Aber was genau an Haloa geschah, bleibt ein Geheimnis, da nichts Schriftliches überliefert ist. Wir wissen nur eins – daß die Frauen über Sex sprachen.

Die Sexualität von Frauen ist immer ein sehr wichtiges Thema für offene Gespräche gewesen, und Haloa gab den Frauen die Gelegenheit, untereinander Informationen auszutauschen. Männer fürchteten das Haloa-Fest. Dabei versammelten sich die Frauen in einem prächtigen Raum, buken Kuchen, die aussahen wie männliche und weibliche Genitalien, und verteilten sie untereinander. Sie bedienten sich einer Sprache, die ansonsten als unschicklich für sie galt. Sehr beliebt war es, gewagte, ungezügelte und sehr freie Worte zu benutzen. Nach den offenen Gesprächen, dem Erfahrungsaustausch und dem Austeilen der nicht jugendfreien Kuchen machten sie sich über das phantastische Mahl her, bei dem es alles gab, was Land und Meer zu bieten hatten. Beim Haloa-Fest waren Sklavinnen und Herrinnen gleichgestellt; Klassenunterschiede wurden in Erinnerung an das Matriarchat aufgehoben.

Verbunden mit dem Haloa-Fest war auch das »Fest des Neuen Weins«. Wenn Mutter Natur die Trauben zur Reife gebracht hatte, wurde der Tag der Lese mit den Mysterien von Demeter, Kore und dem Sohn der Göttin, Dionysos, gefeiert. Zu den Ritualen gehörte, daß man die ersten Trauben in einer Prozession durch die Straßen trug, um das Glück zu beschwören, ehe man sie Demeter in ihrem Hain darbot. Nach der Weinlese gab es Tanz für alle auf dem Dreschboden, der sonst dazu benutzt wurde, das Korn zu säubern. Zu Ehren der »Kornspenderin« gab es Tänze, sportliche Wettkämpfe und Spiele – Geschicklichkeit trug meist den Sieg davon. Das Konkurrenzverhalten wurde ritualisiert, was allgemein gute Stimmung und Gelächter hervorrief.

Man glaubte, wenn man vom neuen Wein erhitzt und ausgelassen war, könne man Probleme auf vielen verschiedenen Ebenen lösen. Die jungen Leute neckten sich, und niemand beschwerte sich über den Lärm und das Lachen. Diesen heidnischen Brauch wollte niemand aufgeben, man tanzte bis zur Erschöpfung. Am nächsten Tag fanden sportliche Wettbewerbe statt. Man stieß schwere Steine, stemmte Bäume und sogar Karren. Die Frauen kochten festliche Speisen, flirteten und vollführten Kreistänze zu Ehren der Erde.

Jane Harrison berichtet, daß das Weinfest als Bestandteil des Haloa-Festes in der winterlichen Jahreszeit gefeiert und später vollständig vom Dionysos-Fest vereinnahmt wurde.* Ihr zufolge war der Grund dafür die Einsetzung eines neuen Gottes durch das Patriarchat, aber diese Veränderung war ein zweischneidiges Schwert: Einerseits ermöglichte es die Verehrung von Dionysos den Frauenmysterien, auch in patriarchalischen Zeiten zu gedeihen, indem der Gott als Hermaphrodit gefeiert wurde – männlich und weiblich in einer Gestalt.

Andererseits aber wurde das Weinfest offiziell von der Erntezeit in den Winter verlegt und dann vollständig einem männlichen Gott zugeeignet, der im Laufe der Zeit immer mehr von seinen weiblichen Charakteristika und Zügen verlor. Dionysos (in der Form des Patriarchats) war aber immer noch der Sohn der Erdmutter und hatte nahezu matriarchalischen Status.

Aufgrund einer in neuerer Zeit entdeckten Pergamentrolle von Lukian, die uns einen ausführlichen Bericht über Haloa gibt, erkennen wir noch einen weiteren Aspekt dieses Festes. Die Frauen feierten Haloa allein, um frei reden zu können – was für ein geschickter religiöser Schachzug!

Am Ende des Festes gab es ein üppiges Bankett. Bei solchen Veranstaltungen wurden immer sehr vielfältige und interessante Speisen serviert, wie Kuchen in Form der weiblichen und männlichen Sexualorgane (in manchen Bäckereien noch heute zu finden), mit Sahne gefüllte Pfannkuchen oder sternförmige Kuchen mit Himbeercreme. Fleisch wurde dabei stets verschmäht. Dieser Brauch wurde erst später durch Achaenas eingeführt, der das sanfte Land der Pelasger überrannte.

»Stellt euch einmal ein Haloa-Fest vor«, sagte ich zu meiner Studiengruppe. Sie drängten darauf, ihr neugewonnenes Wissen in die Praxis umzusetzen. »Wie würden wir das wohl heute feiern?« Nach mehrstündiger Diskussion wußten wir,

---

* Jane Ellen Harrison: Prolegomena of Anglo-Saxon History to A.D. 900, Cambridge 1976, S. 145.

wie unser Haloa-Fest aussehen würde. Statt in einer großen, zugigen Halle versammelten wir uns in einem gemütlichen Frauenclub mit nur soviel Platz, wie wir ihn leicht und ohne große Werbung füllen konnten. Wir kleideten uns so festlich und prächtig, wie wir es uns leisten konnten, und bestellten das Essen, statt selbst zu kochen, weil wir uns auf das Reden und den Selbstausdruck konzentrieren wollten. Wir faßten uns an den Händen und stellten uns um den Tisch, um das Essen im Namen der Göttin der Wahrheit, Maat, und im Namen der selbst-bewußten Aphrodite, Göttin der Liebe und des Todes, zu segnen. Wir verbrannten ein kleines Stäbchen mit sehr gutem Duft und schmückten den Tisch mit hohen, strahlenden, bunten Kerzen.

Der erste Schritt war die Ehrung. Vor dem Niedersetzen verneigten wir uns nach rechts und links und erklärten:

Ich ehre meine Schwester [Name] und verspreche, daß wir Freundinnen bleiben, gleich was heute abend hier gesagt wird. Ich ehre meine Schwester [Name] auf der anderen Seite, auf daß wir trotz allem, was heute abend hier gesagt wird, Freundinnen bleiben.

Da wir uns verpflichtet hatten, die Grenzen unserer normalen Beziehungen zu überschreiten, mußten wir einander versichern, daß unsere Bindung nicht leiden würde.

Danach setzten wir uns, und man füllte einen Kelch mit Wein und einen mit Saft für die Nichttrinker. Zuerst stießen wir auf uns selbst an, dann auf die Göttin, aber nach einer Weile wollten wir mit den Scherzen und Streichen beginnen. Dieser Augenblick war sehr spannend. Um das Eis zu brechen (oder die anerzogene Furcht zu überwinden), reichten wir den Nachtisch herum, eine Art nicht jugendfreie Kuchen in Form von Genitalien. Das war schon im alten Europa ein weitverbreiteter Brauch. Es gab zum Beispiel sahnegefüllte »Liebesknochen« und mit Himbeeren gefüllte dreieckige Kuchen, die aussahen wie eine Vagina mit Menstruationsblut. In einer Konditorei denkt man wohl kaum jemals an solche Dinge, so sehr sind wir daran gewöhnt. Man kann so etwas auch selbst backen.

»Hier haben wir ein Stück Göttinnen-Vagina. Beiß zu!« sagte eine Frau. Gelächter. Beim Kerzenschein wirkten die sonst so vertrauten Gesichter wie aus einem viel früheren Zeitalter. »Was? Du bietest mir deine Muschi an?« neckte Kim ihre Partnerin mit einem Wort, das nur Männern gestattet ist. Als nächstes reichten wir lange, krümelige Hörnchen mit Sahne herum, und Betty, unsere Älteste, bemerkte errötend: »Ich habe so was mein ganzes Leben genascht, es aber noch nie wirklich betrachtet. Die sehen ja aus wie Penisse mit Sahne!« Weiteres Gelächter. Alle sahen zu, wie Betty unter zahlreichen Neckereien und Witzen davon abbiß.

»Du saugst ja die Sahne richtig heraus, Betty! Erbarm dich, Schatz!« Eva schob sich selbst ein Hörnchen in den Mund. »So geht das!« – »Was denn nur?« wollte Margaret wissen. »Das Sahnelutschen, du Dummerchen!« Vermutlich fanden wir es nicht leicht, all die ansonsten tabuisierten Wörter zu benutzen, die mit Sex zu tun haben, aber Frauen nicht erlaubt sind. Wir mußten allen Mut aufbieten, um die innere Zensur zu umgehen, die uns ansonsten die Zunge lähmt und unser Leben in eine Form preßt, die eigens für Frauen geschaffen ist. Aber wir schafften es doch.

Im weiteren Verlauf des Abends wurde das Gespräch immer freier. Wir erzählten einander Geschichten über peinliche sexuelle Begegnungen und Augenblicke mit Kondomen und Pessaren, wie wir beim ersten Mal bloß im Dunkeln herumfummelten, über unsere Verlegenheit im Gespräch mit unseren Kindern über Sex. Unter uns war kein Teenager – die meisten waren eher gereifteren Alters und einige schon Großmütter –, aber wir sprachen zum ersten Mal in akzeptabler Gesellschaft über »schmutzige« Dinge.

Die Geschichten dieses Abends sind nicht für eine Veröffentlichung geeignet. Ich kann nur mitteilen, welche Gefühle sie auslösten, denn alle Geschichten waren sehr persönlich. Erzählen kann man, daß das Haloa-Fest eine sehr befreiende Wirkung auf uns ausübte, und niemand war anschließend wütend auf irgend jemanden. Zwischen Pat und Kim brach ein kleiner Streit ums Essen aus, als sie ein Fruchtbarkeitsritual mit Langusten vollzogen. Pat ließ Schokolade in Kims Schoß fallen und wollte Sahne hinterherspritzen, aber das geschah, als die Kerzen schon ziemlich niedergebrannt waren.

Am Schluß wiederholten wir das Ehrungsritual und verbeugten uns nach rechts und links, wobei wir uns vor Lachen kaum noch halten konnten. »Ich ehre dich, meine Schwester. Gleich, wie albern unsere Geschichten waren, unsere Bindung bleibt eng.« Das war vielleicht unser stärkstes Bindungsritual bisher, gerade weil wir unsere Albernheiten teilten. Wir erlangten die Weisheit, die einem nur Lachen schenken kann. So sei es.

Die Festtage im April

1. APRIL:
DIE VENERALIEN (RÖMISCH)

Dies ist das Fest der Venus (für die Griechen: Aphrodite),
der Göttin von Liebe und Tod, der Obsthaine, der Sexualität
und der Gewässer dieser Welt. Dieser Feiertag scheint nur
von Frauen begangen worden zu sein, die an diesem Tag das
Antlitz der Göttin in Flüssen und Seen wuschen, ehe sie sie
erneut mit kostbaren Edelsteinen und einem neuen langen
Gewand schmückten. Die Frauen verbrannten Weihrauch für
den Glücksaspekt der Göttin, um Liebe, leichte Geburten
und Freude zu erbitten. Diese alte Beschreibung in Ovids
»Fasti« zeigt, wie beliebt und verbreitet diese Praxis unter
den Frauen war.

»Dann trockne ihren Hals und schenk ihr aufs neue die
goldene Kette, dazu eine frisch erblühte Rose. Doch siehe,
sie selbst will unter der grünen Myrrhe baden. Lerne, wie
man Fortuna Virilis Weihrauch schenkt an jenem Ort, der
nach warmem Wasser riecht. Alle Frauen entkleiden sich,
wenn sie ihn betreten ... besänftige sie mit Flehen, und
Schönheit, Glück und Ruhm werden dir treu sein.«*

Es ist kein Zufall, daß der erste April mit seinen Scherzen von diesem höchst emotionalen und sinnlichen Feiertag abstammt. Macht nicht die Liebe selbst Könige (und Königinnen) zu Narren? Seien wir ehrlich – Liebe ist der

---

* Ovid: Fasti (in der Übersetzung von Lawrence Durbin-Robertson) 4, S. 133.

gemeinsame Nenner, das Gefühl, bei dem wir alle kuschen und entweder höchsten Ruhm erreichen oder in die tiefsten Abgründe der Lächerlichkeit stürzen, meist letzteres. Der Aprilscherztag stammt von diesem weiblichen Feiertag ab, an dem man alle Arten von Dummheiten beging, um die Göttin zu ehren, und die Herrschaft der Liebe über die Logik feierte. Liebende tragen an diesem Tag einander sinnlose Aufgaben auf, um sich ihre Zuneigung und Ergebenheit zu beweisen.

2. APRIL
KAMPF DER BLUMEN (FRANZÖSISCH)

Der Brauch des »Blumenkampfes« stammt aus Frankreich und entspricht der gleichen Albernheit, wie am Tag zuvor gefeiert wird. Man sucht die Person, in die man verliebt ist, und wirft ihm oder ihr eine Blume – eine Rose oder ein Gänseblümchen – auf das Herz. Wenn die Blume das Herz tatsächlich trifft, verliebt sich die Person ebenfalls. Man kann sich vorstellen, daß die romantisch Veranlagten an diesem Tag mit großen Körben voller Blumen unterwegs sind, um im kommenden Jahr einen möglichst vollen Terminkalender zu haben.

3. UND 4. APRIL
DIE MEGALISIEN (PHRYGISCH/RÖMISCH)

Die Megalisien sind ein Fest der Großen Mutter Kybele. Kybeles Verehrung war leidenschaftlich und sexuell. Männer, die ihr zu Ehren Priester werden wollten, kastrierten sich, um der Göttin ähnlicher zu sein. Ich neige dazu, mir alle Männer, die heuzutage ihr Geschlecht wechseln, als Frauen vorzustellen. Sind sie die modernen Priester von Kybele, ohne es zu wissen? Man nannte den Orden Attis, nach

Kybeles Sohn und Geliebten, dem ersten dieser kastrierten Männer.

Für die Frauen ist heute ein weiterer Muttertag, der der Großen Mutter gewidmet ist, der *magna mater*, der Schöpferin aller Dinge, Götter und Menschen. Doch statt dabei an Mama als die Köchin und Versorgerin zu denken, ehrt man die sexuelle Mutter, deren Triebe neues Leben erzeugen. Man feiert sie in Tänzen, Spielen, Ritualen und Festen.

Ovid berichtet uns in seinen »Fasti«, wie man zu seiner Zeit die Megalisien beging:

»Sogleich hebt die berecynthinische Flöte an, und man stößt ins gebeugte Horn, und das Fest der Idaeischen Mutter beginnt … Die Göttin selbst wird geboren unter lautem Heulen in der Stadt. Auf der Bühne wird es laut, die Spiele rufen. Auf die Plätze, Quiriten, laßt den Streit um die Frauen in den niederen Höfen. Ich möchte viele Fragen stellen, fürchte aber den schrillen Zimbelklang und den bohrenden Ton der gebeugten Flöten.«

Dann zitiert er die Göttin Erato:

»Kybele schenkte Göttern das Leben. Die Stadt schenkt ihren Eltern Raum, und die Mutter nimmt den ersten Rang ein.«*

Mit welcher Zeremonie könnte man sich in heutiger Zeit dieser wilden, verblüffenden Göttin nähern? Heutzutage ist Sexualität so gefährlich, daß ich keinem raten würde, sich an den Priesterinnen und Priestern ein Beispiel zu nehmen, die tage- und nächtelang wilde, religiöse Orgien feierten. Doch stellen wir uns eine Welt vor, in der Sexualität immer noch als ein Geschenk des Lebens gilt, und versuchen wir, darüber zu meditieren. Wir könnten doch ein lebhaftes, schönes Fest veranstalten, mit Volkstänzen und gutem Essen und Trinken. Kybele würde das begreifen.

---

* Ovid: Fasti (Übers. Durbin-Robertson) 4, S. 179.

5. APRIL
KWAN-YIN-FEST (CHINESISCH/JAPANISCH)

Man feiert an diesem Tag das Fest von Kwan Yin, der Göttin der Gnade, in Japan auch als Kwannon bekannt. Dieser Großen Mutter Chinas wird an diesem Tag Weihrauch geopfert, und man besucht ihren Schrein. Als »Mutter, die Kinder bringt« verkörpert Kwan Yin alles Weibliche im Universum. Sie sitzt auf einem Lotusthron und blickt versunken auf das goldene Gefäß ihres eigenen Schoßes, der die gesamte Welt gebar.

Dieser Tag wird der Göttin der Toleranz und der Gnade gewidmet. Das ist eine gelassenere Version des gleichen Gedankens: weibliche Sexualität als lebensspendende Kraft im asiatischen Stil. Denke daran, wie wichtig es ist, glückliche, gesunde Kinder zu gebären. Wie oft haben wir Kinder mit Geburtsschäden oder einer schwachen Konstitution? Wir müssen uns heute stärker als je zuvor an diesen wunderbaren, großen Geist wenden, der unsere Zukunft sichert.

Das folgende ist eine wahre Geschichte über Kwan Yin. In China lebten einst eine Mutter und eine Tochter, und das Kind erkrankte an einer schweren Lungenentzündung. Alle üblichen Medikamente versagten, und schließlich ging die Mutter zum Schrein von Kwan Yin und bat das Orakel um Rat. Zu ihrer Überraschung antwortete eine Stimme: »Erzähl deine Geschichte dem ersten Mann, dem du auf dem Heimweg begegnest.« Die Mutter ging zurück und traf auf dem Weg einen jungen Arzt aus dem Westen, der gerade mit der ersten Sendung Penicillin angekommen war. Sie erzählte ihm ihre Geschichte. Er folgte ihr in ihr Haus, gab der Tochter das Penicillin, und sie wurde wieder gesund. Diese Tochter hat mir die Geschichte selbst erzählt – bei der Göttinnen-Konferenz in Santa Cruz.

13. APRIL
DIE CERIALIEN (RÖMISCH)

Die Göttin Ceres, von deren Namen unser heutiges Wort
»Zerealien« abstammt, gab uns die erste Nahrung, schuf Ei-
cheln und lehrte uns die Kunst des Ackerbaus. Das Cerialia-
Fest wurde vom einfachen Landvolk begangen. Die Bauern
gingen oder tanzten mit brennenden Fackeln um ihre Felder
und ehrten damit Ceres, die Göttin der Ernte. Kennst du den
sogenannten Hirschsprung russischer Ballettänzer? Wenn
der Tänzer geradezu über die Bühne fliegt, sieht man vor sich
einen alten heidnischen Brauch: Damals segneten die Männer die Weizenfelder, indem sie sie mit großen Sätzen über-
sprangen.

Wir brennen zu Ceres' Ehren Weihrauch auf unserem
Hausaltar ab. Trage heute weiß, das ist die Farbe dieser Göttin. Sieh dir Volkstänze in traditionellen Kostümen an und
achte auf die alten Schritte, mit denen man die Felder, Gär-
ten und Waldungen segnete.

21. APRIL
DIE SONNE TRITT IN DAS ZEICHEN DES STIERS

Wir stehen nun im Zeichen des Stiers. Es ist die Jahreszeit
der Frauen und Männer, die die Felder bebauen. Bauern
haben heute einen Feiertag. Alle Besitzer von Kühen, Pfer-
den, alle Hofbewohner, Reisfeldbauern, Kornfeldpflüger, die
Eigner von Kartoffelfel-
dern und Obsthainen –
euch allen wird heute
Ehre erwiesen! Ehrt Ha-
thor, den jungfräulichen
Aspekt von Isis, gekrönt
mit den Hörnern der le-
benspendenden Kuh.

22. APRIL
FEST DER ISHTAR (BABYLONISCH)

Wer ist Ishtar? Sie ist die große Göttin der Babylonier, der Stern, die Inkarnation von Inanna. In der Bibel wird sie oft als Hure von Babylon verachtet, denn sie war eine sexuelle Göttin, deren Fruchtbarkeit ihrem Volk das Leben gab. In der Bibel taucht sie als Ashtoreth und Asherah auf. Sie war eine Hauptgottheit vor dem Auftauchen von patriarchalischen Göttern und stand für Leben und Licht. Viele ihrer Hymnen wurden abgewandelt in die Bibel aufgenommen, um einen männlichen Gott zu ehren.

»Wer läßt das grüne Kraut aufschießen, Herrin der Menschheit! Wer hat alles erschaffen und leitet alle Lebewesen? Mutter Ishtar, an deren Macht kein Gott heranreicht! Ich werde ein Gebet murmeln, möge sie mir geben, was ihr recht erscheint ... O meine Herrin, laß mich meine Taten erkennen, und gib mir einen Platz der Ruhe! Erlöse mich von meinen Sünden und erhebe mein Antlitz!«*

27. APRIL
DIE FLORALIEN (MITTEL-/OSTEUROPÄISCH)

Wir ehren heute die Göttin der Blumen, Flora, und bitten sie um die Früchte, die aus den Blüten entstehen. Früher war dies eine sechstägige Feier, und die Männer schmückten sich mit Blumen, während die Frauen bunte Kleider trugen. Sieh dir osteuropäische Stickereien für Männer wie für Frauen an, und du bekommst eine Vorstellung davon, wie die Leute damals aussahen. Ich habe ein paar Hemden, die mit Rosen, Blumensträußchen und bunten Knöpfen bestickt sind, und

---

* Barbara G. Walker: The Women's Encyclopedia of Myths and Secrets, San Francisco 1983, S. 451 (deutsche Ausgabe: Das geheime Wissen der Frauen, München 1995).

das sind nur die Männerhemden! Die Frauenblusen scheinen wie für eine Göttin gemacht, aber alle Mädchen tragen so etwas an den Festtagen. Alles ist übersät mit Rosen, gelben Weizenähren und blauen Wicken. Der Kopfputz, die *parta*, war wie eine Tiara mit Perlen und bunten Steinen besetzt. Lange rote Bänder fielen auf den Rücken herab. Heute ist ein guter Tag, sich ganz bunt anzuziehen. Kauf deine Sommergarderobe ein!

30. APRIL
BELTAIN (KELTISCH)

Dieses Hexenfest – als Beltain oder Beltane bekannt, als Maiabend (in Mitteleuropa) oder in Deutschland als Walpurgisnacht – weist eine lange Tradition auf. Es ist ein Feiertag, an dem die Macht und die Heiligkeit der Sexualität gefeiert werden. Lausch in die Nacht: Man hört, wie die Katzen vor Hitzigkeit jaulen. Wenn man eine Hündin hat, werden die Rüden an deiner Tür kratzen. Heute fliegen im Koitus verhakte Schmetterlinge durch den Garten, Insekten summen in orgiastischer Erregung durchs Gras. Mutter Natur verjüngt ihre Kinder, und alle Welt ist paarungsbereit.

Die Anhänger der Alten Religion, die Hexen, trafen sich auf den Bergkuppen und tanzten ihren Spiraltanz. Heidnische Priesterinnen und andere Frauen schliefen mit heidnischen Priestern und Männern. Es war ein wirksamer Brauch zur Verhütung von Einsamkeit. Man wußte, daß man Verkehr haben würde, wenn man in die Walpurgisnacht zog. Die aus diesen Begegnungen entsprungenen Kinder nannte man Söhne und Töchter von Pan oder Cernunnos, da alle Männer ihn repräsentierten.

Da wir heute Angst vor sexuell übertragbaren Krankheiten haben, kann dieser Brauch nicht mehr empfohlen werden. Wir haben diese ursprüngliche Wildheit verloren, die Unschuld, die unsere Vorfahren noch besaßen. Wir sind weich geworden, geschwächt durch Krankheiten. Und was hat die vormalige Zügellosigkeit bewirkt? Man glaubte, daß die Erde – Walpurga/Demeter/Gala – die sexuelle Energie schätzte, die auf ihren Feldern dargebracht wurde, und daß diese die Fruchtbarkeit des Korns und der Tiere anregte sowie die Lebenskraft der Gemeinschaft.

30. APRIL
YAKIMA-STAMMESFEST (AMERIKANISCHE UREINWOHNER)

Das erste Anzeichen von frischen Wurzeln im Frühling wurde von den Ureinwohnern an der nordwestlichen Pazifikküste zum Anlaß genommen, um zu feiern. Im Spätfrühling und Sommer wurden verschiedene Wurzeln getrocknet und für Suppen, Brei und Brot verwertet.

Die Aprilgeschichte:
Der Frühling gehört meiner Mutter

Der Frühling gehört meiner Mutter, Masika Szilagyi, Künstlerin, Medium, Heilerin, Hexe, Geschichtenerzählerin, Freundin und Liebhaberin des Lebens und der Göttin. Sie wurde am 1. März 1916 geboren und starb am 19. April 1979. Ihr dreiundsechzig Jahre kurzes Leben verbrachte sie immer von einem Frühling zum nächsten. Ich war ein Winterbaby, das immer fror, aber Mutters warme Hände waren nie kalt. Sie blieben auch in den schlimmsten Wintern warm.

In erster Linie war meine Mutter Künstlerin. Ich war eine ihrer Lieblingsschöpfungen. Unsere Beziehung war eine Mischung aus Mutter-Tochter- und Schauspielerin-Publikum-Beziehung. Sie war eine großartige Geschichtenerzählerin und konnte den kleinsten und unwichtigsten Vorfall zu einer Geschichte mit köstlichen Einsichten ausmalen. Wenn wir zusammen ausgingen, wurde alles zum Abenteuer. Alles, was uns im Bus oder auf der Straße passierte, wurde zu einer lustigen, bunt ausgeschmückten Anekdote.

Bei der Heimkehr waren die Geschichten schon druckreif ausgearbeitet. Sie hatten sogar schon die Feuerprobe hinter sich, weil sie sie mir rasch einmal vorerzählt hatte. Wir sahen zum Beispiel einmal einen kleinen Jungen, der im zweiten Stock eines Hauses wohnte, in dem unten ein kleines Café war. Als unsere Straßenbahn für einen weiteren Passagier dort anhielt, sahen wir den Kleinen auf den Balkon treten, gähnen und dann im hohen Bogen von diesem Balkon herunterpinkeln. Unten saßen seriöse Herren bei ihrem Morgenkaffee, und alles wurde vom Urin des Jungen bespritzt. In der Geschichte meiner Mutter traf der Kleine jedoch haargenau

die Tasse eines bestimmten Herrn. Der beschwerte sich beim Geschäftsführer über den Kaffee. Der Cafébesitzer trat heraus, um das Getränk zu probieren, nahm einen Schluck und erklärte, es schmecke wunderbar. Unter Mutters Fittichen war die Geschichte viel länger und viel schöner geworden.

Ich konnte ihr alles erzählen – meine Träume, meine Pläne, Klatschgeschichten über meine Freundinnen und meine Geheimnisse. Wir sprachen über alles unter der Sonne, außer über Sex. Wenn »das« vorkam, zog sie ihre blauen Augen zu Schlitzen zusammen, und ihre kleine Nase wurde noch kürzer. Bei der bloßen Erwähnung von etwas Sexuellem wurde meine Mutter ungeheuer prüde. Sie erzählte mir alle möglichen Geschichten über Jungen und ihren gefürchteten Samen. Man könne schwanger werden, wenn man mit einem Jungen badete. Man wurde schwanger, wenn man einen Jungen berührte, der sich selbst berührte. Selbst heftiges Schmusen konnte einem so zum Verhängnis werden. Ich brauche nicht zu erwähnen, daß ich mich von Jungen und ihrem Sperma fernhielt. Schwanger werden war so ungefähr das Schlimmste, das einem Mädchen in Ungarn zustoßen konnte. Wenn man schwanger wurde, mußte man die Schule verlassen und wurde als Versagerin betrachtet. Die Ungarn sind stolz auf ihren hohen Bildungsgrad; es gilt als selbstverständlich, Kurse zu besuchen und Prüfungen abzulegen. Ein Teenager, der schwanger wurde, versagte als Ungarin. Und das wollte keine.

Ach, was erzählte sie für Geschichten! Großvaters Wein hatte Masika das Leben gerettet. Als Mutter zur Welt kam, hatte niemand damit gerechnet, daß meine Großmutter ein Kind erwartete, sie am allerwenigsten. Großmutter Ilona war für eine Ungarin ungewöhnlich groß. Sie hatte so langes Haar, daß man drei Eimer Wasser brauchte, um es zu waschen. Da sie sich für das Wahlrecht der Frauen einsetzte, war sie oft lange Zeit von zu Hause und Großvater Geza fort. Sie besuchte Versammlungen in ganz Ungarn und anderen europäischen Ländern. Eines Tages hatte Großmutter ein Stechen in der Seite, etwa wie Blähungen, und sie ging zum Arzt. Man teilte ihr mit, sie sei in den Wehen. Dann gebar sie vorzeitig ein Mädchen, meine Mutter. Darüber war sie sehr ärgerlich, denn sie hatte dieses Kind nicht geplant und konnte sich nicht erinnern, überhaupt Verkehr gehabt zu haben. Großmutter war gerade auf einer langen Vortragsreise mit einer anderen Suffragette, Annemarie aus Deutschland. Sie fühlte sich von ihrem Körper verraten. Wie hatte das passieren können? Geza neckte sie mit ihrer angeblich unbefleckten Empfängnis, an die wir alle schließlich glaubten. Aber Ilona gefiel das ganz und gar nicht.

Masika, die kleine Masi, war als Baby sehr dünn und schmächtig. Geza legte immer ein großes Küchensieb über sie, damit die Katzen sie nicht fraßen. Außerdem flößte er ihr löffelweise seinen guten alten Tokaier ein, bis sie stark und gesund genug war, um auch außerhalb des Küchensiebs zu überleben. Sie gedieh sehr prächtig. Alle schworen darauf, daß dafür der Wein verantwortlich war. Damals gab es noch keine Brutkästen für Frühgeburten, also muß es am Wein gelegen haben.

Großmutter publizierte damals eine Zeitung für die Wahlrechtsorganisation der ungarischen Frauen. Darin wurde einmal ein Dichterwettbewerb für Frauen veranstaltet; das Siegergedicht sollte veröffentlicht werden. Der erste Preis dafür war eine Reise nach Paris. Masika schickte eines ihrer melancholischen Gedichte unter einem anderen Namen ein.

Diese Gedichte schrieb sie in Trance – es waren die Werke einer alten Seele, die sie lediglich kanalisierte. Diese Gedichte kamen am besten an, und sie gewann den ersten Preis. Die Herausgeber, darunter auch Ilona, luden Masika ein, um sie kennenzulernen und den Preis zu überreichen. Sie schrieb zurück, sie sei sehr alt und krank und könne kaum aus dem Haus. Man möge ihr die Fahrkarten zuschicken, damit sie sie benutzen könne, wenn es ihr wieder gutging. Monate vergingen. Masika setzte ihr Doppelleben fort – zu Hause eine pflichtbewußte Tochter, in ihren Briefen eine gequälte, konfliktbeladene Seele auf der Suche nach Glück und Frieden. Nach sechs Monaten spürte die Zeitung sie auf. Als Tochter der Herausgeberin konnte sie den Preis nicht annehmen, doch die Familie schickte Masika trotzdem nach Paris, damit Gras über die Sache wuchs.

Zu diesem Talent gewann sie bald ein neues dazu: Sie wurde ein Medium. Masika war medial veranlagt, sie hörte Stimmen und sah Geister. Auf solche parapsychologischen Kräfte verließ sich das ungarische Volk übrigens seit Jahrhunderten: Auf seinen Wanderungen durch Asien hatte es sich davon leiten lassen. Großmutter aber meinte, Masika leide an einer Nervenkrankheit, und verschrieb ihr jede Menge Kräutertees aus Kamille, Hopfen und Helmskraut.

Von diesen Phasen im Leben meiner Mutter habe ich nur hinter vorgehaltener Hand gehört. In Paris stieß sie zu den »Pariser Neun«, einer sehr elitären Gruppe aus Malern, Bildhauern, Schriftstellern und Theosophie-Studenten, die sich einmal im Monat bei Vollmond versammelten und mit erleuchteten Geistern verkehrten. Mutter war ihr

Lieblingsmedium. Masika kam als gereifte, intellektuelle Frau nach Ungarn zurück, zog in die Stadt, schrieb sich bei der Kunstakademie ein und begann, ihre Visionen in Ton auszuarbeiten.

Großmutter Ilona war zwar eine erfolgreiche Kämpferin für das Wahlrecht der Frau, aber zu Hause war sie schrecklich altmodisch. Sie wollte ihre Töchter verheiratet sehen. Masika war sehr hübsch und hatte viele Verehrer, aber sie lehnte alle ab, weil sie allein leben wollte. Sie war eine Künstlerin. Aber eines Abends sah sie auf einer Party meinen Vater Sándor, einen verknitterten Junggesellen von fünfunddreißig Jahren, Sohn eines Gouverneurs. Er sah gut aus und war wohlhabend. Masika erkannte ihn sofort als ihren zukünftigen Ehemann und wußte, daß diese Ehe für sie sehr schlimm sein würde. Sie flüchtete, noch ehe sie einander vorgestellt werden konnten. Aber das Schicksal holte sie ein, und sie trafen sich kurze Zeit später anderenorts. Sehr bald machte Sándor ihr einen Heiratsantrag, und Großmutter nahm im Namen meiner Mutter an.

Sándor duldete es nicht, daß meine Mutter außer Haus arbeitete. Er schloß ihr Studio und brach ihr damit das Herz. Dann schwängerte er sie, und ich wurde geboren. Bald darauf begann der Zweite Weltkrieg, mit Bomben, Armut und Hoffnungslosigkeit. Ihre schlechte Ehe war im Vergleich zu dem, was Masika jetzt durchstehen mußte, die reine Ekstase gewesen. Die Leute, die es gewohnt waren, den Winter in milderem Klima zu verbringen, hatten nun Kopfläuse. Ich bekam Keuchhusten, und meine Großmutter starb Hungers.

Als der Krieg endlich vorbei war, hatte sich Masis Welt vollständig verändert. Budapest, die geliebte Hauptstadt, war eine einzige Ruine. Es schien mehr Tote zu geben als Überlebende. Sie war inzwischen geschieden und hatte die Vormundschaft für mich, aber unser Haus war von einer Bombe dem Erdboden gleichgemacht worden und hatte alle unsere weltlichen Besitztümer außer den Fotos vernichtet, die wir immer mit in den Bunker nahmen. Das sind meine ersten

Erinnerungen an diese Welt. Wir lebten in einem Raum und teilten Küche und Bad mit einer Familie, die nebenan in einem Zimmer lebte.

Masika war in dieser Zeit ungewöhnlich hübsch. Ich sah ihr immer zu, wie sie sich vor dem Spiegel zurechtmachte. Ihre wohlgeformten Tänzerinnenbeine standen dann direkt vor mir. In der linken Kniekehle hatte sie einen Schönheitsfleck. Sie arbeitete als Kellnerin bei einem Radiosender und leitete ein Kaffeehaus. Diese letzte Stelle war nicht leicht, denn sie hatte eine Zahlenphobie, doch kurz vor Ladenschluß tauchten immer ein paar Freunde auf, die ihr beim Geldzählen halfen. Dort bekamen wir auch unser Mittagessen. Jeden Mittag machte ich mich auf den Weg zum Kaffeehaus, das etwa zwanzig Straßenzüge weit entfernt lag, um meine Hauptmahlzeit einzunehmen. Ich war jeden Tag völlig ausgehungert. Das Mittagessen bestand gewöhnlich aus Nudelsuppe oder Kartoffeln mit Zwiebeln. Vielleicht einmal in der Woche gab es Fleisch, einen dünnen Eintopf. Aber ich erinnere mich nicht, mich nach besserem Essen gesehnt zu haben. Das hatte ich noch nie erlebt. Für mich waren die Armut, die zerstörten Gebäude und Kugeleinschläge inmitten der wenigen stehengebliebenen Mauern die Normalität.

Etwa um diese Zeit verliebte sich Masika in Imre. Wir kannten ihn eher als Dr. Koncz, meinen alten Kinderarzt, und er war mit seinen fünfunddreißig Jahren noch unberührt, wenn man Masika da glauben soll. Er kam immer öfter zu Mutter ins Kaffeehaus, um ihr beim Zählen zu helfen, und begleitete sie dann um zwei Uhr morgens, wenn geschlossen war, nach Hause. Nach einer Weile traf ich ihn dann auch morgens bei uns, wie er sich für das Krankenhaus fertig machte, sich wusch, neben der Wanne Handstand machte und aus vollem Hals sang. Mich behandelte er stets mit Respekt. Als Mutter und er nach fünfjährigem Werben heirateten, freute ich mich für beide.

Mutter begann wieder mit der Bildhauerei und bekam bald auch Aufträge, keine besonderen Dinge, aber immerhin: Man wollte die Büste eines örtlichen Parteiführers, der im Kabinett saß, ein paar Porträts sowjetischer Führer. Masika liebte ihre Arbeit. Endlich ersetzte der Ton wieder das Kaffeehaus, und sie konnte sich weiterentwickeln. Ein paar Monate später beauftragte man sie, einundzwanzig verschiedene Büsten eines Politikers anzufertigen, der gerade an die Macht gelangt war. Die Wahlen waren damals eine bloße Farce: Es gab immer nur einen Kandidaten und eine Wahlurne, in die man den Schein steckte. Vier Wachleute beobachteten die Wähler dabei aus allen vier Ecken des Wahllokals.

Masika interessierte sich nicht für die politischen Prozesse; sie gab sich nicht einmal die Mühe, die Namen derjenigen zu erfahren, die sie modellierte. Sie hatte ein Foto, und dann machte sie sich an die Arbeit. Die Büsten stellte sie nebeneinander und formte immer sechs, sieben auf einmal, damit es schneller ging. Die Zeit drängte – es war kurz vor dem Ersten Mai, wenn die Leute mit Fahnen über die Straßen ziehen. Mutter war sehr beschäftigt mit diesen Büsten: eine Nase nach der anderen, ein Schnurrbart nach dem anderen, ein Kinn nach dem anderen – und summte dabei fröhlich vor sich hin. Sie arbeitete tagelang, und dann brannte sie die Büsten und gab ihnen den letzten Schliff. Am Abend vor der großen Mai-Parade wurden sie abgeholt und bezahlt. Wir feierten die größere Summe mit einem wunderbaren Essen und Wein. Masika machte Karriere.

Dann kam der Erste Mai, und alle gingen zur Mai-Parade. Als man an den Büsten vorbeimarschierte, merkten die Offiziellen, daß es sich um den falschen Politiker handelte. Mutter hatte die Fotos verwechselt, und alle neuen Büsten zeigten den alten Parteiführer und nicht den neuen, der heute sein Amt antrat. »Sabotage!« schrie das neue Regime und schickte die Polizei los, um Mutter zu verhaften. Wir lagen noch im Bett, als man sie abholte. Es gab keine Gnade, sie war eine Saboteurin. Sie würde ins Gefängnis geschickt oder nach Sibirien verbannt werden.

Masika begriff, daß es nun um Leben und Tod ging. Irgendwie mußte sie alle sechs Richter davon überzeugen, daß es ein Versehen war, daß sie die Fotos der beiden Männer vertauscht hatte. Beide hatten einen Schnurrbart, beide waren kahl, wie sollte sie denn gemerkt haben, daß es sich um Erzrivalen handelte? Doch das war ein schwaches Argument. Daher bediente sie sich ihrer parapsychologischen Kräfte, von denen sie nur bei großen Problemen Gebrauch machte, wenn es ums Leben ging. Wir hatten ungefähr soviel Hoffnung wie eine Maus im Maul einer Schlange, aber Masika machte sich an die Arbeit. Sie fiel im Gefängnis in Trance, was sie vor dem Krieg oft genug geübt hatte, und besuchte in ihrem Astralkörper jeden einzelnen der Beamten, die am nächsten Tag ihr Urteil fällen würden. Sie besetzte ihre Gedanken im Schlaf und sagte ihnen, sie sollten sich an sie erinnern und ihrer Geschichte glauben, daß es ein Fehler war, ein ehrlicher Fehler, und daß es ihr leid täte. Die Männer fragten erstaunt: »Wer bist du?«, worauf sie antwortete: »Ich bin nur eine Seele, die auf dem Wind fliegt und ungerechterweise in Schwierigkeiten geriet. – Ihr müßt euch an diesen Traum erinnern«, verlangte sie. »Wenn ihr mich morgen seht und meine Geschichte hört, müßt ihr glauben, daß es die Wahrheit ist, und mich freilassen.« – »Welchen Beweis hast du für deine Unschuld?« fragte ein Mann im Traum. »Ich bin hier bei dir in deinem Traum. Ist das nicht genug Beweis?« antwortete sie.

Das dauerte die ganze Nacht, und bei Tagesanbruch war sie gerade beim letzten. Am Morgen saßen die Männer über sie zu Gericht, und dort schilderte ihnen Masika noch einmal, wie sich alles zugetragen hatte. Alle stimmten überein, daß ein solcher Fehler möglich sei, da die Politiker einander sehr ähnlich seien, jedenfalls in den Hauptzügen. Sie sprachen Masika frei und ließen sie gehen. Als sie zu Hause ankam, saßen Imre, mein Stiefvater, und ich in Trauerkleidern da. Wir hatten noch nie gehört, daß in einem solchen Fall jemand freigesprochen würde, und waren überzeugt gewesen, sie nie wiederzusehen. Es war ein Wunder! Und auch da war es gerade Frühling. Nach ihrer Rückkehr roch der Jasmin nie süßer, der ungarische Wein schmeckte nie würziger. Alle Verwandten kamen in die Stadt gereist, alle Nachbarn besuchten uns, und wir feierten ein Fest. Mutters Vetter Lorant, der Landpriester, brachte ein Fäßchen von seinem Kirchenwein mit, guten alten Tokaier, das wir leertranken. Aber nie wieder bekam Masika einen Auftrag von den Parteibonzen, einen der Ihren abzubilden.

Es spricht die Göttin:
Artemis

Diesen Monat wirst du nach meiner Botschaft lange suchen müssen. Ich bin kaum dazu gekommen, irgend etwas zu schreiben. Die Worte umschlingen mich geradezu, und ich bin von ihnen besessen, doch du mußt sie einfach dem Wind ablauschen – sonst entgehen sie dir. Und das ist mir sogar fast egal.

Es handelt sich um eine sehr intime Botschaft über Sexualität. Wie stehst du zu deiner? Ich stehe ständig unter Strom. Ich bin in sämtliche liebens-werten Wesen der Welt verliebt. Diese Leidenschaft habe ich mit allen Kreaturen gemeinsam, doch meine eigene Sexualität ist für mich etwas Persönliches und hat nichts mit der der anderen zu tun. Geht es dir genauso?

Ich bin Artemis, die Geliebte von Frauen. Mein weiblicher Wagemut ist dem der Männer ebenbürtig. Ich wurde von einer Bärin in den Bergen aufgezogen, und da kannst du dir vorstellen, wie wild ich bin und wie ich das Herumstreifen liebe. Diese Freiheitsliebe ist mir angeboren. Ich kann mich gut selbst verteidigen und liebe den Wettkampf. Ich bin die Herrin aller wilden Tiere.

Mich besitzt eine hungrige, reife Liebe. Ich sehne mich nach meiner Partnerin, einer Bären-Gespielin. Meine schönste Geliebte, Kallisto, klammert sich in ihrem seidenen Hemd an mich. Der Wind hebt ihr den Rock und gibt ihre milchweißen Schenkel frei. Erregung durchzieht mich wie Feuer. Da spürt Kallisto, wie ihr eigenes Wesen sich sehnsüchtig wendet, und wir finden einander in der Bärenhöhle. Sie sagt, die Liebe in der Bärenhöhle bringe Glück. Tagsüber streifen

wir durch die Natur und behüten sie. Wir bringen jungen
Frauen die amazonischen Künste bei – durch die Einheit aus
Geist, Körper und Seele gewinnt die Frau Widerstandskraft.
Ich bin der freie Geist der natürlichen Ungebundenheit. Ich
rege andere dazu an, es mir gleichzutun. Kallisto hilft den
Frauen bei der Geburt; sie ist eine ausgezeichnete Hebamme! Aber wir selbst haben nur selten Kinder. Nur die Ge-
liebtesten kommen durch, daher sind wir kinderlosen Frau-
en die natürliche Geburtenkontrolle für die Menschheit.

Jedes Jahrhundert hat sich ein anderes Schicksal für uns
ausgedacht. Zu Anbeginn der Zeit lebten wir in Stämmen in
den Bergen, wie in den Nonnenklöstern der heutigen Kirchen. Unsere treuen Anhängerinnen kommen immer noch
zu den alten Stätten, um Artemis zu verehren, die Seele der
Wildnis und der Frauen. Im letzten Jahrhundert wurden wir
wie Aussätzige oder Wahnsinnige behandelt. Gottes stirnrunzelnde Richter verspotteten uns, und die Prüden aller Kon-
fessionen erröteten angesichts unserer liebenden Natur.
Doch so stark wie heute sind wir noch nie gewesen!

Ich bin die Freundin, die dich nicht im Stich ließ, als du
sie mit deinem letzten Groschen spät abends anriefst, weil
niemand anders dir zuhörte. Ich bin die Politikerin, die auch
nach der Wahl das Kindergartenprogramm nicht vergaß. Ich
bin der Richter, der nicht zuließ, daß der Vergewaltiger oder
Kinderschänder freigesprochen wurde. Ich bin die Künstlerin, die dein Leben in Bildern und Statuen, in Gedichten und
Romanen feierte, die Lieder sang, die dein Herz beruhigten.
Ich bin die Rednerin, die dein Gewissen aufstörte und dir
aus der Sackgasse weiterhalf. Meine Kraft entstammt meiner
Selbstliebe, und ich habe genug davon, um dir davon abzugeben. Wirst du dich mit meiner Kraft verbinden? Ich gebe
Frauen Mut und Selbstachtung. Wie kannst du ohne mich
existieren?

Ich werde dir sagen, wie du mich finden kannst. Suche
das Artemisia-Kraut – Wermut – und verbrenne davon ein
wenig, nachdem du die neue Mondsichel betrachtet hast.

Durch diese kleine Übung beim neuen und beim vollen Mond gelangen die Astralebenen in Berührung, daher solltest du diese Gelegenheit auch zum Beten nutzen. Schließe die Augen und atme den Wermut-Duft ein. Ich werde durch die Nase in dich eindringen wie der Atem. Stell dir vor, du liegst auf einem weichen Moosbett, über dir der offene, blaue Himmel. Das ist mein heiliger Hain, in dem ich dich willkommen heiße. Warte dort und achte darauf, ob du eine Tierpräsenz spürst. Wenn ein Wesen auftaucht, ein Fuchs, eine Wachtel, eine Schnepfe, ein Reh oder Hirsch oder ein Hund, begrüße sie. Dies sind meine heiligen Tiere. Wenn sie gesund, gut genährt und wohl aussehen, ist auch dein eigener Körper gesund und tüchtig. Wenn sie vertrocknet aussehen, mußt du selbst mehr Wasser trinken. Gleich, was das Tier dir verrät, diese Zeichen für Wohlergehen müssen auf deinen eigenen Körper und dein Nervensystem übertragen werden. Hör gut hin und betrachte sie aufmerksam.

Nach dem Besuch meiner Tiere läßt du deinen Körper in die Lüfte abheben und schweben. Dabei stellst du dir vor, wie dein Gefühl von Selbstachtung immer höher steigt. Erprobe, wieviel Selbstachtung du erleben kannst, ohne dafür einen bestimmten Grund zu haben. Man braucht dazu keine logische Begründung, nur ein Gefühl.

Nach der Selbstachtungsmeditation landest du weich auf dem Moosbett und gelobst, dich an alles zu erinnern, was du in meinem Hain gelernt hast. Dann siehst du dich um und pflückst eine wilde Blume, um dich an deine eigene Wildheit zu erinnern, die mir heilig ist. Öffne die Augen und kehre in den Alltag zurück.

Aspekte des Mai

Der Monat erhielt seinen Namen nach der Göttin Maia, Maria, der Göttin des Frühlings, die neues Leben bringt. Passend dazu wurde dieser Monat zu dem der Jungfrau Maria, der Mutter Gottes, erklärt.

Vollmondaspekt: Hasenmond, Mond der Froschrückkehr

Universalereignis: Zeit der Blüte – das Potential für die neue Ernte

Gemeinschaftsereignis: Der Monat beginnt mit dem Maifest. Ansonsten gibt es keine weiteren Feiertage. Bis auf den heutigen Tag ist der Mai der Monat der Keuschheit und der Läuterung des Lebens geblieben. Es ist nicht ratsam, Verabredungen zu treffen, Bindungen einzugehen oder zu heiraten, denn es bringt kein Glück, sich im Monat der Maikönigin zu etwas zu verpflichten.

Botschaft: Sich fortpflanzen oder nicht, Sex genießen oder allein bleiben (wichtige Entscheidungen treffen)

Aktivität: Sexuelle Begegnungen oder völlige Enthaltsamkeit

Heilwirkung: Fieber und Infektionen

Passender Zauber: Suche nach einer neuen Stelle (wenn man das will) oder einem neuen Haus, Bereinigung von Streit, sich körperlich in Form bringen, sich um sich selbst kümmern (Karten bereitlegen für ein Horoskop)

Farbe: Haselnußbraun, Rosa

Baum: Weißdorn

Blume: Lilie, Klee, das Futter der göttlichen Stuten – und Besenginster, so golden wie das Haar der Göttin

Tier: Elster, Taube

Edelstein: Smaragd

Annas Zauber, Rituale und Feste
für den Mai

Artemis und die Kinder

Artemis ist die Göttin des Nachwuchses, gleich welcher Gattung, ob Tier oder Mensch. Sie ist die Nährende; in vielen Statuen oder Abbildungen säugt sie mit ihrem schlanken Finger ein junges Reh. In diesem Monat drückt Artemis nicht ihr sexuelles Wesen aus, sondern ihre weibliche Essenz als Beschützerin des neuen Lebens.

Der Legende nach gab es einmal zwei Waisen, deren Eltern verstarben, ohne ihnen Geld oder einen Rat zu hinterlassen. Das kleine Mädchen und der kleine Junge weinten und weinten, und Tag und Nacht ertönten ihre Klagen. In ihrer schrecklichen Verlassenheit suchten sie Schutz bei der kleinen Statue der Artemis (Diana) in ihrem Garten. Das war, abgesehen von ihnen selbst, die einzige menschliche Gestalt im ganzen Anwesen. Immerhin sah sie wie eine Erwachsene aus – ein schöne Frau, die mit dem Finger ein Reh säugt, ein Hund zu ihren Füßen. Das kleine Mädchen flehte sie an: »Liebe, kleine Statue, liebe Artemis, was sollen wir bloß tun? Niemand hilft uns, und wir haben Hunger und Angst.«

Der kleine Junge lauschte erst ihren Worten, und dann sprach er selbst: »Liebe Artemis, du hast unseren Garten beschützt, bitte beschütze jetzt auch uns – bitte.« Da ertönte eine leise, freundliche Stimme voller Mitgefühl aus den Büschen: »Habt keine Angst, Kinder. Ich werde für euch jagen und euch zu essen bringen. Kommt morgen wieder zu mir.« Die Kinder konnten es kaum glauben, aber am nächsten Abend kehrten sie zurück, und vor Artemis' kleiner Statue lagen in einem ordentlichen Halbkreis ein Hühnchen, Gemüse und Früchte.

Die Kinder waren sehr glücklich. Sie bereiteten das Essen zu und aßen alles, auch die Früchte und das Gemüse. Anschließend vergaßen sie auch nicht, zu der Statue zurückzugehen und sich bei Artemis zu bedanken: »Danke, Göttin, daß du dich unserer angenommen hast, denn wir haben keine Eltern, die uns nähren und lieben.« Das kleine Mädchen flocht einen Kranz aus Blüten und setzte ihn der Statue auf den Kopf. Der kleine Junge fand einen Blütenzweig und steckte ihn der Göttin in die Hand. »Danke, Artemis«, sagte er höflich.

Da ertönte wieder die Stimme aus den Büschen: »Ihr seid willkommen. Da ihr dankbar wart und mir Blumen geschenkt habt, werde ich euch jeden Tag Essen bringen, solange ihr mich braucht.« Und so geschah es auch. Tag für Tag fanden die Kinder ihr tägliches Brot und Fleisch zu Füßen der Statue, und sie schenkten ihr dafür Blumen. So vergingen Jahre, und das ganze Dorf staunte, wie gut die beiden Waisenkinder allein zurechtkamen. Sie schienen nie hungrig oder krank zu sein und gediehen trotz ihrer Verlassenheit. Da wurden die Leute neugierig, wie das wohl zuging.

Eines Tages kam ein Priester zu Besuch und beobachtete die Kinder, wie sie gerade die Artemis-Statue mit Blumen schmückten. Da wurde er sehr wütend. Er rief die Kinder zu sich und hielt ihnen eine Strafpredigt: »Was tut ihr da? Das ist Teufelsanbetung!« donnerte er. »Wir haben nichts mit dem Teufel zu tun!«, entgegnete der kleine Junge tapfer. »Ihr armen, unwissenden Kinder«, donnerte der Priester. »Wißt ihr denn nicht, daß dies ein Götzenbild des Teufels ist? Ihr schmückt es mit Blumen, und das ist Teufelsverehrung!« erklärte er.

Die Kinder waren sehr unglücklich, denn sie wußten, daß der Mann unrecht hatte. Sie liebten Artemis wie Mutter und Vater in einer Gestalt. »Ihr habt unrecht, Vater«, sagte das kleine Mädchen. »Das ist unsere schöne Mutter. Sie hat uns geholfen, Hunger und Kälte zu überwinden. Sie ist immer für uns da, wenn wir sie brauchen, während wir ihr immer nur Blumen dafür geben können.«

Der Priester aber wollte sich durchsetzen, suchte in dem Garten nach einem Kohlkopf, rollte ihn durch den Schlamm, schleuderte ihn auf die Artemis-Statue und sagte dabei:

»Hier, du Teufel, ist meine Gabe für dich!« Da fiel die kleine
Statue in den Morast und blieb liegen. Die Kinder versuchten, sie wieder aufzurichten und auf das Podest zu stellen.
Da ertönte eine Stimme, viel strenger als vorher, aus den Büschen: »Du hast mir eine Gabe dargebracht. Dafür wirst du
deine gerechte Belohnung erhalten!« Bei diesen Worten einer gekränkten und doch strengen Frauenstimme erstarrte
der Priester. Er sagte den Kindern, sie sollten das Ganze vergessen und als seine Diener zu ihm ins Haus ziehen.

Doch er ging allein nach Hause. In der folgenden Nacht
hatte er einen furchtbaren Traum. Er spürte ein Gewicht auf
seiner Brust, so schwer wie ein Stein. Sein Atem ging immer
schneller und mühsamer, bis er schließlich erwachte. Auf seiner Brust lag der Schädel eines Toten, den er vor zwei Wochen begraben hatte. Der Kopf war genauso schlammig wie
der Kohlkopf, den er auf Artemis geschleudert hatte – und es
war auch nur der Kopf. Da bekam der Priester solche Angst,
daß er einen Herzanfall erlitt und starb. Nur die Kinder wußten, wie er zu diesem traurigen Ende gekommen war: Er hatte die Seele der Wildnis beleidigt.

Diese ernste Geschichte könnte man seinen Kindern erzählen, aber vielleicht nur die erste Hälfte und nicht die
schaurige zweite. Doch wenn man bedenkt, daß Kinder das
Märchen von Hänsel und Gretel überlebt haben, in dem Kan-
nibalismus vorkommt, das von Aschenputtel, in dem es um
Kinderhaß geht, oder von Schneewittchen, in dem jemand
vergiftet wird, so werden sie wohl von dieser alten italieni-
schen Legende kaum verstört werden.

Die Geschichte schildert Artemis besondere Beziehung zu
Kindern. Wenn man seine Kinder dazu bringen möchte, sie
zu ehren, veranstaltet man für sie eine Party, ganz einfach,
weil sie Kinder sind. Man geht mit ihnen in den Zoo und
zeigt ihnen die verschiedenen wilden Tiere. Anschließend
hört man sich ihre Geschichten über ihre Erfahrungen und
darüber an, was die Tiere zu ihnen »gesagt« haben. Lege ihnen die Hand auf ihren kleinen Kopf und segne sie im Na-

men von Artemis mit Kraft und Gesundheit und einem scharfen Verstand.

Segnung der Kinder

Beim Maivollmond versammelt man seinen ganzen Haushalt um sich und kleidet die Kinder wie für eine Geburtstagsfeier. Dazu werden alle erwachsenen Familienmitglieder und jene Freunde eingeladen, mit denen die Kinder vertraut sind. Man kann dieses Fest auch für die ganze Straße oder Gegend veranstalten, statt nur für die eigene Familie.

Wenn die Kleinen am Tisch sitzen, setzt man ihnen geflochtene Kränze aus wilden Blumen und Kräutern auf. Das sieht viel hübscher aus als die gekauften Partyhüte. Mach ein paar Fotos, backe oder kaufe einen schönen Kuchen – er kann aus allen möglichen Körnern und Zutaten bestehen. Dann malt man mit blauer Kreide einen kleinen Neumond auf die Stirn der Kinder und spricht dabei:

Ich zeichne dich mit dem Mai der Artemis, dem jungen Sichelmond. Nun bist du das ganze Jahr über von innen heraus geschützt.

Der junge Mensch antwortet darauf:

Ich liebe Artemis, weil sie die Beschützerin alles Wilden ist und eine Lehrerin für die Jugend. Sie sei gesegnet.

Die Arretophorien: Das Fest der Nymphen

In Griechenland, zu den Zeiten der Göttin, hatten unsere jüngeren Schwestern eine sehr wichtige Aufgabe. Sie trugen beim Fest der Nymphen alle heiligen Gegenstände in eine Erdhöhle, ohne sie anzusehen. Dort holten sie die Körbe ab, die andere junge Mädchen im Vorjahr abgestellt hatten, und brachten sie an die Oberfläche. Diese Handlung wurde voller Ehrfurcht vollzogen und galt als sehr wichtig. Ich glaube, wir brauchen eine moderne Version dieses Festtags. Wir wollen unseren Nachwuchs mit einer Aufgabe betrauen, ohne sein Leben zu gefährden. Was können wir also tun?

Die jungen Mädchen sollen einen Haussegen für die Familie vollziehen, was für sie sowohl eine schwere, wichtige Aufgabe bedeutet als auch einen Feiertag. Bestimme einen Tag für dieses Nymphenfest des jungen Mädchens – anders ausgedrückt könnte man auch sagen, daß sie der Star beim Familien-Schutztag sein wird. Sie soll ein hübsches Kleid oder langes Gewand anziehen, dann setzt man ihr eine Blütenkrone auf und gibt ihr eine besondere Glocke. Ihre Freundinnen können ebenfalls daran teilnehmen, denn die Ehre ist immer größer, wenn die Altersgenossinnen Anteil daran haben. Besorge für den Zauber leicht zu haltende Räucherstäbchen mit einem läuternden Duft, wie etwa Salbei.

Von außen beginnend umkreisen die jungen Frauen das Haus nun dreimal im Uhrzeigersinn. Dabei soll der heilige Rauch zusammen mit ihren Gebeten zum Himmel aufsteigen:

Dreimal herum, dreimal herum,
eine Welt drinnen, eine Welt draußen.
Alles Böse bleibt fern, nur die guten Geister dürfen hinein,
alle Probleme bleiben fern, nur das Glück soll hinein.
Alle Krankheit bleibt fern, nur Gesundheit darf hinein.

Wiederum kann man hier auch der eigenen Eingebung folgen – das bleibt dem Talent des jungen Mädchens überlassen. Anschließend vollziehen die Nymphen das gleiche im Hausinneren. Wieder gehen sie dreimal im Uhrzeigersinn herum, wobei sie besonders auf Türen und Fenster achten und daß der Rauch in alle Ritzen, Öffnungen und geheimen Verstecke dringt.

Dabei soll alles ausgesprochen werden, was nötig ist. Nach jedem vollendeten Kreis wird die Glocke geläutet, insgesamt dreimal. Die jungen Frauen erlangen dadurch ein Gefühl von

magischer Kraft und Bedeutung für ihre Familie. Ich habe
einmal einer Nymphenzeremonie in Alaska zugesehen, und
das junge Mädchen strahlte vor Stolz.

Man kann den gleichen Zauber auch um das Auto und
andere Besitztümer legen. Dann ändert man die Worte ent-
sprechend ab. Man könnte zum Beispiel sagen:

*Kein Unfall soll diesen Wagen berühren. Alle Teile sollen
gut funktionieren. Nichts soll versagen. Möge kein Dieb
diesen Wagen begehren oder ihn aus einem anderen Grund
stehlen.*

Wenn man einen Sohn hat, der empfindsam ist, die Natur
liebt und sich mit der Erde verbunden fühlt, kann alles hier
Aufgeführte auch mit ihm vollzogen werden.

Zauber, um ein neues Haus zu finden

Man hat nach dem kalten, nassen Winter jetzt eine gute Gelegenheit, weiterzuziehen und sich wie die Vögel ein neues
Nest zu bauen. Bei diesem alten Zauber sollte man daran
denken, daß wir auf mehr als nur einer einzigen Ebene leben
und handeln und daß es wichtig ist, für dieses Ziel magisch
wie realistisch zu denken. Mit anderen Worten, es reicht
nicht, Kerzen und Rauch abzubrennen und zu meditieren –
man muß außerdem Bewerbungen schreiben und zu den Terminen pünktlich und adrett erscheinen.

Zeichne bei zunehmendem Mond mit magischen Stiften
auf einem weißen Blatt auf, wie das neue Haus aussehen soll.
Achte dabei auf Einzelheiten wie Türen und Fenster und
nimm dir dazu ausgiebig Zeit. Wenn du es als Gedankenmu-
ster vervollständigt hast, lege das Papier unter eine braune
Kerze auf deinen Altar, denn braun ist die Farbe der Sicherheit, der Erde und des Heims. Es empfiehlt sich auch, eine
Handvoll Erde aus der Gegend, in der du dein Haus zu finden hoffst, auf die Zeichnung zu legen.

Schmücke dazu deinen Altar mit Blumen und Muscheln

und anderen Dingen, die du gern hast und die der Göttin der
Erde selbst auch gefallen würden, denn sie ist ja schließlich
die größte Landbesitzerin. Zünde wie gewöhnlich erst weiße
Kerzen an, dann die braune, und sprich dabei:

*Dies ist mein Heim, meine Erde, meine Höhle, mein
Schloß. Mutter Demeter, gib mir Obdach!*
*Mutter Demeter, bring mich heim! Bring mich heim, bring
mich heim!*

Diesen Zauber vollzieht man an drei aufeinanderfolgenden
Abenden. Tagsüber sucht man dabei aktiv nach dem neuen
Haus. Wenn anschließend die Kerzen niedergebrannt sind,
nimmt man alle biologisch abbaubaren Überreste und übergibt sie einem fließenden Gewässer. Wende dich nicht um
und blick nicht zurück. Man kann die Reste aber auch in der
Gegend hinterlassen, in der man seine neue Bleibe zu finden
hofft. Innerhalb eines Monats wird sich das neue Heim offenbaren.

Zauber für produktives Lernen

Die Farbe für harte Arbeit, Ruhm und Glück ist Lila. Zünde
daher eine Kerze in dieser Farbe an, wenn du etwas lernen
mußt. Wenn sich etwas sehr Wichtiges offenbaren soll, du
aber noch nicht genau erkannt hast, was, nimm eine gelbe.
Verbrenne ein wenig Salbei oder ein anderes Kraut, das dir
gefällt, und meditiere, ehe du dich an die Arbeit machst. Dabei sagst du:

Göttin der Weisheit, ich bete zu dir.
Mach meinen Geist klar und offen,
und in wahrer Übereinstimmung
*   mit dir*
sollen mein Wort und meine
*   Gedanken*
von dir erhellt werden. So sei es!

Zauber, um eine Stelle zu finden (unspezifisch)

Wir beschäftigen uns unglaublich viele Stunden mit unseren irdischen Aufgaben, aber nicht mit den göttlichen. Damit meine ich die, die uns ernähren, die alltäglichen. Ich kenne Frauen und Männer, die tatsächlich glauben, daß sie das sind, was sie eigentlich nur für den Lebensunterhalt tun. Kann man denn ein Angestellter sein? Oder eine Stenotypistin? Geld sein und Geld verdienen ist doch nicht das gleiche. Sein ist ständiges Werden. Eine Stelle ist wichtig, aber sie sollte nicht das tägliche Werden definieren.

Diesen Zauber vollzieht man bei zunehmendem Mond, nachdem man sich mit Hilfe des Tarot oder I Ging seine Begabungen geweissagt und das Ergebnis mit der Wirklichkeit verglichen hat. Wenn man sich eine Strategie überlegt hat (und das ist schon der halbe Erfolg), besorgt man die magischen Werkzeuge. Kaufe eine gelbe Kerze, auf die du dreimal deinen Namen einritzt. Stelle eine Liste aller gewünschten Stellen auf. Diese Wunschliste solltest du in bunter Tinte auf gutes, weißes Papier schreiben, und auch das erwünschte Einkommen sollte darauf nicht fehlen. In den nächsten sieben Nächten solltest du deine Phantasie beschäftigen. Stell dir vor, wie zufrieden du mit einer Stelle bist, wie gut du behandelt wirst, wie du Gehaltserhöhungen und Beförderungen erhältst. Dabei soll die gelbe Kerze nach und nach abgebrannt werden. Tagsüber bewirbt man sich, geht zu Vorstellungsgesprächen und verschickt seinen Lebenslauf. Wenn die Kerze niedergebrannt ist, sammelt man alle Überreste ein und hinterläßt, ohne daß es jemand merkt, ein wenig von der Asche in den Blumentöpfen der Büros, in denen man sich eine Stelle wünscht. Innerhalb eines Monats wird sich eine Stelle auftun.

Die Festtage im Mai

1. MAI:
MAIFEIERTAG (EUROPÄISCH)

In vielen Teilen der Welt wird immer noch der Maifeiertag begangen. Besonders die Iren lieben dieses Volksfest: Sie schmücken Bäume und Büsche und tanzen im Freien, um den Sommeranfang zu feiern. Bei Ausgrabungen in Assyrien fand man Abbildungen von einem Baum des Lebens, der mit Bändern geschmückt war. Die kanaanitische Göttin Asherah wurde als Baum verehrt, und zwar nicht nur bei der Wintersonnenwende, sondern auch am ersten Mai. Zu ihren Ehren versteckte man Geschenke für die Armen in Bäumen.

Wenn wir uns mit Bändern schmücken, um den Maibaum (ein Phallussymbol) tanzen und dessen Bänder entwirren (Symbol für die Vulva), spielen wir den Liebesakt in der Natur nach. Mit solchen Tänzen erbittet man sich Gaben von der Göttin Maia; aus der sexuellen Vereinigung der Natur wachsen Früchte und Blumen in Hülle und Fülle. Das Fest wurde uns von viel älteren Kulturen überliefert, in denen Bäume verehrt wurden. Die Göttin wurde von einem Baum, wie Eiche oder Fichte, Feigen- und Apfelbaum, Eberesche und Weide repräsentiert.

In vielen Ländern werden eine Maikönigin und ein Maikönig gewählt, gewöhnlich ein hübsches Paar aus der jungen Generation heranreifender Erwachsener, die die Göttin und ihren Liebespartner vertreten. Sie werden in Prozessionen gefeiert und in einem Spiel »verheiratet«, um die Fruchtbarkeit der Erde anzuregen. Heute werden an diesem Tag die

Arbeiter der Welt geehrt, die Menschen selbst. Heirate nie im Mai, warte lieber bis zum Mittsommer, wenn der Bann für Heiraten aufgehoben ist (das erklärt, warum Hochzeiten im Juni so beliebt sind). Trage am Maitag grün, denn diese Farbe liebt die Natur am meisten: Sie steht für Wiederauferstehung und Wiedergeburt.

2. UND 3. MAI
FEUERFEST DER BONA DEA (RÖMISCH)

An diesem Tag hat die gute Göttin ihr Feuerfest. Frauen feierten Bona Dea in nächtelangen Gelagen, zu denen kein Mann zugelassen war. Zünde ein großes Freudenfeuer an und spring darüber. Das reinigt und bringt Glück. Wenn man sich bei diesem Feuersprung etwas wünscht, geht es in Erfüllung. Bona Dea herrscht über die ganze Erde und all ihren Segen, daher darf man sie nicht vergessen. Tu heute nur Dinge, die dich freuen. Geh zu einer Versammlung ausschließlich für Frauen.

4. MAI
FEST DER SHEILA NA GIG (IRISCH)

Was für eine schamlose Göttin! Ihr Gesicht ist fast eine Karikatur, und ihre Vulva nimmt fast den ganzen Körper ein. Ihre Hände öffnen die Schamlippen wie eine Tür! Man sollte meinen, eine solche weibliche, feminine Göttin wäre den Weg aller vergessenen Göttinnen gegangen, aber nein: Sie existiert heute noch im Portalbereich alter Kirchen oder ist irgendwo als Schnitzerei im Gebälk versteckt. Die alte Sheila Na Gig ist nicht vergessen. Weibliche Genitalien als Tor des Lebens waren ein religiöses Symbol; Sheila Na Gig war die Beschützerin der Armen. Bis heute hängen die Leute alte Kleider für sie auf Weißdornbüsche – man glaubt, durch diesen Zauber

Armut abzuwenden. Wir können heute alte Kleider zu wohl-
tätigen Zwecken spenden und Platz für Neues schaffen.
Spende heute für die Armen.

5. MAI
TAG DER JUNGEN: FEST DER FAHNEN (JAPANISCH)

An diesem Tag feiern die Mütter ihre Söhne. Von jedem Haus
mit einem Jungen wehen bis zu drei Meter lange Fahnen in
Form von Karpfen herab. Jeder Sohn bekommt eine eigene
Fahne, der älteste hat die längste; Karpfen stehen für Tapferkeit und persönliche Macht. Dies ist eine gute Zeit, die einzelnen Charakterzüge eines Kindes zu begutachten, sein Ego
durch Lob zu stärken, seine Lieblingsspiele mit ihm zu spielen oder ihm etwas Neues zu zeigen.

Man kann an diesem Tag einen Jungen bitten, den Haus-
schutzzauber zu vollziehen, den wir schon beschrieben haben, um ihm zu zeigen, wie sehr man seine magischen Kräfte
und seinen Beitrag zum Schutz der Familie respektiert.

9. MAI
DIE LEMURIEN (RÖMISCH)

Die Lemuren waren die umherwandernden Geister der Toten. Die Römer brachten der Asche der Verstorbenen Geschenke, um sie glücklich zu machen. Wenn man Groll gegen jemanden hegte, erreichte man Läuterung durch
Vergebung und dadurch, daß man mit den Toten Frieden
schloß.

Der Mai hat auch einen geisterhaften Aspekt: Sogar im
Frühling kann Hagel die gesamte Ernte vernichten oder Trok-
kenheit das Land schlagen. Beltane steht Halloween im Rad
des Lebens gegenüber, aber der eigenen Sterblichkeit schenken wir nie genug Aufmerksamkeit. Vielleicht sollte man ei-

nen Arzttermin machen oder seine Lebensweise dahingehend unter die Lupe nehmen, ob man auch gesund genug
lebt. Wie wäre es damit, die Großmutter oder den Großvater
zu besuchen, die bald schon unsere Ahnen sein werden? Beschütze alte Leute. Mit ein wenig Glück wirst auch du eines
Tages alt sein.

14. MAI
ZEHNTENTAG DER GÖTTIN (NORDAFRIKANISCH)

Isis erhält ein Zehntel aller Reichtümer zurück, die sie den
Auserwählten schenkte. An diesem Tag geben jene, die mit
ihren Gaben gesegnet sind, einen Zehnten an die Stellvertre-
ter der Göttin auf Erden zurück.

*O Isis, hör unsere Gebete, du gnädige Heilerin allen Übels,
erneuere deinen Segen für ein weiteres Jahr, damit wir die
Reichtümer des Lebens
sammeln und zu deinen Ehren behalten können.*

Spende großzügig einer Göttinnenaktion auf lokaler oder nationaler Ebene und erneuere damit dein finanzielles Glück.
Wenn du dazu keine Möglichkeit hast, kaufe ein paar Bücher
über die Göttin und betrachte das als deine Gabe. Sieh dazu
in der Bibliografie im Anhang dieses Buches nach.

15. MAI
NACHT DES REGENTANZES (GUATEMALTEKISCH)

Wenn die Wasser nicht so fließen, wie sie sollten, vollzieht
man einen Regentanz. Man nimmt dazu einen Krug mit na-
türlichem Wasser – aus einem Fluß, dem Meer oder Regen-
wasser. Zünde in der Mitte eines Kreises ein Feuer aus heiligem Holz wie Eiche, Eberesche, Weide, Fichte usw. an. Dann
besprengst du den Kreis mit dem Wasser aus dem Krug und

betest dabei zur Göttin des Alls, der Macht im Kosmos. Rufe die Mächte des Ostens, Südens, Westens und Nordens mit Worten und Gesängen an. Tanze mit deinen Freundinnen so wild wie möglich, um die Macht herbeizurufen. Bewege dich zum Klang von guten Trommeln, einem tiefen, stetigen Rhythmus, und tanze barfuß auf der nackten Erde. Anschließend schüttet man den Rest des Wassers in die vier Richtungen des Universums und spricht dabei:

Dies ist der Beginn des Regens, den du auf dieses Land fallen läßt. Das ist der Segen, den du deinem Volk schenkst. Großer Geist, laß die Wasser aus dem Himmel fließen, auf diese ausgedörrte, durstige Erde! Es ist geschehen! Es ist geschehen!

Dann geh nach Hause und sieh zu, wie die dunklen Regenwolken sich am Himmel zusammenballen.

18. MAI
FEST DES PAN (GRIECHISCH)

An diesem Tag feiern Frauen wie Männer die Männer: Pan steht für alles Männliche im Universum. Pan wird durch einen wilden, aber gutaussehenden Mann dargestellt, nicht durch einen dieser modernen, sterilen Typen. Er hat Hufe, weil viele männliche Tiere, die er vertritt, ebenfalls Hufe haben; aus dem gleichen Grund hat er Hörner. Er ist behaart, und sein Penis ist in der Regel erigiert. Er spielt die Flöte wie ein Gott, aber er ist ein Sohn der Erde. Er ist kein Patriarch, der die Frauen unterdrückt, doch er ist durch und durch männlich.

Pan mag Feste mit Wein, Gesang und Frauen. Rufe ihn an einem wilden Ort herbei oder verbrenne zu seinen Ehren Patschuli auf deinem Hausaltar. Die Christen haben sein Bildnis übernommen und ihn zu ihrem eigenen, negativen Gott gemacht, dem Teufel. Doch diese Verdrehung des alten Mythos hat aus Pan keinen christlichen Teufel werden lassen. Pans Anhängerschaft verschwand allerdings langsam, wie auch die der Göttin. Das sanfte männliche Rollenvorbild, der singende, tanzende, heidnische Priester, Medizinmann und Liebhaber Pan, wird heute wieder gebraucht, um die verlorene Wildheit im heutigen Mann wiederzugewinnen. Ohne ihn wird nichts empfangen, wird nichts froh. Seine Weltsicht war nicht die eines Kriegers, sondern die des Liebhabers. Gib heute eine Party für die Männer: Sie sollen definieren, was Männlichkeit ohne Gewalt und Rivalität ist. Versuche eine geführte Meditation, um Pan zu besuchen. Er wird dir die Antwort verraten.

20. Mai
Die Sonne tritt in das Zeichen der Zwillinge

In diesem Monat, im Zeichen der Zwillinge, versucht man, den zweigeteilten Geist in sich zu begreifen, im unbewußten, verborgenen Teil der Seele.

19. bis 28. Mai
Die Kallyntarien und Plynterien: Frühjahrsputz (griechisch)

Diese Tage werden der Reinigung und Pflege der heiligen Stätten gewidmet – darin waren die Griechen besonders

gut. Sie nannten dieses Fest die Kallyntarien und Plynteri-
en, denn sie meinten, man müsse sich große Mühe geben,
die heiligen Stätten der Göttinnen und Götter zu reinigen.
Durch Weihrauch und allgemeinen Staub wurden die heiligen Bildnisse immer ziemlich schmutzig, und man mußte
sie zum nächsten Fluß oder See bringen, um sie zu waschen. Sie wurden vollständig eingetaucht, damit sie sich
mit den lebenspendenden Wassern vereinigen konnten. Anschließend behängten die Frauen die Göttin in einer prächtigen Zeremonie mit all ihrem Schmuck und brachten sie
in einer stolzen Prozession zurück in ihren Tempel. Während dieser Prozedur waren weder Gesang noch Scherze erlaubt – dieses Fest wurde als heilig betrachtet und galt als
Arbeit, nicht als Spiel. Das gleiche Prinzip gilt auch für uns
heute. Holen wir den Besen heraus und putzen wir das
Haus von oben bis unten! Damit geben wir ihm eine Läuterung nach altem Brauch. Was könnte natürlicher sein, als
den alten Brauch des Frühjahrsputzes in eine religiöse Weihe zu verwandeln?

24. BIS 28. MAI
DIE MÜTTER VON ARLES (FRANZÖSISCH)

Dieses ungewöhnliche Fest feiert die dreifache Göttin, die in
Frankreich noch verehrt wird wie in alten Zeiten, vornehmlich von den Zigeunern. Die »drei Marien des Meeres« erinnern an die alten Göttinnen des Lebens, des Todes und der
Schönheit. Aus ganz Europa versammeln sich die Zigeuner
jedes Jahr in Südfrankreich und feiern ihr Fest der dreifachen Göttin. Drei Frauen kleiden sich als Mare, Tavobe und
Maria und stellen die Göttinnen dar, wie sie mit einem Boot
am Meeresufer ankommen. In neuerer Zeit begleiten Sara
und Salome Maria. Bunte Prozessionen, Zigeunerhochzei-
ten, alle möglichen Tauschhandel, Wahrsagungen, der Kuh-
sprung (ein Relikt der alten Praxis des Bullensprungs), Zi-

geunertänze und Kerzenschein verleihen diesen Tagen und Nächten eine wilde Schönheit.

25. MAI
FEIER DES TAO, MUTTER DER WELT (CHINESISCH/JAPANISCH)

Im Taoismus, einer großen spirituellen Tradition des Ostens, wird die Göttin als Mutter der Welt betrachtet, als direkter Weg zum Herzen. An diesem Tag verbrennt man Weihrauch für die Göttin und meditiert über die Göttliche Harmonie. Die Philosophie des Weges *(tao)* in der chinesischen Mystik ist im wesentlichen Respekt für die Wahrheit in der Natur und ihre Abläufe. Man glaubt auch, daß die Menschen in Harmonie mit dem Weg leben müssen, ohne einzugreifen oder zu zerstören – sie sollen sich dem Weg anvertrauen. Das ist wie das »Festhalten an der Mutter. Sie ist der Ursprung aller Dinge und Wesen, geboren noch vor Himmel und Erde. Still und leer steht sie da, allein, ohne sich zu verändern oder zu erschöpfen, fähig, eine Mutter für die ganze Welt zu sein.«[*]

29. MAI
DIE AMBARVALIEN: FEST DER KORNMUTTER (RÖMISCH)

Die Göttin Ceres, die Ernährerin, hat an diesem Tag ihr Kornfest, Anlaß für alle möglichen Feiern. Die Teilnehmer versammelten sich zu einer fröhlichen Prozession über die frisch gepflügten Felder; sie trugen dabei Kronen aus Eichenlaub und sangen Hymnen an die Erde. In Ungarn kleideten sich die jungen Frauen in bunte Röcke wie die Göttin und trugen die *parta* (die Tiara mit den glänzenden Perlen und den bun-

---

[*] Tao te king, zitiert in: Lawrence Durbin-Robertson: Juno Covella, S. 121.

ten Bändern). Sie tanzten einen heiligen Tanz auf dem Weg zu den Kornfeldern, um diese vor Hagelschlag und Plagen zu bewahren. Heilige Tänze wurden überall auf der Welt als magischer »Kunstgriff« benutzt.

30. UND 31. MAI
FEST DER HIMMELSKÖNIGIN (EUROPÄISCH)

Königin des Himmels, schöne Göttin des Mai, gereift und in heidnischen wie christlichen Zeiten ruhmreich inthronisiert. Der Mai ehrt die Jungfrau Maria, unsere moderne Himmelskönigin, die aber verglichen mit der ursprünglichen Göttin etwas an Glanz verloren hat. Ist dir schon aufgefallen, daß es immer Maria war, die die Wunder bewirkte, die den Kindern erschien (wie in Lourdes und Fatima)? Die Himmelskönigin ist eine sehr fleißige Frau, und wir zünden weiße Kerzen für sie an. Preise aktive Frauen, wo immer du bist, und alles wird gut.

Zu Roms Zeiten war der 31. Mai das Datum für das Fest der Königin der Unterwelt Proserpina und ihres Gefährten Pluto, zu deren Ehren man Wettkämpfe veranstaltete, die für unsere Begriffe den Olympischen Spielen gleichkamen. Sie fanden nicht auf dem Olymp statt, sondern in der am Meer gelegenen Stadt Tarent.

Die Maigeschichte
Meine Kirstin

Meine Kirstin wurde in Columbus, Ohio, geboren, in einer oft vom Regen begossenen, grünen, buschbestandenen, sanften Landschaft. Kirstin, einziges Kind eines intelligenten Paares, verlebte in den grünen Bergen eine wunderbare Kindheit. Im Sommer ging sie mit ihrem Vater auf die Jagd oder sah illegalen Hahnenkämpfen zu. Im Winter besuchte sie die Schule, bekam gute Noten und hatte viele Freunde.

Kirstin hatte mit sieben Jahren ihren ersten öffentlichen Auftritt, weil sie gern Matrose spielte. Sie liebte die Marine und kannte Namen, Typen und Abzeichen aller Schiffe der Vereinigten Staaten. Am liebsten aber hatte sie die Uniformen – ja, die Uniformen. Eines Tages diktierte die kleine Kirstin ihrer Mutter Marie einen Brief an die Marine und bat um eine eigene Uniform für sich. Sie nannte ihre Größe und ihr Alter und legte ein Foto bei. Die Eltern hatten den Brief bald vergessen, aber schon damals hatte Kirstin ein starkes Karma, und sie rührte die Zuständigen an. Ihr Brief geriet in die Hände eines begabten Pressesprechers, der sofort erkannte, welche gute Werbung das bedeuten konnte. Er schrieb Kirstin und lud sie mit ihren Eltern nach Virginia ein. Dort besuchte sie ein Marineschiff und bekam ihre eigene kleine Uniform, die man speziell für sie angefertigt hatte. Das Abenteuer der Kleinen machte überall Schlagzeilen, und sie wurde in ihrem Heimatort richtig berühmt. Noch heute besitzt sie die Zeitungsausschnitte mit dem Foto, auf dem sie in dem Boot sitzt, in dem man sie zu dem großen Schiff ruderte, neben ihr sitzen ihre stolzen Eltern. Ich habe die kleine Uniform und die Ausschnitte selbst gesehen und liebte Kirstin wegen dieser Geschichte.

Ich liebte Kirstin auch wegen vieler anderer Geschichten. Mit etwa vierzehn telefonierte sie einmal sehr ausgiebig mit ihrer besten Freundin Annie. Anschließend stellte sie fest, daß ihre Mutter Marie dem gesamten Gespräch gelauscht hatte, und es hatte ihr aus irgendeinem Grund überhaupt nicht gefallen. Sie sagte zu Kirstin: »Du redest zuviel mit deinen Freundinnen. Aber nie sprichst du über Jungen. Vielleicht müssen wir deshalb zum Arzt.« Auf Kirstin wirkte diese Ankündigung wie ein Donnerschlag. Von da an paßte sie immer höllisch auf, daß ihre Mutter nicht in der Nähe war, wenn sie mit ihren Freundinnen telefonierte.

Sie war froh, als sie endlich Columbus mit seinen kalten Wintern, dem ungeheizten Haus, der Trinkerei des Vaters und der Einsamkeit der Mutter hinter sich lassen konnte, um nach North Carolina zu ziehen. Sie war inzwischen volljährig und legte die Angst vor dem »Arzt« allmählich ab, aber sie hatte immer noch keine Ahnung, was sie eigentlich falsch gemacht hatte. Es gefiel ihr gut auf dem College. Sie wohnte mit anderen jungen Frauen in einem Studentenheim, trieb viel Sport, ging aus und bekam gute Noten. Doch Marie war und blieb eine gluckenhafte Mutter, die sich immer wieder fragte, warum Kirstin sich nie mit Jungen verabredete. Zu Kirstins Leidwesen schnitt sie das Thema bei jedem Telefongespräch an. Dann bekam Kirstin jedesmal dicke, eitrige Pickel.

Eines Tages hielt Kate Millett einen Vortrag im College. Für Kirstin war das eine Erfahrung, die ihr die Seele öffnete, ein intellektueller Quantensprung, ein spiritueller Geburtstag. Kates Rede wurde zum persönlichen Unabhängigkeitstag für Kirstin. Millett sprach über Frauen, die einander liebten, die Bücher schrieben, Musik komponierten, malten oder sich im Sport hervortaten. Sie waren Lesbierinnen – Töchter der Artemis. Nach dieser Rede sah Kirstin ihr Leben klarer: sie wußte nun, was sie zu tun hatte; sie mußte North Carolina verlassen und nach Kaliformen gehen. Am Tag ihrer Abschlußfeier war Kirstin bereit. Sie packte ihren kleinen VW

voll und fuhr nach Los Angeles. Sie wollte sich der Frauenbewegung anschließen und an dem Phänomen der weiblichen Bewußtseinserweckung teilhaben.

Bald darauf haben Kirstin und ich uns kennengelernt. Ich
war erst sechs Monate früher aus Port Washington angekommen. Kirstin kam in das Frauenzentrum, in dem ich montags
arbeitete. An diesem Wochenende war auch eine andere
Schwester, Tony, aus Chicago angekommen. Begabt, wie sie
war, übernahm sie sofort die Herausgabe unserer Zeitschrift.
Ohne jede Hilfe hat Tony unsere Zeitung gedruckt, gebün-
delt und versandbereit verpackt. Als Kirstin zu dem Treffen
kam, war alles schon erledigt, und so wußten wir nicht, was
wir tun sollten. Zunächst tauften wir Tony in »Supertony«
um, dann gingen wir los, um sexistische Poster und Werbe-
plakate mit feministischen Parolen zu übersprühen. Ohne
eine Frage kam Kirstin mit uns. Ich sagte ihr, daß es illegal
sei und man uns dafür verhaften könne. Darauf erwiderte
sie: »Alle, die in der feministischen Bewegung etwas geworden sind, waren irgendwann mal im Knast.«

Sie gefiel mir auf den ersten Blick. Sie war elektrisierend.
Wenn ich sie berührte, sprühten Funken. Wir wurden im
Auto gegeneinander gedrückt, und ich legte dabei zufällig
meine Hand auf ihr Knie, um mich abzustützen. Sie sah mich
zugleich überrascht und befreit an. Mir war jede Richtungs-
änderung und Bewegung des Autos überdeutlich bewußt,
und auch, welche Wirkung meine Berührung auf die junge
Frau hatte. Es war ganz natürlich, ihr Knie zu berühren. Daher nahm ich meine Hand nicht fort. Irgendwann legte sie
einen Arm hinter mich, um sich abzustützen, aber ich empfand das als Erwiderung für meine Hand auf ihrem Knie. Wir
schwiegen während der ganzen Fahrt, während die anderen
plauderten. Wir können uns nicht erinnern, ob wir überhaupt
Plakate ansprühten, nur an die Erregung zwischen uns – für
uns beide das erste Mal.

Wir waren zu sechst in dem Wagen – Katlyn, Phyllis,
Emma, Supertony, Kirstin und ich – und wir wurden enge

Freundinnen. Wir veranstalteten Protestveranstaltungen und andere Kundgebungen. Kirstin wurde zu einer wichtigen Freundin für mich; sie brachte uns oft zum Lachen. Nach den Versammlungen spielte sie Gitarre und brachte uns Lieder bei, wie »Sisters of Mercy«, das sie besonders mochte. Oft reichte sie mir dabei ihr Walnuß-Tamburin, das ich dazu spielte. Ich war sehr stolz, ihr Musikinstrument halten zu dürfen und daß sie den Ausdruck ihrer spielerischen Seele meinen Händen anvertraute.

Ich lebte damals in einem kleinen »Junggesellen-Appartement« in Hollywood – das war eine Wohnung, in der man bis zur Heirat wohnte. Bei mir war das allerdings umgekehrt. Ich hatte gerade in Juarez/Mexiko meine Scheidungsurkunde bekommen. Das war eine traurige Fahrt gewesen, ganz allein in ein Land, in dem man eine andere Sprache sprach, um eine der letzten Schnellscheidungen durchzudrücken. Ich habe keine Ahnung, wann unsere Scheidung rechtskräftig wurde. Da saß ein kleiner, kahler Mann an einem riesigen Schreibtisch und stempelte einen Haufen Papiere ab. Irgendwo unter der summenden Klimaanlage und dem spanischen Geplauder waren meine zehn Jahre als Ehefrau beendet. Nicht einmal eine Freundin war bei mir. Ich war versucht, meine Scheidung als ein großes Versagen zu betrachten. Doch letztendlich haben weder ich noch mein Exmann dies so gesehen. Wir hatten einander seit der Kindheit gekannt und gemeinsam die zutiefst entwurzelnden Veränderungen mitgemacht, die die meisten Amerikaner nie erleben: den Verlust der Heimat und des Hauses. Die Scheidung war etwas, das wir füreinander taten, um uns den weiteren Weg zu erleichtern, aber es tat dennoch weh.

Ich versuchte, von Mexiko aus meine Freundinnen in Hollywood anzurufen, aber Katlyn, Phyllis und sogar Emma waren nicht zu Hause. Doch Kirstin war da – jung, begeistert, immer zum Lachen aufgelegt –, Kirstin. Als ich ihre Stimme am Telefon hörte – so fröhlich, mich zu Hause erwartend –, kehrte ein neues Gefühl von Sicherheit in mein Herz zurück.

Mein neues Leben war wahrhaftig und emotional, praktisch und historisch bedeutsam. Ich war bedeutsam. Kirstin versprach, mich vom Flughafen abzuholen.

Mein neues Leben war sehr anstrengend. Ich war nun eine Revolutionärin. Ich mußte Artikel für unsere Zeitschrift »Sister« schreiben. Dazu führte ich eine Untersuchung über Obdachlosigkeit durch. Jeden Abend ging ich aus und zählte die heimatlosen Frauen, die auf Parkbänken nächtigten, unterhielt mich mit ihnen, wo sie aßen und schliefen, und berichtete darüber in unserer Zeitung. Es wurde auch immer wichtiger, sich gegen Vergewaltigung offen zur Wehr zu setzen, daher bildeten wir eine Gruppe, die »Anti-Rape«-Schwadron. Ich gab einen Kurs in Selbstverteidigung. Wir begleiteten Frauen auf die Polizeiwache und sorgten dafür, daß sie dort nicht auch noch belästigt wurden. Wir bildeten eine Lebensmittel-Kooperative. Das bedeutete, daß wir um etwa halb fünf Uhr morgens aufstanden und dann für alte Freundinnen auf dem Großmarkt von L.A. einkauften. Unsere kleinen Autos fuhren, überladen von Äpfeln, Gemüse und wunderbarem Käse, gerade zurück, wenn die Pendler begannen, die Straßen zu verstopfen. Dann fanden jede Menge Treffen statt. Wir »feminisierten« unsere Welt, indem wir Musikerinnen unterstützten, Konzerte für Frauenmusik organisierten und kleinen Mädchen glaubten, die angaben, sexuell belästigt worden zu sein. Wir schrieben Briefe an das Olympische Komitee und die Fernsehanstalten, wenn sie wieder einmal Frauen beim Sport als »Mädels« bezeichneten. Artemis bewegte uns dazu, uns ihr völlig zu ergeben.

Kirstin teilte meine Leidenschaft und verlieh allen unseren Vorhaben ihre fröhliche Begeisterung. Aber wir hatten auch noch ein anderes Leben, unsere private Werbung umeinander, die sich jeden Tag mehr zu einer Beziehung auswuchs. Monatelang bestand Kirstin darauf, morgens um sieben Uhr bei mir anzuklopfen und mich mit einer Tasse Kaffee zu wecken. Sie massierte mir den Nacken und munterte mich mit Witzen auf. An unseren freien Tagen redeten wir oft bis drei Uhr morgens miteinander über alles, was uns je zugestoßen war. Mit Kirstin zusammenzusein bedeutete, daß mir intensiv zugehört wurde. Jede Facette meines Lebens gewann an Bedeutung, weil sie sie wichtig fand. Sie ermutigte mich, zu schreiben, sie bewunderte meine Hingabe an den Feminismus. An solchen Tagen erfuhr ich auch alles über ihre Mythologie. Kirstin und ihre Mutter standen sich sehr nahe, aber nicht nahe genug. Sie konnte ihrer Mutter die Wahrheit über ihre Sexualität nicht mitteilen. Jede Woche erhielt Kirstin ein Paket von Marie – Nachthemden, Blusen, Schuhe mit hohen Absätzen, Make-up – das sorgfältig geplante Arsenal eines heterosexuellen Mädchens. Doch das landete alles auf dem Müll.

In jener Zeit waren wir alle mehr oder minder nicht-praktizierende Heterosexuelle. Wir waren nicht mehr bereit, uns mit Männern abzugeben, und die Veränderung schien in ihnen stattfinden zu müssen, nicht in uns. Doch eines fiel uns auf: bei der Zusammenarbeit mit lesbischen Frauen im Frauenzentrum merkten wir, daß diese mehr Spaß hatten. Sie waren alle voller Pläne und Emotionen. Sie lachten, weinten, verabredeten sich, telefonierten und redeten bis tief in die Nacht miteinander.

Auch wir sprachen bis tief in die Nacht über Politik, wir druckten unsere Zeitung und riskierten manchmal auch das Leben bei einer Friedensdemo für alle Frauen. Aber zum Wochenende zogen wir uns allein in unsere Wohnungen zurück, um uns auszuruhen, und damit hatte es sich. Wir hatten keine Verabredungen. Wir gingen nicht aus. Wir hatten das Interesse an Männern verloren. Etwas hatten wir trotz aller politischen Kürübungen nicht berücksichtigt, und das war die Liebe. Wir betrachteten einander nicht als sexuelle Wesen, sondern nur als Geist und Verstand, als respektable revolutionäre Frauen, die eine bessere Welt erschaffen wollten. Dann wurde aus der schlimmsten Vorahnung unserer männlichen Kritiker Wirklichkeit: Wir begannen, uns ineinander zu verlieben.

Zuerst verliebte sich Delphin, eine Lesbierin, die ich aus der Bewußtseinserweiterungs-Gruppe kannte, in mich. Auf einmal war ich wieder ständig verabredet! Dann verliebte sich Katlyn in mich. Das war sehr schwierig, denn bis dahin war sie meine beste Freundin gewesen, und ich erwiderte ihre Gefühle nicht. Und dann, als sei das noch nicht kompliziert genug, verliebte ich mich in Kirstin und Kirstin sich in mich.

Für nicht-praktizierende heterosexuelle Frauen begaben wir uns ganz schön weit in das Reich der Artemis hinein, der Göttin der Frauenliebe, und wir waren völlig überrascht, mit welcher elementaren, urtümlichen Wucht es uns traf. Delphin, die erfahrener darin war als wir anderen, beschloß, sich besser zu verabschieden, solange wir noch Freundinnen waren, und überließ es mir, mit Katlyn fertig zu werden. Nun mußte ich mich bei meiner besten Freundin wie eine Geliebte verhalten, denn alles andere hätte sie als Zurückweisung empfunden. Um meine Freundschaft zu Katlyn zu retten und um Gelegenheit zu bekommen, mich Kirstin zu nähern, sagte ich zu Katlyn, daß Kirstin die Freundin von uns beiden sein wollte. So hoffte ich, den Kuchen gleichzeitig zu behalten und aufzuessen. Das war ein großer Fehler! Ich war sehr unglücklich. Die drei Tage, die Kirstin mit Katlyn verbrachte, wollte ich einfach nur durchschlafen, bis ich endlich an der Reihe war. Wie albern von mir! Sobald Kirstin und Katlyn ihre erste Begegnung hinter sich hatten, schnitt mich Katlyn und benahm sich, als sei sie mit Kirstin verheiratet. Der Satz »Schwestern können auch Liebende sein« erwies sich als unmöglich – jedenfalls für uns.

Danach wurde es niemals mehr wie früher. Meine eineinhalb Jahre Flitterwochen mit der Schwesterngemeinschaft fanden ein unvermitteltes Ende, als sich erwachsene Sexualität dazugesellte. Sechs lange, unerträgliche, dämliche Monate lang teilten Katlyn und ich uns Kirstin. Wir wohnten alle in dem gleichen Wohnhaus, das ich damals verwaltete. Schritte über mir bedeuteten, daß Kirstin und Katlyn wenigstens nicht zusammen im Bett lagen. Stille hieß, daß sie sich liebten. Mich durchdrang eine Eifersucht wie noch nie in meinem Leben. Ich spielte so laut Musik, daß sie sich nicht mehr in Ruhe und Frieden unterhalten oder schlafen konnten. Während Kirstins Abwesenheit nahm ich Schlaftabletten. Unser politisches Engagement ließ nach, und das Frauenzentrum begann unter unseren wirren Beziehungen zu leiden.

Schließlich entschied ich mich, nach Ungarn zurückzukehren, um Gras über die Sache wachsen zu lassen. Meine Mutter hatte mich um einen Besuch gebeten, denn sie hatte mir viel zu erzählen, und ich mußte weg. Ich sagte zu Kirstin, ich erwartete nach meiner Rückkehr, daß sie sich zwischen uns beiden entschied. Es reichte mir. In Budapest veranstaltete ich Liebeszauber, bediente mich der Methode meiner Mutter, in den Wind zu flüstern, rief meine Vorfahren an und bat sie, für mich Einfluß auszuüben. Meine Ahnen waren sehr nette Leute, die nichts gegen Homos hatten. Einen Monat nach meiner Abreise ging das Telefon. Es war Kirstin. Sie wollte mich besuchen und war bereits bei ihrer Tante in Frankreich.

Ich war außer mir vor Glück. Ich warf meinen Bruder aus seinem Zimmer und richtete es für uns beide ein. Ich erzählte meiner Mutter alles über Kirstin. Mutter kannte jede Menge Lesbierinnen in ihren Künstlerkreisen, hatte aber noch nie zuvor darüber gesprochen. Meine Familie empfing Kirstin mit großer Herzlichkeit, hielt aber verstohlen Ausschau nach ihren Fehlern. Am ersten Abend ging Kirstin ins Bad, verpaßte aber auf dem Rückweg ins Zimmer die richtige Tür, trat hinaus in die kühle Sommernacht Budapests und ließ die Tür hinter sich ins Schloß fallen. Um wieder hineinzugelangen, mußte sie an Mutters Fenster klopfen. Noch Jahre später erzählten wir uns die lustige Geschichte, wie Kirstin mitten in der Nacht halbnackt auf der Straße stand und wie ein Vögelchen an Mutters Fensterscheibe klopfte.

Die übrige Zeit verlebten wir altmodische Flitterwochen voller Spaß. Keiner der Menschen, die ich in meinem neuen

Leben in den USA kannte, wußte etwas über meine Herkunft. Und Kirstin war hier, im großartigen Budapest! Meine Freude war grenzenlos. Wir besuchten Weinproben in kühlen Kellern, überaßen uns an den würzigen Speisen. Wir schrien in Tihany am Plattensee unsere Namen in die Landschaft, um sie vom Echo wiederholt zu hören. Wir fotografierten langbeinige Störche auf Strohdächern, ritten durch die Puszta und ließen uns von echten Zigeunerinnen aus der Hand lesen. Wir liebten uns im Bett meines Bruders, bis alle Laken durchnäßt waren. Mein Leid wurde in dieser wunderbaren, zauberhaften Woche weggewischt. Ich war erlöst, mir war verziehen, ich war erwählt und gefeiert. Ich war daheim: ich hatte meine Lebensgefährtin gefunden. Als Kirstin wieder abfuhr, wußte ich, daß ich zurück nach Los Angeles kommen konnte, ohne ihre Liebe noch einmal teilen zu müssen.

Doch der Preis für unser Glück war hoch. Vorbei war die Unschuld der präsexuellen Tage, vorbei die Kameradschaft alter Freundinnen. Unsere Freunde hatten sämtlich Partei ergriffen. Wir waren als Frauen zusammengewachsen. Wir hatten gelernt, uns selbst zu respektieren, unsere Sexualität und einander. Wir waren keine Kinder mehr, die einfach nur herumspielten, wir waren Frauen, und wir mußten aufpassen. Keine von der ursprünglichen Sechsergruppe gab den Kampf um die Befreiung der Frau auf. Aber wir trennten uns und verfolgten unterschiedliche Ziele. Ich konzentrierte mich mehr auf die Spiritualität der Frau.

Kirstin und ich fanden eine Wohnung in Santa Monica, wo wir uns mit zwei Katzen und einem Hund einrichteten. Kirstin bekam nicht viel Anerkennung von außen, war aber immer dabei, wenn ich Vorträge über Frauenrituale hielt, Kurse gab oder Feste veranstaltete. Kirstin war die erste Priesterin, die den Schleier der Kirche nahm. Sie begriff unmittelbar, daß Religion das höchste Politikum zu einer Zeit war, in der Spiritualität von Feministinnen kaum ernst genug genommen wurde.

Kirstin und ich blieben siebzehn Jahre zusammen, meist

als Liebende, noch länger als Freundinnen und Wohngenossinnen, die ganze Zeit über aber als Priesterinnen der Göttin. Heute leben wir getrennt. Ich freue mich, Kirstin nun in den Vierzigern zu kennen. Wir haben beide graues Haar und bewegen uns langsamer als damals, aber für mich ist Kirstin immer noch vierundzwanzig, und ich bin für sie einunddreißig. Sie hat ihre Gitarre schon jahrelang nicht mehr gespielt, aber ich habe immer noch ihr Tamburin. Ich versteckte es vor ihr, als sie auszog, damit sie es nicht mitnahm. In seinen Glöckchen verweilt noch ihr fröhlicher Frauenübermut, die Erinnerung an den Schatz unserer Jugend.

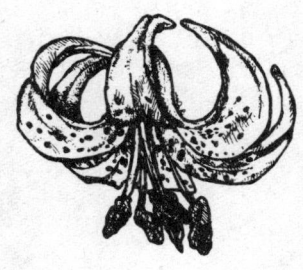

Es spricht die Göttin:
Hera

Ich bin Hera. Mein Name bedeutet genaugenommen Mut. Der Titel Herrin drückt meine Souveränität aus. Meine Mutter ist Rhea, die sich Milch aus den Brüsten drückte und damit die Milchstraße erschuf. Ich manifestiere mich als dreifache Gottheit: Hebe ist mein jungfräuliches Selbst, Theria mein Selbst als alte Frau. Ich mache Könige und zerstöre, ich bin die Königin. Mir gehörte der Apfelbaum, der von meiner treuen Dienerin, der klugen Schlange, bewacht wurde. Es war mein heiliger Baum.

Jedes Frühjahr tauche ich in meinem alten Paradies in den verjüngenden Teich aus Quellwasser ein. Ich habe meinen Kindern, den Göttern, diesen Trank der Unsterblichkeit geschenkt – die wohlschmeckende Ambrosia. Auf dem Kopf trage ich eine Krone aus Millionen von Sternen, denn mein Haus ist der Himmel. Manchmal trage ich auch eine Krone aus Städten, mit all ihren Türmen, Wahrzeichen, Kirchen und den Häusern meines Volkes, denn mein Reich liegt auch auf der Erde.

Ich beschütze die Jungen und die Schwachen, und ich beherrsche die Mächtigen und die Starken. Frauen schätze ich besonders, denn sie erledigen für mich eine göttliche Aufgabe – sie erschaffen neue Bürger. Wenn sie ihre Kinder empfangen, bin ich zur Stelle, um den Samen zu segnen, damit das Kind gesund wird. Wende dich an mich, wenn du auf Erden Macht ausüben willst, denn ich kann deine Führungsqualität segnen und dir gute Ratschläge geben. Wenn du diese Macht mißbrauchst, werde ich sie dir nehmen. Ich habe in meiner Funktion als die Zerstörerin hochstehende Männer durch Skandale, Krankheit und den Verlust geliebter Menschen gestürzt. Ich zerschmettere auch die Stolzesten, wenn sie meine Gaben gegen die Schwachen wenden.

Manche rufen mich auch um Hilfe an, um zu überleben. Ich bringe dir neue Chancen und helfe gern. Ich bin großzügig und voller Gnade. Meine Hauptaufgabe besteht darin, als Königin Macht auszuüben. Ohne Vision gelangt man zu nichts, und nichts wächst. Ich segne diejenigen, die anderen Visionen schenken, welche selbst keine haben. Ich bin die Königin, die das Herz der Reichen anrührt, damit sie ihren Wohlstand auf gesellschaftlich verantwortliche Weise nutzen, denn alle Macht ruht in mir. Ich beherrsche als oberste Königin alle menschlichen Gesellschaften. Ich schaffe Ordnung aus kreativem Chaos.

In Rom nennt man mich Juno, die dunkle Göttin des Mittelmeerraums. Und was hast du mit mir zu tun? Fühlst du dich von aller Macht verlassen? Fühlst du dich weggestoßen, mißachtet, zurückgewiesen? Dann meditiere über mich und besuch mich in deinem Tempel.

Meine Jahreszeit ist der Mittsommer, der Höhepunkt des Jahres. Ich freue mich über die Obsthaine voller Früchte und die Sommerblumen, die inbrünstig von meinem Regen trinken. Ich bin die Sommerkönigin, die schwanger geht mit der Ernte, mit Hoffnungen und Chancen für das Leben auf der Erde. Ich liebe sogar die Hitze in den Städten, die Blumen in ihren Kästen auf der Fensterbank im Beton-Dschungel. In dieser meiner Jahreszeit sollst du Abstand nehmen vom modernen Leben und in meine verjüngenden Seen, Meere und Flüsse springen.

Du kannst mich in der Blütezeit deines Lebens finden. Ich werde dir in der Lebensmitte verstörende, gnadenlose Fragen stellen, wie: »Was hast du bisher getan?« und: »Wie hast du die Gaben genutzt, die ich dir gegeben habe?« Umfassende Macht heißt mein Segen. Die Königin ist stets gerecht, und man dient ihr aufmerksam. Ihre Berührung hat Heilkraft, ihr Segen wirkt erlösend.

Aspekte des Juni

Der Name Juni leitet sich ab von dem der Göttin Juno, Beschützerin der Frauen und der Ehe. Hier hat die Tradition, im Juni zu heiraten, ihren Ursprung. In diesem Monat gibt es zahlreiche Blumenfeste, Rosenschauen, Hochzeiten und Tanzveranstaltungen. Die Mittsommernacht ist für Liebende in aller Welt ein bedeutsamer Tag, um die Zukunft vorauszusehen, Freudenfeuer anzuzünden und hindurchzuspringen, damit man im kommenden Jahr Glück hat.

Vollmondaspekt: Metmond, starker Sonnenmond
Universalereignis: Die Sonne entfernt sich von der Erde, aber der beständige Mond bleibt. Der Sommer überschreitet seinen Höhepunkt, alles reift heran und wird langsam erntebereit.
Gemeinschaftsereignis: Mittsommernacht und -tag. Das ist üblicherweise ein dreitägiges Fest, bei dem man mit religiöser Inbrunst im Freien tanzt. Jetzt ist die richtige Zeit, die Stämme zu versammeln und heimzureisen in die alte Heimat, um die Familie und Verwandte zu besuchen. Alle Keuschheitsgesetze sind aufgehoben, und Heiratsanträge und Hochzeiten stehen unter einem glücklichen Stern.
Botschaft: Binden, führen, herrschen
Aktivität: Ausdauer und triumphale Erfüllung
Emotionaler Aspekt: Bindung, Loyalität
Heilwirkung: Stärken, reinigen, verhüten, schützen
Passender Zauber: Verehrung der Frauenmacht und Loyalität dem eigenen Geschlecht gegenüber, Zauber gegen Mörder und Vergewaltigungen, Segnung bevorstehender Unternehmen; Geldzauber, Liebeszauber, Wetterzauber, Schutzzauber
Farbe: Lila, Indigoblau

Baum: Eiche und Mistel, Symbole des männlichen Prinzips. Jetzt ist ein guter Zeitpunkt, rituell Misteln zu schneiden (für späteren magischen Gebrauch) und in einem weißen Tuch aufzufangen, damit die Zweige niemals den Boden berühren (diese Praxis wurde später für Weihnachten wieder eingeführt). Man benutzt Misteln für Liebeszauber (und küßt sich darunter).
Blume: Rose
Tier: Zaunkönig
Edelstein: Perle, Mondstein, Alexandrit

Annas Zauber, Rituale und Feste für den Juni

Gesang für persönliche Macht

Suche dir einen Ort unter dem Vollmond, an dem du singen kannst, ohne belauscht zu werden. Nimm etwas zu essen dorthin mit, besonders Äpfel und Birnen (heilige Früchte der Juno), und Weihrauch, den du ihr darbringen kannst. Juno, die Göttin der persönlichen Macht, ist in dir. Du mußt sie einfach nur anregen. Schließe die Augen, nachdem du den Mond angeschaut hast, und meditiere. Wenn du die Augen wieder öffnest, stellst du dir vor, daß sie als freundliche, schöne Matrone vor dir steht. Sie ist groß und mit glänzenden Edelsteinen geschmückt. Nun singst du:

Juno, Hera, Königin der Mächte,
bring mich, bring mich aus mir heraus.
Alles, was nötig ist, soll gut vollbracht werden.
Ich singe deinen Ruhm unter dem Mond.
Ich bin bereit für persönliche Macht.
Ich bin der Arm, der für dich arbeitet.
Ich bin der Geist deiner Gedanken.

Ich bin der Wille hinter deinen Erfolgen.
Ich bin der Leiter deiner Macht.
Hera, Juno, Hebe, Theria,
ich bin das Herz deiner Liebe.

Doch wie immer kannst du hier auch
deine eigenen Gesänge und Rituale erfinden. Ich biete hier nur Vorschläge an,
denen man folgen kann. Hera hat dich gehört, und du wirst
bekommen, um was du gebeten hast. Das Universum ist aufmerksam, es schläft nicht. Die Geister gewähren, was nötig
ist. Unter einem Vollmond zündet man stets eine weiße Kerze für Kraft und Ehre an.

> *Zauber, um ein Gesetz magisch zu unterwandern*

Diesen Zauber wendet man an, wenn man auf Gesetze, Regeln oder eine Praxis gestoßen ist, die ungerecht sind: etwa
die Firmenpolitik, nach der Frauen nicht für gleiche Arbeit
die gleiche Bezahlung bekommen wie Männer, oder die ver-
hindert, daß Frauen in die Firmenspitze aufsteigen. Ich denke
auch an Regeln, die verhindern, daß eine Frau ihre medialen
Gaben, ihre Voraussicht und ihre Einsichten nutzen kann,
oder ein Urteil, nach dem ein Kind unter die Vormundschaft
eines Erwachsenen gestellt wird, der es mißbraucht hat. Sicher kennt jeder Beispiele für solche Ungerechtigkeiten.

Man vollzieht diesen Zauber bei zunehmendem Mond.
Nimm eine Seite (oder kopiere sie) aus dem Buch, in dem
das strittige Gesetz enthalten ist, das du besiegen willst, und
weiche sie über Nacht in Essig ein. Stelle alle schriftlichen
Aufzeichnungen zusammen, auf die du stößt, wie Fallbe-
schreibungen zu diesem Gesetz, Berufungen, Erörterungen,
Memoranda, Bilder von Personen, die das ungerechte Gesetz unterstützen. Außerdem braucht man für diesen Zauber
noch frischen Honig in der Wabe und Branntwein.

Schlage einen magischen Kreis und rufe die vier Enden
des Universums an, wie ich es beim Namensritual im März

beschrieben habe. Lege das Papier mit dem Gesetz zusammen mit den anderen Unterlagen auf den Altar. Dann ruft die Frau, die als Hohepriesterin fungiert, die Göttin an:

Ich rufe dich, Dunkle Mutter von Erebus, Rat zu halten über eine große Ungerechtigkeit, die mir und anderen angetan wurde. Ich rufe dich an, mächtige Tisiphone, Alekto und Megaira, und die gesamte Gesellschaft der Hexenkönigin. Ich rufe dich an, Hekate, mir die Macht zu geben, diese Ungerechtigkeit auszurotten. Hört die Tatsachen.

Darauf folgt ein kurzer, aber leidenschaftlicher Bericht über die schlimmen Wirkungen des Gesetzes. Nimm das Gesetzesblatt und die anderen Papiere und reiche sie zusammen mit einer Schere im Kreis herum, damit jeder mit den Worten hineinschneiden kann:

Ich schwäche dich, ich beschneide deine Macht, beschneide deine Macht, Frauen zu unterdrücken.

Dann wirfst du das schlechte Gesetz in den Hexenkessel und fügst als Geschenk eine Haarlocke von dir hinzu. Der Kessel kann irgendein Topf sein, in dem man gefahrlos ein Feuer anzünden kann. Dann steckst du alles an. Schütte ein wenig Branntwein hinzu, damit die Flammen höher aufsteigen.

Anschließend tanzen alle langsam im Uhrzeigersinn mindestens dreimal um den Kessel. Nach dem getanzten Zauber setzt man sich zu einem Mahl nieder, aber dabei sollen drei Gedecke extra für die Furien aufgelegt sein. Die Furien sind die »Handlanger« der Göttin, die Missetäter und Missetaten jagen. Biete ihnen Honigwabe, Gerste, Äpfel und Wein an. Nach dem Mahl dankst du den Furien und den Geistern, die dich beschützt haben. Setze deinen Kampf gegen das ungerechte Gesetz fort.

Zauber gegen Belästigung zu Hause,
bei der Arbeit und in der Schule

Leider ist das Leben von Frauen und Kindern in den patriarchalischen Vereinigten Staaten nicht sicher, gleich wo man lebt, geht oder schläft. Es gibt zahllose Fälle von Belästigungen, ob per Telefon oder in der Schule, wo die Lehrer manchmal die Versetzung einer Schülerin verhindern, wenn sie nicht mit ihnen schlafen. Wir können uns nicht frei auf der Straße bewegen und manchmal nicht sicher in unseren Betten schlafen. Alle zwei Minuten wird eine Frau von einem Mann angegriffen. Das ist eine nationale Schande.

Wende diesen Zauber bei abnehmendem Mond an. Bereite deinen Altar mit weißen Kerzen vor. Benutze eine schwarze Kerze für die Person, die dich belästigt: Salbe sie mit deinem Urin und schreibe den Namen des Täters dreimal vorn und hinten darauf. Wenn du den Namen nicht weißt, schreibst du »Der Täter« darauf. Wälze die Kerze in schwarzem Pfeffer und lasse sie drei Nächte hintereinander auf deinem Altar stehen. Jeden Abend läßt du sie ein wenig abbrennen und singst dabei:

[Name] wird aufhören, mich zu belästigen. Das geschehe in Aradias Namen. Durch seinen eigenen Fehler, seine eigene Schuld stürzt er sich selbst! Meine Worte werden wahr, und es geschehe.

Aradia ist die Königin der Hexen, sie beschützt die Unschuldigen. Wenn die Kerze ausgebrannt ist, werden einige Wachstropfen übrigbleiben. Wirf sie deinem Belästiger in den Weg; wenn du weißt, wo er wohnt, wirf sie vor sein Haus. Ansonsten übergib sie einem fließenden Gewässer. Die Göttin wird wissen, wo sie deinen Zauber anwendet. Verbanne alle Furcht aus deinen Gedanken und überantworte die Sache einer höheren Macht. Denk immer daran, daß die Göttin in dir ist. Es ist deine Pflicht, dich selbst für deine Integrität einzusetzen.

Die Festtage im Juni

1. JUNI
KINDERFEST (CHINESISCH)

Was für eine schöne Idee für ein Volk, seine Kinder zu feiern! In China wird dieses Ereignis schon Wochen vorher angekündigt. Mancher Zirkus führt eine neue Schau auf, der Preis für Eis wird herabgesetzt, und der ganze Tag ist den Kindern aller Altersgruppen gewidmet.

Die Göttin Carna (römisch) beherrscht ebenfalls diesen Tag. Sie öffnet, was geschlossen war, und schließt, was offen geblieben ist. Sie ist ein Scharnier des Lebens. Eine ihrer Fähigkeiten ist es, die Tür zu Informationen aufzuschließen, die bislang unterdrückt worden sind. Es ist ein guter Tag für den Beginn von Untersuchungen, Forschungsprojekten und Entdeckungen.

2. JUNI
JUNO-REGINA-TAG (RÖMISCH)

Heute ist ein Tag, an dem man Frauen ehrt, die im öffentlichen Leben stehen. Wir wissen, wie schwer es ist, das seelenlose Leben einer Persönlichkeit der Öffentlichkeit mit dem inneren Leben einer Frau zu vereinbaren. Finde heraus, wer in deiner Gegend Mühe hat, politische Macht mit dem Gefühlsbereich zu verbinden. Das können männliche wie weibliche Persönlichkeiten sein. Wünsche ihnen Glück, und wenn eine Frau sich für ein höheres Amt bewirbt, schicke ihr eine Geldspende.

3. JUNI
ZWEITES FRIEDENSFEST: PAX (RÖMISCH)

Pax, die goldene Göttin des Friedens, ist die Beschützerin
von Personen und Besitz, das Wesen der Sicherheit. Zünde
eine weiße Kerze für dich selbst an, bitte für die Sicherheit
deines eigenen Lebens und das von geliebten Menschen. Pax
wird an drei Feiertagen im Jahr geehrt. Stell dir vor, wie es
wäre, wenn wir tatsächlich den Frieden mit Prozessionen
und Festlichkeiten feierten und nicht immer nur mit Protest-
demonstrationen! Man kann den Tag mit Gesangs- und Ge-
dichtwettbewerben und Musik füllen. Alle Leute würden Oli-
venzweige auf dem Kopf tragen – was für ein Anblick! Man
könnte die Kürzungen am Verteidigungshaushalt für die Armen der Stadt aufwenden. Was für ein Segen! Wollen wir
den Frieden wagen? Wie furchterregend ist der Friede eigentlich? Frage die Männer, die die Macht haben, sie werden es
dir sagen. Fordere heute deinen Abgeordneten in einem Brief
auf, den Mut zur Diplomatie aufzubringen, statt weiter das
Wettrüsten zu fördern.

4. JUNI
DIE ROSALIEN: FEST DER ROSEN

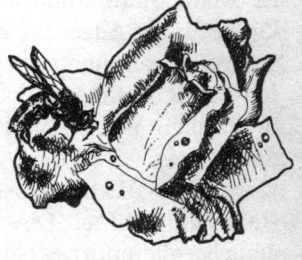

Die Rose, duftend, vielgestaltig
und schön, ist seit Jahrtausenden
das Symbol der Göttin. Die Verehrung der Rose war gleichbedeu-
tend mit der Verehrung von Aphrodite, der Göttin der Liebe.
Die rote Rose steht für die erwachsene, reife, fruchtbare,
weibliche sexuelle Liebe. Form und Bedeutung der Rose haben wie die Göttin viele Veränderungen durchlebt.

   Ursprünglich stammt die Rose aus Arabien. Sie wurde von
den christlichen Kreuzfahrern nach Europa gebracht. Im
zwanzigsten Jahrhundert wurde die Rose als Symbol von

Aphrodite auf Maria übertragen, die Mutter Gottes. Maria wird oft als Rosengarten bezeichnet, als mystische Rose, Königin des heiligsten Rosenhains. Das bedeutet, daß die Rose immer noch ein Symbol der lebensspendenden Vulva ist. Männliches Gegenstück ist die wilde Kletterrose, die die Jungfrau blutig »sticht«. Der Rosenkranz mit seinen Fünfergruppen ist ein Vielfaches der fünfblättrigen Rose, und die Fünf ist auch die Zahl der Sternzacken, des Pentagramms der Hexen.

Kümmere dich heute um deinen Garten, pflücke deine Rosen mit Respekt und meditiere über den Baum des Lebens als eine Rose oder ein Apfelbaum und über die Sexualität der Göttin als Quelle allen Lebens.

7. JUNI
DIE VESTALIEN: REINIGUNG (RÖMISCH)

An diesem Tag wurde im alten Rom Vesta, die Feuergöttin, gefeiert. Die Vestalinnen zogen zu einer Brücke, von der aus sie kleine Männerbildnisse in den Fluß warfen. Dies galt als Opfer für die Alten, um die Lebenden zu schützen.

Am Vestalinnentag wurden auch die Tempel gründlicher Reinigung unterzogen. Die Priesterinnen (die vestalischen Jungfrauen) putzten und schrubbten und wuschen das Haus der Mutter (siehe dazu auch 2. März). An diesem Festtag wurde auch das innerste Heiligtum des Tempels für alle Priesterinnen geöffnet: Dies war ein Raum, den kein Mann jemals betreten durfte. Hier versammelten sich die Priesterinnen barfuß zu Gebeten und Ritualen, die ihren Orden betrafen.

Die Vestalinnen bereiteten auch die ersten Korngaben der Ernte als Opfer für ihren Tempel zu. Dabei wurden alle Müller und Bäcker mit Girlanden geehrt. Es gibt bei den Creek-Indianern Nordamerikas einen ähnlichen Brauch, der gewöhnlich im Juli oder August abgehalten wird, wenn das

Korn heranreift. Auch hier werden rituelle Reinigungen vollzogen: Man badet die heiligen Standbilder, fegt die öffentlichen Plätze, Heiligtümer und Häuser aus und fastet, ehe man die ersten neuen Früchte verzehrt. Man löscht das alte Feuer aus, zündet ein neues an und verzehrt feierlich zusammen das erste neue Korn.

Andere Feuergottheiten wie Pele (hawaiianisch) und Hertha (oder Nerthus; germanisch) sollten ebenfalls heute bedacht werden. Sie repräsentieren das Feuer des Lebens, das Feuer in unserem Körper und in unseren Leidenschaften, das reinigende Feuer der Liebe. Heute ist ein guter Tag für ein Grillfest und andere Feueraktivitäten. Umwerbe deinen Geliebten, liebe ihn, geh tanzen.

11. JUNI
DIE MATRALIEN (RÖMISCH)

Wir kennen nicht nur Feiertage für Frauen, die Mütter sind. Heute feiern wir diejenigen, die mütterlich sind, ohne Kinder geboren zu haben. Mater Matuta, die Göttin der Morgendämmerung und des Todes, der Häfen und des Meeres, empfing die Ehrung von Frauen, die keine Mütter waren. Ehre deine Tante oder Freundin, die kinderlos geblieben ist. Sie sind unsere Stützen.

13. JUNI
FEST DER EPONA (KELTISCH)

Vom Eisenzeitalter bis zum Ende der römischen Besatzung wurde die pferdeköpfige Göttin Epona an diesem Tag in Großbritannien geehrt. Im alten Ungarn wurde sie als weißes Zauberpferd dargestellt, als *táltos*. Sie war außerdem bei vielen anderen mitteleuropäischen Völkern bekannt. Das Pferd steht für Beweglichkeit und Kraft in der Landwirtschaft und gilt leider auch als Gefährte des Kriegers. Die Göttin erscheint in Gestalt eines Pferdes, um ihre Schamanen in andere Zauberreiche des Seins, wie die Welt der Geister, zu befördern.

14. JUNI
GEBURTSTAG DER MUSEN (GRIECHISCH)

Ja, auch die Musen hatten eine Mutter. Das war die Göttin Mnemosyne (die Erinnerung), selbst ebenfalls eine Muse. Ihre Töchter brachten der Menschheit die Freuden der Inspiration und auf gewisse Weise auch das Zeitalter der Technologie. Die neun Musen sind Kalliope (episches Lied), Clio (Geschichte), Euterpe (lyrisches Lied), Thalia (Komödie), Melpomene (Tragödie), Terpsichore (Tanz), Erato (erotische Poesie), Polyhymnia (heilige Hymnen) und Urania (Astronomie). Die Kreativität der Frau ist Nahrung für ihren Geist. Unterstütze heute auf irgendeine Weise die schönen Künste, rege deine eigene Kreativität an. Wann hast du das letzte Mal ein Theaterstück gesehen? Unternimm heute etwas in Sachen Kultur, was du noch nie zuvor getan hast. Durchbrich die Schemata alter Gewohnheiten.

17. JUNI
HOCHZEIT VON ORPHEUS UND EURYDIKE (GRIECHISCH)

Heute ist der Tag aller Paare, ob homosexuell oder heterosexuell. Wir feiern die eheliche Liebe, Loyalität und Vertrauen zueinander. Die folgende Geschichte hat mich immer sehr angerührt, da es tatsächlich keinen anderen Feiertag gibt, an dem statt des Individuums der gemeinsame Zustand des Verheiratetseins geehrt wird.

Orpheus war ein begabter Musiker, der seine Frau so sehr liebte, daß er ihr nach ihrem Tod ins Land der Schatten folgte, wo die Toten weiterleben. Dort bat er die Königin der

Unterwelt, Eurydike zurückkehren zu lassen. Er nutzte seine künstlerischen Fähigkeiten und spielte seine Lyra so schön und entlockte ihr solch süße Töne, daß er selbst die dunklen Geister der Unterwelt betörte. Eurydike wurde von ihnen freigegeben, aber unter der Bedingung, daß er sie zurück in die Oberwelt führte, ohne sich ein einziges Mal umzusehen, ob sie auch wirklich hinter ihm war. Er hielt sich daran, bis sie das Land der Lebenden fast schon wieder erreicht hatten. Da zweifelte er und sah sich um. Dadurch wurde der Zauber gebrochen, und Eurydike mußte ins Land der Toten zurückkehren.

Diese Geschichte soll demonstrieren, wie stark Liebende aneinander gebunden sein können, aber auch, wie zu große Fürsorge alles verderben kann. Feiert diesen Tag, indem ihr zusammen einen Ausflug macht, Geschenke austauscht oder eine Party gebt, und überprüft eure gegenseitigen Besitzansprüche. Wenn man zwischen sich und dem Geliebten Raum läßt, in dem »Engel tanzen« können, hat man das Geheimnis für eine dauerhafte Beziehung gefunden.

21. JUNI
DIE SONNE TRITT IN DAS ZEICHEN DES KREBSES

Wir stehen nun im Zeichen des Krebses. Nimm dir etwas Zeit, um dich selbst zu verwöhnen – tritt kürzer und gib acht auf dein Haus. Horch in dich hinein, werde dir deiner Gefühle bewußt und ehre Yernaya Olokun, die Yoruba-Göttin der Meerestiefen.

21. JUNI
SOMMERSONNENWENDE

Einen fröhlichen Mittsommer euch allen! Jetzt hat die Erde den Zenit ihrer Reise um die Sonne erreicht. Von heute an werden die Tage wieder kürzer. Der Höhepunkt des Sommers ist der Mittsommer, die Sommersonnenwende.

Die Göttin dieser Phase ist Litha (europäisch und nordafrikanisch). Sie ist der Überfluß und die Fruchtbarkeit, Macht und Ordnung. Wer ein göttliches Kind empfangen will (und welches Kind wäre das nicht?), schläft heute nacht mit dem Geliebten. Heute ist in der ganzen Welt die Nacht der Liebenden. Die Christen benannten den Tag in Johannistag um. Der Mittsommertag ist ein ausgezeichneter Zeitpunkt für Weissagungen zu allen Herzensdingen.

Man springt über ein Freudenfeuer oder über eine Kerze (oder den vertrauten *hibachi*) im Hinterhof, um im kommenden Jahr geschützt zu sein. Wenn einem irgend etwas sehr zu schaffen macht, sollte man es mit roter Tinte auf ein weißes Blatt Papier schreiben, mit Honig bestreichen, es sanft zusammenfalten und mit den folgenden Worten den Flammen übergeben:

Ich übergebe meinen Kummer den Flammen, die Göttin des Feuers wird meinen Schmerz verzehren. Es ist geschehen.

Wenn man allein lebt, ist heute eine gute Gelegenheit, einen Liebeszauber zu vollziehen (siehe April).

Eine andere Göttin im Zusammenhang mit dieser Jahresphase ist Cerridwen, die für gewöhnlich mit dem Kessel der Wiedergeburt dargestellt ist, denn sie braut darin die Bestandteile des Lebens zusammen. Ihr heiliges Tier ist das Schwein, daher sollte man heute Schweinefleisch essen, es sei denn, man ist Vegetarier.

Ishtar (Babylonien), Astarte (Kanaan), Aphrodite (Griechenland) Yemaya oder Oshun (Brasilien) sind Liebesgöttinnen, die man mit Feuer und Gaben von Früchten ehren kann. Die feurige Göttin Aine (Irland) wird mit einem Fackelzug um die Felder geehrt; man treibt auch das Vieh durchs Feuer, um es von Krankheiten zu reinigen. Das Rad des Jahres dreht sich; vom Höhepunkt des Sommers nähern wir uns nun dem kommenden Winter, auch wenn dessen erste Anzeichen noch in weiter Ferne liegen.

Die Sommersonnenwende ist eine magische Zeit für Wünsche. Geh an den nächsten Fluß, ans Meer, eine Bucht, einen Bach oder See und singe für dich (die Musen werden dir verraten, was). Wirf eine Blume mit deinem Kuß hinein (der Tradition nach eine Rose), die deinen Wunsch ans Ziel bringt. Es ist eine Botschaft an die kosmische Mutter (deren Symbol die Rose ist), dir, ihrer Tochter oder ihrem Sohn, auf den Wassern (ihrem lebensspendenden Element) etwas zu schicken.

Hier ein Gesang zum Mittsommerwunsch:

Ja, du bist hier im sanften Gras,
ja, du lauschst mir im Blumengarten,
ja, du scheinst aus dem königsblauen Himmel,
ja, du gewährst mir, was ich mir heute wünsche.
Gib mir Gesundheit und ein hohes Ziel,
einen wahren Partner, der meine Freuden und Tränen teilt,
die Weisheit, deine Stimme zu hören, die mir klug rät,
Reichtum, um anderen zu geben, wie du mir gegeben.

24. JUNI
GLÜCKSGÖTTIN (EUROPÄISCH)

Die Glücksgöttin Fortuna beherrscht alle Zufälligkeiten des Lebens. Wir zünden heute eine grüne oder orangefarbene Kerze für sie an, um ihre magischen Kräfte anzuregen und sie uns günstig zu stimmen. Fors Fortuna ist eigentlich eine dreifache Göttin, die Drei Schicksale. Überlege einmal, wie oft im Leben du das Schicksal angefleht hast: »Oh, wenn ich doch nur eine Chance bekäme!« Jede Gelegenheit kommt nur einmal, heißt es. »Fordere dein Schicksal nicht heraus, indem du es zu sehr lobst!« warnt eine alte ungarische Weisheit. Und so spielen wir unsere Freude herab, wenn wir etwa ein neugeborenes Baby bewundern. »Sieht nicht schlecht aus!« sagen wir und versuchen damit, sein Glück nicht herauszufordern.

Wer sind denn diese empfindlichen alten Damen, die das Glück verteilen? Diese Alten sind in der Tat sehr eigenwillig. Die meisten Leute haben sie fast vergessen, außer, wenn sie Probleme bekommen. Dann wenden wir uns plötzlich alle der Religion zu – der alten Religion! Die dreifaltige Gottheit ist in ihrem neutralen Aspekt die Beherrscherin des Schicksals und setzt sich zusammen aus Lachesis, die die Länge des Lebensfadens steuert, Klotho, ihrer älteren Schwester, die den Bilderbogen unseres Lebens zu einem wunderschönen Kunstwerk webt und spinnt, und schließlich Atropos, der Ältesten, die das Ende mit ihrer Schere kontrolliert und die Fäden des Lebens durchschneidet, wenn sie meint, es sei an der Zeit. Wenn man die Schicksalsgöttinnen nicht ehrt, zeigen sie einem ihre dunklen Gesichter – als die Furien Alekto, Tisiphone und Megaira.

Diese drei haben zusammen ein Leben, denn da es kein Ende gibt, gibt es auch keinen Anfang. Man bildet sie oft als alte Jungfern ab, die in einer dunklen Höhle (unserem untersten Bewußtsein) spinnen und zusammen nur ein Auge haben. Daher stammt das Sprichwort: »Das Schicksal ist blind.« Aber man kann das Schicksal aus den vergessenen Nischen der Alten Religion hinaus in die strahlende Sonne ziehen, wo die drei viel besser sehen können und Teil unseres heutigen Lebens sind, wo wir sie brauchen. Denke also heute an die drei Jungfern, die Nornen (die nordischen Schicksalsgöttinnen) und die Furien, und verwandle sie zurück in die drei Grazien, drei anmutige, nackte Frauen, in einem Tanz miteinander verschlungen. Zünde drei Kerzen an – in Gold, Grün und Silber – und erbitte dir vom Schicksal viel Glück.

Die Junigeschichte:
Mutterschaft ist ein Thema
für die Göttin

Ein Hoch auf die Mutterschaft, denn wir Mütter sind schöpferisch wie die Götter. Denk einmal darüber nach: Alle mächtigen Männer, ob gut oder schlecht, alle Heiligen und Genies, alle bösen Männer und Liebhaber, alle Bigotten und Mörder, alle Vergewaltiger und guten Männer, sogar der Papst, tauchten zwischen den Schenkeln einer Frau hervor ins Leben.

»Wie meinst du das, schöpferisch wie die Götter? Und was ist mit uns Männern? Wir hatten schließlich auch ein bißchen mit der Sache zu tun, oder?« höre ich die Stimmen meiner Kritiker. »Klar«, antworte ich, »aber es ist ein langer, langer, langer Weg von dem zappeligen kleinen Sperma, das das Ei dazu stimuliert, sich zu teilen, bis zum Steuerzahler und Bürger. Der Erwachsene, der am Ende dabei herauskommt, ist ein ›Produkt‹ der Frau. Wir Frauen sind die Schöpfer von Menschen und machen die Wirtschaft. Wir sind diejenigen, die Länder, Dörfer, Gemeinschaften und Familien erschaffen. Wir sind die Menschheit. Selbst in der christlichen Schöpfungsgeschichte ist die Geburt Jesu ein Akt von Gott und einer Frau; der Mann hatte nichts damit zu tun.«

Wir Frauen sind unser gesamtes fruchtbares Leben lang von einer Masse von Seelen umgeben, die darum bitten, geboren zu werden. Darstellungen der Jungfrau Maria verdeutlichen diese Vorstellung: sie wird von den Cherubinen gekrönt, jenen pausbäckigen, geflügelten kleinen Babys, die die heilige Mutter stets begleiten – die ungeborenen, wartenden Seelen. Sie ist die archetypische Mutterseele, die große Reinkarnation, der Kessel der Wiedergeburt. Die Cherubine sind Babyseelen, die uns umflattern, wenn wir nicht die Absicht haben, schwanger zu werden. Und wenn wir nachgeben und ungeschützt Sex haben, sind diese kleinen Seelen schon bereit, sich einen hübschen kleinen Körper aus unserem Schoß zu angeln. Diese Seelen haben es eilig und drängeln ungeduldig. Sie umschweben am liebsten junge, fruchtbare Frauen, die gern mit jemandem ins Bett hüpfen und den kleinen Seelen damit eine Chance auf eine Wiedergeburt geben.

Aber wo steht, daß jede kleine Seele, der es gelingt, ein befruchtetes Ei zu landen, auch auf dessen Besitz Anspruch hat? Abtreibung ist das Privileg der Dunklen Mutter; sie treibt in uns jeden Monat ab – mit unserer Menstruation. Abtreibung ist der Schatten der Mutterschaft, aber auch unsere Verantwortung, denn wir betrachten die Entscheidung über Leben und Tod ebensosehr als Aspekt der Göttin wie ihre lebensspendende, gute Natur. Die Schicksalsgöttinnen ziehen die Entscheidung der Frauen in Betracht, wenn sie beschließen, wie und wann wir dieses Leben betreten. Was nützt es, geboren zu werden, wenn du niemals eine Gelegenheit bekommst zu gedeihen, sondern nur leidest?

Was haben wir als Mütter nun politisch erreicht? Wann haben wir uns unserer ungeheuren göttlichen Macht bedient und einmal wirksam gegen Kriege protestiert? Wir versammeln uns, wenn Kinder zu begraben sind, wir protestieren in manchen Teilen der Welt für Frieden und eine Beendigung aller Kriege. Aber haben wir jemals dem Patriarchat gedroht, das Gebären einzustellen? Nein! Wir verfügen über die stärkste Waffe des Protestes – wir können die »Produktion« der Menschen einstellen. Verweigert euch der Empfängnis, laßt nach in der Fruchtbarkeit. Ich meine damit nicht das Ende von allem Sex. Nein, nur eine Pause im Kinderkriegen, eine fünfjährige Generationslücke. An die Friedenssoldaten, die kleinen ungeborenen Seelen, würde man sich stets als an diejenigen erinnern, die nie erschienen sind. Was würde geschehen? Stellt euch die Mütter dieser Welt vor, wie sie tatsächlich beschließen, auf diese Weise gegen den Krieg zu protestieren! Schafft das Militär ab. Erschafft die blühenden Länder, die diese Welt noch nie gesehen hat. Setzt dem Hunger ein Ende – setzt der Kindesmißhandlung ein Ende.

Wenn man wirklich ein Baby-Moratorium für fünf Jahre erreichte, würden alle Industrien, eine nach der anderen, verschwinden. Keine Babys bedeutet keine Kindergärten, keine Babybekleidung, keine Babynahrung, keine Babygeschenke, keine Vorschulkinder, keine Teenager, keine Colleges – fünf Jahre lang. Das würde eine gute Erinnerung daran sein, was im Leben wirklich wichtig ist. Diese Generationslücke würde wie ein Geist die Zeitalter überschatten und ständig präsent sein, um die Menschen daran zu erinnern, was geschah, als die Frauen zu einer so drastischen Maßnahme getrieben wurde, um die Männer vom Kriegführen abzubringen. Denkt darüber nach!

Wie wäre es damit, Mütter für die Jahre zu bezahlen, die sie damit zubringen, die Gesellschaft zu erschaffen? Ich denke nicht an eine Art Wohlfahrtsunterstützung, sondern an ein Gehalt für die Erschaffung des Lebens. Jedes Kind sollte dem Staat Geld wert sein, in dem es später zum Konsumenten wird. Der Marktwert eines erwachsenen, gut angepaßten neuen Bürgers kann berechnet und der Mutter überwiesen werden. Es sollte auch eine Rente für alternde Mütter geben, aber nicht nur für verheiratete, sondern auch für die alleinstehenden. Frauen müssen im Alter beschützt werden.

Ich war noch sehr jung, erst neunzehn, als ich zum ersten Mal Mutter wurde. Es war kurz nach der Ungarischen Revolution, und ich führte einen Privatkrieg gegen die Russen, indem ich versuchte, ganz allein all die verlorenen ungarischen Leben zu ersetzen. Die erste Geburt dauerte lange und war sehr schwer. Ich fühlte mich dabei sehr allein gelassen. Nichts hatte mich auf die Veränderungen in meinem Körper und meinem Leben vorbereitet. Ich war Studentin an der Universität von Chicago dank eines internationalen Stipendiums, für das ich durchgängig sehr gute Noten erreichen mußte. Schwangerschaft und Geburt raubten mir sämtliche Energien: zum Studieren war ich viel zu müde. Nach dem zweiten Kind brach ich das Studium dankbar ab. Zwei Kinder reichten mir völlig.

Ich nannte meine Jungen nach meinen Lieblingshelden: László nach einem legendären ungarischen König, der magische Kräfte besaß und mit seinem Zauberstab Wasser aus einem Felsen schlagen konnte. Gábor benannte ich nach einem bekannten Komiker, dessen Bücher mich oft zum Lachen gebracht hatten. Sie waren gute Söhne, nicht gerade umgänglich, weil sie ständig stritten oder schrien, aber gute Kinder, ehrlich, sanft und begabt.

Meiner Mutter zufolge waren beide von feurigem Temperament. Sie brachte ihnen das Töpfern bei und stellte ihre ersten Werke zusammen mit den eigenen aus. Sie formten gern Raketen oder kneteten mit ihren langen, knochigen Fingern stundenlang Dinosaurier aus Ton. Nach der prähistorischen Phase bauten sie Modellflugzeuge, Tausende von Modellflugzeugen. Sie hingen überall in den Zimmern von der Decke und bewegten sich anmutig in der leichtesten Brise. László ließ diese Flugzeugphase nie hinter sich: Er wurde Pilot. Gábor studierte die Sterne und fotografierte Planeten: er wurde Wissenschaftler. Heute sind sie schon über dreißig. Ist die Mutterschaft nicht ein Wunder?

Doch eine mütterliche Reaktion beeinflußte meine Jungen als künftige Männer stärker als alle anderen. Natürlich leistete ich all die wunderbaren Sachen, die Mütter so leisten. Ich brachte ihnen das Schwimmen im Meer bei, das Fahrradfahren, und ich flog mit László in einem kleinen Flugzeug, damit er sich zum ersten Mal über den Wolken umschauen konnte. Aber am schwersten und wichtigsten war, daß ich meinen Söhnen eine positive Haltung gegenüber Frauen beibrachte.

Ich bin nicht der Meinung, daß Jungen mit ihren Vätern über Mädchen reden sollten. Ein Vater könnte ihnen eine sehr sexistische Haltung mitgeben und einen ganz vernünftigen Jungen verderben. Ich glaube, daß Mütter unendlich mehr über Jungen und Mädchen wissen als Väter. Mütter bleiben auf dem laufenden bei Veränderungen, und das ist sehr wichtig, denn Jungen werden mit heutigen Mädchen zu tun haben, nicht mit denjenigen, die ihre Väter umworben haben.

Ich erinnere mich an einen Vorfall an einem warmen Sommernachmittag. An solchen Tagen ging ich gern zum Strand und nahm nach dem Heimkommen ein ausgedehntes Schaumbad, um die letzten Sandreste zwischen den Zehen wegzuspülen. Ich genoß die Entspannung dabei. Die Jungen waren damals sieben und acht Jahre alt; sie sahen fern, stritten miteinander oder aßen – das war mir egal. Manchmal muß eine Mutter aufhören, immer nur die Retterin zu spielen, und einmal lange in der Wanne liegen.

Und genau das tat ich gerade, als es recht höflich an der Badezimmertür klopfte. Das allein war schon Anlaß für Mißtrauen, denn die Jungen waren sonst nie so zurückhaltend. »Herein!« sagte ich. »Was ist los?« Als Mutter hatte ich Röntgenaugen entwickelt. Wenn ich die Jungen nur anblickte, erfuhr ich immer schon alles mögliche – was sie im Schilde führten oder ob sie mich anlogen. Aber jetzt schien alles in Ordnung. Sie wirkten scheu, doch der Grund konnte nicht meine Nacktheit in der Wanne sein, denn sie hatten mich oft genug so gesehen. Wir lebten schließlich in den Sechzigern.

Dann kicherten sie miteinander, und mir war klar, daß etwas los war. »Okay«, sagte ich. »Kommt her und sagt mir, was es gibt.« Sie setzen sich auf den Wannenrand, ließen ihre knochigen kleinen Jungenbeine ins Wasser hängen und spritzten ein bißchen herum. »Mama«, sagte László, der ältere, dann. »Wir wollen dich etwas fragen.«

Die Jungen starrten auf mein Schaumbad und dann auf die eigenen Zehen. »Wir wissen nicht genau, was es bedeutet, aber wir haben gehört, daß Mädchen eine … Klitoris haben.« – »Nein, das heißt Kliptomis«, verbesserte Gábor seinen älteren Bruder. »Kliptomis? Nein – Kritomis.« László wirkte unsicher. Sie machten sich offensichtlich Gedanken, daß sie nie eine Antwort bekommen würden, wenn sie nicht das richtige Wort wußten.

Das war es also. Ich wette, daß ein paar Jungen in der Schule schmutzige Witze gerissen hatten und das Wort darin vorkam. Beide Jungen waren sehr verlegen, es auszusprechen. »Ach so. Und was wollt ihr über die Klitoris wissen?« fragte ich. László warf Gábor einen siegreichen Blick zu. Er hatte den Wettstreit um das richtige Wort gewonnen. Mutiger fuhr er fort: »Mama, wo ist sie?«

Jetzt waren sie beide nicht länger verlegen und sahen mich offen, auf eine Antwort wartend, an. Sie waren es gewohnt, mich nach allem zu fragen. Ich hatte sie nie bestraft oder gesagt, sie dürften nicht nach sexuellen Dingen fragen. Doch jetzt schlug die Stunde der Wahrheit. Würde ich mich verhalten, wie sich meiner Meinung nach eine gute Wassermann-Mutter verhalten sollte, offen und ehrlich? Oder würde ich den Kleinen eine Standpauke halten und ihnen verbieten, das Wort jemals wieder zu erwähnen? Ich hörte förmlich in meiner Badewanne, wie sie sich ihre Meinung bildeten, und dachte: »Wenn ich jetzt zögere, glauben sie, es sei schmutzig. Wenn ich einfach nur darüber rede, beantworte ich ihre Fragen nicht.« Dann holte ich tief Luft, griff zwischen meine Beine und öffnete mit zwei Fingern die äußeren Schamlippen, um die Klitoris freizulegen. Mein Herz raste, und ich bekam kaum Luft. Leicht war die Sache nicht. »Da!« sagte ich, tapfer meine Aufregung verbergend. »Hier ist meine!«

Ich werde nie vergessen, wie die beiden kleinen Köpfe sich über das Wasser beugten und ins Tor des Lebens starrten, das gleiche Tor, durch das sie in diese Welt gelangt waren. Es dauerte Gott sei Dank nicht lange, aber mir erschien es länger als alles, was ich je zuvor getan hatte. Dabei versuchte ich, cool und gelassen zu bleiben. Dann fuhr mir der Gedanke durch den Kopf: »Das tue ich für alle Mädchen, die jemals in ihr Leben treten, die jetzt noch in den Windeln liegen, aber eines Tages groß sind und sich mit meinen Söhnen treffen. Hoffentlich wird mir eine eines Tages dafür danken!«

Dann war es vorbei. Die mageren Körperchen entspannten sich, und dann sagte László: »Das ist aber niedlich.« Gábor dachte eine Weile nach und meinte dann: »Neato!« Das war damals sein Wort für »sehr gut«. Ich atmete auf: zurück zur Normalität. Gott sei Dank! Das Thema meiner Klitoris wurde nie wieder erwähnt. Die Jungen können sich an diesen Vorfall nicht einmal erinnern. Damals waren sie in dem Alter, in dem man jeden Tag etwas Neues lernt. Das übrige Wissen über die Sexualität müssen sie sich selbst zusammengereimt haben. Mein Mann steuerte vieles bei, was für ihre Männlichkeit nützlich war. Aber ich glaube, daß sie heute für Frauen gute Liebhaber sind, weil sie an jenem Nachmittag zum ersten Mal die intimen Körperteile einer Frau sahen und als »niedlich« empfanden.

Es spricht die Göttin:
Athene

Hast du mich gerufen? Ist es Zeit für mich, etwas zu schreiben, zu singen, zu erschaffen oder zu erfinden? Ich bin die Inspiration, die dir Selbstachtung verschafft, ich bin die Leistung, für die die Welt dir Anerkennung zollt. Ich bin die tadellose Führerschaft, die ihr alle anstrebt, die Kooperation deiner Altersgenossen, die Spitze der Einigkeit. Meine Wurzeln sind afrikanisch, nicht griechisch.

Ich bin Athene, Tochter der Metis, nicht von Zeus, dem vormaligen Gott eines patriarchalischen Räuberstammes, ehe sie ihn zum König der Himmel erkürten. Es sieht ihm ähnlich, mir den guten Namen und die Geschichte zu rauben und meinen Mythos umzuformen, um ein männliches System zu verherrlichen! Aber ich sage dir, daß ich meine Frauen niemals verraten habe, die Frauen, die mich in der ganzen Welt liebten. Ich bin keine Verräterin, die zum Feind überläuft. Ich habe niemals Muttermord genehmigt, niemals Männer Frauen vorgezogen. Ich habe dich nie verlassen.

Ich bin die physische und psychische Kraft in Frauen wie Männern. Ich bin der Rechtsprechung und den Künsten und Wissenschaften verpflichtet; ich bin begabt, mächtig und eine neugierige Wissenschaftlerin. Ich verstärke die Reihen der Frauen in der Politik, damit sie meine Talente der Diskussion und der Konfliktlösung gewaltfrei und nutzbringend anwenden. Ich rege mich in den Herzen kleiner Mädchen, die die Ehe nicht als den einzigen Weg betrachten, es in der Welt zu etwas zu bringen. Ich bin der kühne Plan, das Stipendium und der spätere Erfolg für jene Töchter und Söhne, die gut zugehört haben.

Doch ich empfehle meinen Anhängerinnen kein kaltes Bett – das ist wieder so eine Lügengeschichte über mich. Ich möchte, daß du klug liebst und dich selbst geben kannst. Liebe und Erfolg sind zwei Schwestern, die sich gut miteinander vertragen. Ich verlange auch keinen Preis für meine Gabe des Ehrgeizes. Behalte einfach deinen klaren Kopf, folge deinem gesunden Menschenverstand und befasse dich mit tiefen Gedanken – und alles wird gut.

Hast du jemals bemerkt, wie ehrgeizig die Natur in Wirklichkeit ist? Oder hast du schon einmal gesehen, daß Ameisen sich ausruhen oder Bäume sich eine Woche Urlaub nehmen? Die Natur ist ständig in Bewegung – arbeitet, strebt, baut und zerstört. Das ist meine Energie – immerwährendes Streben, die Ekstase neuer Ziele und Ideen, ein Projekt nach dem anderen. Ich kümmere mich auch um alle neuen Erfinder von der Wiege bis zum Moment der Idee oder Entdeckung. Da sind sie, noch ganz klein, aber in ihren winzigen Händen liegt die Heilung schrecklicher Krankheiten, und mein Schutz bewirkt, daß sie den Moment erleben, wenn ihr Beitrag dazu fällig wird.

Wie kannst du mich finden? Jedesmal, wenn du jemandem hilfst, Erfolg zu haben, machst du mir damit ein Geschenk. Ich werde es merken, wenn du einmal etwas Glück brauchst, und dich belohnen. Jedesmal, wenn du deiner Schwester oder deinem Bruder ohne Neid eine Pause gönnst, opferst du mir. Wenn du Geld für Stipendien spendest, Lernzentren einrichtest, jenen dankst, die dir geholfen haben, jemandem notwendige Information gibst und die Wissenschaften und die geliebten und notwendigen Künste unterstützt, dann stärkst du Athene.

Ich bin die oberste Muse, die über den neun anderen steht: Die Zukunft der Welt hängt von meiner Tüchtigkeit ab. Meine Hände müssen die Hände der Wahnsinnigen festhalten, die die Erde zerstören wollen. Mein Zauber muß auf diesem blauen Planeten alles Leben vor jenen Narren beschützen, die sie beherrschen. Nutze deine persönliche Macht, um mei-

ne strategische Partnerin zu werden, und Athene wird dir
ihren starken Arm leihen, wann immer du sie brauchst. Hege
und schütze, wage und entdecke – und teile stets, was du
findest. Lehre und singe, schreibe und musiziere zum Ruhm
des Lebens. Ich bin diejenige, die das Szepter der Oberherrschaft hält, und meine beste Freundin ist die
Siegesgöttin Victoria. Sie steht auf meiner
Handfläche, und vereint scheitern wir nie.
Komm zu uns!

Aspekte des Juli

Dieser Monat wurde nach Julius Cäsar benannt, der 45 v.
Chr. den Kalender der westlichen Welt reformierte.

Vollmondaspekt: Erntemond
Universalereignis: Dies ist der Monat des Wachstums, der
Beginn der Gerstenernte. Die Tage werden langsam wie-
der kürzer – es ist die Zeit der Umkehr, des Umsturzes
alter Ordnungen.
Gemeinschaftsereignis: Lammas-Sabbat, das Fest des fri-
schen Brotes (Ende Juli/Anfang August; siehe auch 1. Au-
gust), Fest der Herrinnen des Überflusses – Habondia,
Freia, Hulda –, der Göttinnen der Natur und der Frucht-
barkeit.
Botschaft: Erfinden, wissen, Erfolg haben
Aktivität: Gedeihen, genießen, weiser werden, Ekstase in
der Natur
Heilwirkung: Schutz und Vorbeugung
Passender Zauber: Segnung der Felder, Liebeszauber, Ge-
sundheitszauber, Geldzauber und alle positiven, förderli-
chen Aktivitäten
Farbe: Grün, Grau
Baum: Eiche

Blume: Rittersporn, Seerose
Tier: Star
Edelstein: Rubin

Annas Zauber, Rituale und Feste
für den Juli

Voodoo-Zauber für Wohlstand (amerikanisch)
Jeder möchte wohl gern sein Los verbessern und die von der
Göttin verliehenen Talente besser nutzen, um Wohlstand zu
erlangen und das Liebesleben anzukurbeln. Um das zu erreichen, benutzen wir einen besonderen Teil unseres Wesens,
das Unbewußte – mit dem all die New-Age-Jünger ihre Millionen verdienen.

Dieser Zauber stellt einen jener Versuche dar, das alte
Unbewußte zu manipulieren, jenen verdrängten Teil unseres
Gehirns, der letztendlich alles steuert, von Erfolg über das
Geldverdienen bis zu Gesundheit und Liebe. Dieser Teil in
uns wird durch Gebete angeregt (gleich, an welche höhere
Macht). Früher beeinflußten wir das Unbewußte durch Zauber: Das Unbewußte reagiert auf mondbeschienene Landschaften, Nachtwachen bei Kerzenschein, Weihrauchwolken
und nächtliches Wolfsgeheul. Um diesen Teil in uns anzusprechen, müssen wir uns bewußt aus dem zwanzigsten Jahrhundert zurückziehen und eine symbolische Sprache finden,
die es anziehen und dazu verführen kann, unseren modernen Gedanken zu lauschen.

Diesen Zauber vollzieht man drei Tage lang bei Vollmond. Näh eine Puppe aus grünem Stoff, die dich darstellen soll, und stopfe sie mit Lorbeerblättern oder Klee aus
(beides steht für Wohlstand). Binde ihr ein paar deiner eigenen Haare um den Kopf, gib ihr Augen, Nase und Mund
und versuche irgendwie, sie dir gleichzumachen. Vielleicht

nähst du ein kleines Kopftuch aus einem Kleidungsstück, das du häufig trägst.

Dann schreibe mit roter Tinte auf weißes Papier den Geldbetrag, den du brauchst, oder die Art von Reichtum, die du anstrebst. Stecke dieses Papier an die Puppe und lege sie auf ein sauberes weißes Tuch auf deinen Altar. Dann salbst du sie mit Zimtöl und bestreust sie mit Goldstaub (Pyrit). Nimm eine grüne Schnur (oder ein Band oder einen Faden), binde sie dreimal um den Körper der Puppe und sprich dabei:

Ich binde dich, ich binde dich an
  Reichtum!
Du wirst nicht eher ruhen, bis du das
  Beste gefunden hast, das du dir
  wünschst!

Stell dir nun die Reichtümer vor, die du auf das Papier geschrieben hast, damit sie in dein Leben treten. Mal es dir genau aus, visualisiere es, atme tief und erspür es genau. Ehe du die Puppe fortlegst, sagst du noch:

Alter, namenloser Geist im düstersten Dunkel, mach meinen Zauber stark und mächtig.

Dann wickelst du die Puppe in das weiße Tuch und versteckst sie an einem dunklen Ort, an dem niemand sie findet (eine Schublade vielleicht). Dieser Zauber wird entweder in den drei Nächten des Vollmonds wiederholt oder an neun aufeinanderfolgenden Abenden. Das beschriebene Verfahren sollte jeden Abend genau gleich sein. Nach der neunten Nacht versteckt man die Puppe, bis sich die gewünschten Ergebnisse gezeigt haben.

Wenn der Zauber wahr wird, verbrennt man die Puppe in einem schönen Feuer mit Duftkräutern und streut die Asche in ein fließendes Gewässer. Wenn man ein neues Ziel anstrebt, muß man eine neue Puppe anfertigen.

Selbstsegnung für Gesundheit, Reichtum,
Liebe oder Weisheit

Besorge pulverisierte Blätter der Eberesche (oder trockne und zerreibe sie selbst). Der Legende nach kann man mit der Esche einen mächtigen Segen (oder Fluch) erzeugen. Man hielt die Eberesche für den Baum des Lebens – die legendäre Yggdrasil, die in der germanischen Sage eine wichtige Rolle spielte. Wenn man ein Blatt oder ein Stück Holz dieses Baums mit sich trägt, soll das vor allen möglichen schlechten Einflüssen schützen. Ich empfehle die Esche für Autozauber; wenn man in einem der Luftzeichen geboren ist (Wassermann, Waage oder Zwillinge), findet man diesen Zauber ganz natürlich.

Geh an deinen Lieblingsplatz in der Natur, und nimm eine Handvoll Eschenblattpulver mit. Stelle fest, wo Osten, Westen, Süden und Norden liegen – dann streust du ein wenig Eschenpulver auf deine Handfläche und bläst es mit den Worten in Richtung Osten:

Ostwind, bring diese Gabe den Wächtern des Ostens, damit sie mich mit [Wunsch] segnen und mich beschützen.

Dann nimmt man mit der linken Hand Eschenpulver auf die rechte Hand und bläst es mit den Worten nach Süden:

Südwind, trage diese Gabe zu den Wächtern des Südens, damit sie mich segnen und beschützen.

Dann streut man mit der linken Hand Eschenpulver in die rechte Hand und bläst es mit den Worten fort:

Winde des Westens, tragt diese Gabe zu den Wächtern des Westens, damit sie mich segnen und beschützen.

Dann nimmt man mit der linken Hand Eschenpulver in die rechte Hand und bläst es mit den Worten in Richtung Norden:

*Winde des Nordens, tragt diese Gabe zu den Wächtern des
Nordens, damit sie mich segnen und beschützen.*

Und dann wendet man sich wieder gen Osten und spricht:

*Den magischen Kreis habe ich geschlagen,
Pulver der heiligen Esche habe ich angeboten,
laß nun, Diana, meine Wünsche in Erfüllung gehen.*

Verharre eine Weile und warte, was passiert. Vielleicht bekommst du eine Idee, oder es zeigt sich ein Tier. Anschließend gehst du in Frieden heim, denn du weißt, daß Mutter
Natur dein Gebet gehört hat und dir deinen Wunsch innerhalb eines Mondes erfüllen wird.

Die Zauberkraft von Beifuß
(Artemisia absinthium; mitteleuropäisch)

Füge dem Essen, das du für einen Freund
oder Geliebten kochst, ein wenig von diesem Kraut bei, und selbst die kühlsten Personen werden sich verlieben. Auch bei Im-
potenz soll das Kraut Wunder wirken.

Gebet für Frieden in der Familie

Ich habe dieses Ritual von einer indischen
Frau gelernt, die in Westafrika lebte. Beim
Neumond fasten die Frauen den Tag über;
nur die kleinen Mädchen bekommen etwas
zu essen. In der Nacht zuvor binden die
Frauen sich Henna an die Handflächen, so
daß am Morgen gelbliche Spuren auf der
Haut zu sehen sind. Dies ist Teil des Rituals.

   Dann backen die Frauen eine Schale aus Wei-
zenmehl und füllen sie mit in Butter getauchten
Wattebäuschen. Sie warten, bis der Mond wieder
sichtbar wird, und zünden die Wattekugeln an. Dabei

beten sie, wiederholen den Namen ihres Partners und bitten
den Mond, ihnen häuslichen Frieden zu gewähren. Die Schale mit den Lichtern wird im Kreis herumgereicht. Wenn alle
über ihr gebetet haben, bereiten sie unter Lachen und Plaudern ein großes Festmahl. Einige Frauen legen die Wattekü-
geln auch auf Blätter und lassen sie als Opfergaben an die
Wassergöttin den Fluß hinabtreiben: dies soll ebenfalls für
ein friedliches Heim sorgen. (Dies ist jedoch kein Zauber für
mißhandelte Frauen oder häusliche Gewalttätigkeit. Hier
wendet man sich besser an ein Frauenzentrum.)

Ehezeremonie für diejenigen,
die für eine Bindung bereit sind

Dies ist eine Zeremonie für alle natürlichen Menschen, ob
homo- oder heterosexuell, um die Bindung zu feiern und zu
bezeugen, die zwei Liebende miteinander eingehen. Kaufe
für dieses Ritual zwei Kelche für dich und deinen Partner,
die Freude und Gefühle symbolisieren; man kann das Datum
eingravieren lassen und hat dann gleichzeitig ein schönes
Erinnerungsstück. Außerdem braucht man zwei Blumenkränze, die Respekt symbolisieren, und schließlich das Wichtigste, ein Tablett mit Essen, das den Baum des Lebens repräsentieren soll. Ordne das Essen hübsch an, so als wären es
Wurzeln, Stamm, Blüten, Samen und Früchte. Man kann
zum Beispiel Karotten als Wurzeln nehmen, Bleichsellerie
als Stamm, Blumenkohl als Blüte. Als Früchte nimmt man
Melonen oder Weintrauben, als Samen Mandeln.

Versammle alle Freunde um dich, deinen Kreis, der aus
Kollegen, Jugendfreunden und Bekannten aus wichtigen Phasen deines Lebens besteht. Zu Beginn des Rituals sollen die
beiden Partner zusammen mit einem Freund (oder, wenn man
Glück hat, einer Priesterin) die Hände über dem Tablett ver-
schränken. Nun ruft man die Göttin der Ehe an, Juno/Hera:

Wir rufen dich an, Göttin des Lebens, bei diesen Wurzeln,
damit diese Beziehung tief in der Gemeinschaft verwurzelt

sei, wie auch in den beiden selbst, die sich heute hier binden. Wir rufen dich an beim Stamm und den Ästen, damit diese Bindung sich auch zu anderen verzweige und eine große Gemeinschaft um sich schare.
Wir rufen dich an bei den Blüten, daß diese Beziehung das Wachstum der Talente und Wünsche beider Partner ermögliche.
Wir rufen dich an bei den Samen, damit diese Liebe neue Liebe erzeuge und unsere Hingabe neue Entdeckungen im anderen fördere.

Nun beantwortet man die folgenden Fragen der Priesterin:

Willst du, [Name], [Name] zum lebenslangen Partner nehmen, in guten wie in schlechten Tagen, in Armut und in Reichtum, solange ihr beide lebt, auch wenn du andere liebst?

Darauf lautet die Antwort natürlich: »Ja.«
   Diese Frage wird wiederholt, und man sollte über ihre Bedeutung nachdenken. Hier wird kein sexuelles Eigentum versprochen, sondern Loyalität bis zum Tode. Gleich, wem das Herz sich zuwendet, man kümmert sich um den Anvertrauten, steht ihm in Notlagen bei und sorgt dafür, daß es ihm oder ihr gutgeht. Verhaltet euch wie eine Familie. Es ist nicht erlaubt, im Groll zu verharren oder einander zu meiden. Gleich, was das Leben bereithält, man soll einander lieben und füreinander dasein.
   Dann setzt ihr euch gegenseitig die Blumenkränze mit den Worten auf den Kopf: »Du bist göttlich«, bietet einander die schönen Kelche mit Champagner oder Saft an und sagt: »Mögest du niemals Durst leiden!« Nach der Zeremonie, wenn ihr bereit seid, »den Sprung zu wagen«, legt ihr einen Ast von einer Myrrhe, Eiche, Eberesche oder Weide (was immer man leicht besorgen kann) auf den Boden, und springt, einander an den Händen haltend, in Richtung Osten, den An-

fang von allem, hinüber. Wenn eure Füße den Boden berühren, tritt der Schwur in Kraft. Die gemeinsame Zukunft beginnt!

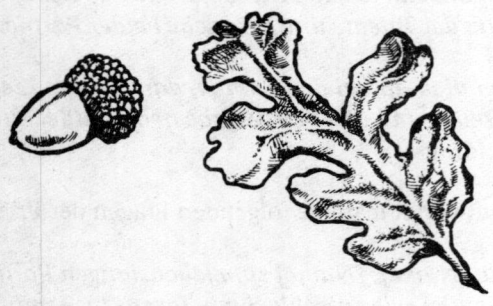

Die Festtage im Juli

2. JULI
FEST DER WERDENDEN MÜTTER (EUROPÄISCH)

Hier haben wir einen wunderbaren Frauenfeiertag! Achtung, Frauenclubs: Ladet alle werdenden Mütter ein und bereitet ihnen ein Ehrenbankett. Die werdenden Mütter bitten jetzt schon alle Schwestern um Zusagen fürs Kinderhüten und tragen alles genau in den Kalender fürs kommende Jahr ein. Vermutlich stellt man fest, daß man als Schwangere jede Menge Aufmerksamkeit genießt, aber sobald das Baby da ist und schreit und gewickelt werden will, halten sich kinderlose Frauen und Männer lieber fern. Hütet euch vor »niedlichen« Geschenken mit vielen Rüschen und Spitzen – das taugt nichts. Bittet eure Freundinnen und Freunde lieber, euch Zeit zu schenken. Das kostbarste Geschenk für eine junge Mutter sind ein paar Stunden Freizeit. Wenn man selbst gern schwanger werden möchte, trinkt man jeden Abend bei Sonnenuntergang Tee aus Lakritzwurzeln oder Himbeerblättern.

3. JULI
FEST DER CERRIDWEN (KELTISCH)

Cerridwen die Fruchtbarkeitsgöttin der Kelten. Welche Freude, die Ernte einzuholen, sei es aus dem kleinen Garten hinterm Haus oder von den riesigen Feldern eines Gutes. Die

Reife von Kirschen, Pflaumen und Pfirsichen hängt stets von den Strahlen unserer heilkräftigen Sonne ab. Die gelbe Farbe des Korns und die prallen Körner des Weizens sind das gemeinsame Werk der heiligen Sonne und der heiligen Erde.

Cerridwens Symbol ist die kluge, fruchtbare Sau, das Schwein, das in Ungarn als Glückssymbol gilt und auch in der übrigen Welt als Zeichen für Wohlstand interpretiert wird. Wie konnte das Ferkel bei den Alten einen so hohen Status erringen? Probier einmal ein hawaiianisches *luau*, ein in der Erde gebackenes Schwein, und du verstehst es sofort. Das Schwein liebt die Erde; es wälzt sich gern auf ihr. Bei jedem Wurf produziert es bis zu dreizehn Junge, die leicht großzuziehen sind; Schweine sind der Reichtum vieler Menschen. Cerridwen teilt dieses Symbol mit anderen Gottheiten, etwa mit der griechischen Demeter. Sei dankbar für deine Ernte, genieße das Schweinefest oder, wenn du Vegetarier bist, iß, was Schweine am liebsten mögen: Mais.

4. JULI
UNABHÄNGIGKEITSTAG (AMERIKANISCH)

Heute kann man gut erkennen, wie die Feuer-Festlichkeiten der Alten eine neue Bedeutung erlangten: Man behielt einfach die alte Praxis des Freudenfeuers und des Feuerwerks bei. Eigentlich fand die Unterzeichnung der Unabhängigkeitserklärung, die die Amerikaner an diesem Tag feiern, erst Anfang August statt. Ehre heute die Göttin, die unsere Freiheit schützt, damit wir unsere Religion frei ausüben können.

5. JULI
SONNENTANZFEST (AMERIKANISCHE UREINWOHNER)

Bei einem Sonnentanz fasten die Assiniboine-Indianer von Montana und unterziehen sich allen möglichen heldenhaften Prüfungen – einige davon sind schmerzhaft, andere ekstatisch. Damit nehmen sie die Leiden ihres Volkes auf sich und befreien den Stamm von Unglück. Es war vornehmlich ein Fest der Männer; man nahm an, daß Frauen ihrem Volk jeden Monat diesen spirituellen Dienst mit ihrer Blutung erwiesen und wenn sie Kinder gebären. Wie wahr!

Mein Rat an Weiße, die die amerikanischen Ureinwohner nachahmen wollen, lautet: Laßt es sein. Lernt von ihnen, aber imitiert sie nicht. Es ist respektlos, ihre spirituellen Praktiken einfach zu übernehmen, außerdem wollen die Indianer das nicht. Meine Freundin Janet McCloud sagte dazu einmal:

»Am Anfang hatten wir das Land, und der weiße Mann hatte das Buch. Heute hat er das Buch und unser Land. Die Spiritualität, die wir für uns behalten konnten, wollen wir nicht auch noch teilen. Wir wollen, daß die Weißen uns etwas zurückgeben, nicht immer nur nehmen.«[*]

Sie nennt jene Weißen, die versuchen, Indianer zu sein, »Möchtegerns«. Die Ureinwohner sähen es lieber, wenn wir zum Beispiel unsere eigenen spirituellen Praktiken zurückgewännen, wie die der europäischen Ureinwohner, die ich in diesem Buch aufgezeichnet habe.

7. JULI
TANABATA (JAPANISCH/KOREANISCH)

Es gab einmal zwei Liebende, die von zwei Sternen am Himmel repräsentiert wurden, welche sich nur einmal im Jahr gegenüberstehen: Der Stern Vega nahe der Milchstraße (im Zeichen der Jungfrau) stellt das Webermädchen dar, auf der anderen Seite der Milchstraße liegt Aquila, der Schäferjunge. Diese beiden, die sich vor langer Zeit ineinander verliebten, trafen sich einmal im Jahr am siebten Tag des siebten Monats, um ihre Liebe zu vollziehen und anderen Lieben-

---

[*] Persönliche Mitteilung 1983.

den in der Welt zu helfen zusammenzufinden. In Japan und Korea schreibt man den Namen der geliebten Person auf feines Pergamentpapier und bindet es an einen Busch oder Baum, damit die Sterne es sehen.

13. Juli
Fest der Madonna von Fatima (portugiesisch)

Heute hat das Universum viel zu tun. An diesem Tag erschien die Himmelskönigin einigen Kindern in Portugal und beauftragte sie, ihr in Fatima einen Schrein zu bauen, wo sie Kranke heilen würde. Die Wunder dieser Welt werden stets von Maria, der Muttergottes vollzogen, die zurückkommt und persönlich eingreift, wenn uns das Leid überwältigt. Heute wird in Portugal die Madonna von Fatima geehrt.

Das Fest der Demeter, ebenfalls heute, wurde im klassischen Griechenland mit Blumenprozessionen und einem Festmahl aus allen Früchten gefeiert, die gerade reif waren. Dann tanzte man barfuß auf der nackten, guten Erde.

Beim O-Bon-Fest in Japan ehren die Menschen die verstorbenen Seelen, die heute zurückkommen und sich unter die Lebenden mischen. Denk an geliebte Menschen, die wieder in die gute Erde zurückkehrten, wo sich die Göttin ihrer liebevoll annimmt.

17. Juli
Fest der Amaterasu-o-Mi-Kami (japanisch)

In Japan findet heute das große Fest der Sonnengöttin Amaterasu-o-Mi-Kami statt. Die Sonne ist das Symbol für Japan, daher finden zahlreiche Prozessionen statt. Wir bringen die Göttin gewöhnlich eher mit dem Mond oder den Sternen in Verbindung, aber auch die Sonne wird oft als Göttin verehrt. Der japanischen Legende nach war die Sonnengöttin Ama-

terasu traurig, weil ihr Bruder so unsensibel war. Um ihre Traurigkeit kundzutun, verbarg sie sich in einer Höhle; daraufhin
legten sich große Dunkelheit und Unglück über die Erde. Die
anderen Götter wollten sie mit einem Trick dazu bewegen zu-
rückzukommen; sie veranstalteten vor dem Höhleneingang
ein großes Fest und lachten und waren fröhlich. Als die Göttin
neugierig nachsah, was dort vor sich ging, fingen die Götter ihr
Gesicht in einem Spiegel ein, der sie faszinierte, und so wurde
sie in die Welt zurückgeholt. Was will uns das sagen? Wenn
uns etwas nicht gefällt, sollen wir uns dem stellen und uns
nicht verstecken, denn Passivität führt zu Betrug. Vielleicht
bedeutet es aber auch, daß die Sonne sich ab und zu verstek-
ken muß und man sich nicht darüber aufregen sollte.

19. JULI
HOCHZEIT VON ISIS UND OSIRIS (NORDAFRIKANISCH)

Es ist immer noch die beste Jahreszeit für Hochzeiten, sexuelle Vereinigungen und Beziehungen. Wie der Juni ist auch der
Juli günstig für dauerhafte Bindungen. Heute feiern wir
nichts Geringeres als die Hochzeit der Göttin der Liebe Isis/
Aphrodite mit ihrem Gefährten Osiris/Adonis. Ihre heilige
sexuelle Vereinigung war für das einfache Volk stets glück-
verheißend. Man küßt und verträgt sich im Zeichen des
Krebses und geht Bindungen ein. Das Jahr reift, der Sommer
steht auf dem Höhepunkt. Man liebt sich heute unter den
Sternen, veranstaltet Picknicks und setzt Begonnenes fort.

19. UND 20. JULI
ERSTE VERSAMMLUNG IN DEN USA FÜR DIE RECHTE DER FRAU
(1848)

An diesem Tag wurde die wichtigste Liebesgabe für beide
Geschlechter empfangen – die Gleichberechtigung. Die Göt-

tin ließ unsere Schwestern Susan B. Anthony und Elizabeth Cady Stanton in Seneca Falls die Befreiung der Frau ausrufen. Ich bin an diesen Ort gepilgert und habe die riesige Eiche gesehen, die sie dort als Zeichen ihrer Hoffnung pflanzten. Ich hege nicht den geringsten Zweifel, daß sie trotz aller politischen Überlegungen beim Setzen dieses Baums der Souveränität instinktiv die höheren Mächte anriefen, ihren Kampf zu unterstützen. Pflanze selbst einen Baum zu ihrem Gedächtnis und zum Ansporn für die kommenden Generationen. Lies heute etwas über die Bestrebungen der Frauenbewegung.

22. JULI
LA FÊTE DE LA MADELEINE (FRANZÖSISCH)

Es gibt einen interessanten Mythos über Maria Magdalena; An diesem Tag kommen Frauen aus ganz Frankreich zu einer heiligen Höhle in der Provence, die seit alters her eine heilige Stätte der Göttin war – ihre »Vulva in der Erde«, um sie zu bitten, einen Mann für sie zu finden. Ich glaube, hier haben wir die alte Göttin der Liebe und der Fruchtbarkeit als christliche Ehestifterin für französische Jungfrauen vor uns.

23. JULI
DIE SONNE TRITT IN DAS ZEICHEN DES LÖWEN

Wir stehen nun im Zeichen des Löwen. Wer aber ist die Frau in der Sonne? Sie heißt Leona, die Löwin, die jagt und herrscht. Löwe ist ein königliches Zeichen: Denken wir an Sekhmet, die löwenköpfige Göttin des alten Ägypten, oder denken wir an Kybele, deren Karosse von Löwen gezogen wird. Denken wir an Freia aus dem Norden, deren Karosse von schwarzen Katzen oder Widdern gezogen wird.

Katzen werden von alters her oft mit Zauberei und der

Göttin in Verbindung gebracht. Bast, die Göttin der Medizin und der Künste, symbolisierte die freundlichen Aspekte der Sonne, während Sekhmet die Göttin des Krieges war. Das Bild der Katze findet sich auf den Sistra, den heiligen Rasseln, die man im Tempel von Hathor fand, der Venus Nordafrikas.

Schwarze Katzen wurden von den Christen als Symbol für Magie gehaßt, weil sie von der alten Göttinnenreligion so hoch geschätzt wurden. Als die Schwarze Pest von den christlichen Kreuzrittern aus dem Nahen Osten wieder nach Europa eingeschleppt wurde, schob man die Schuld daran den Hexen zu. Man verbrannte unzählige Frauen als Hexen und ihre Katzen als ihre Komplizinnen. Dieses Katzenmassaker ließ natürlich in den Städten die Zahl der Ratten hochschnellen, die die Pest übertrugen, und so setzte sich der Wahnsinn fort; aber die Katze war nicht auszurotten. In China gilt sie als Glückssymbol, in den USA ist sie das beliebteste Haustier und verweist damit sogar Hunde auf den zweiten Rang.

27. JULI
TAG DER HATSCHEPSUT (ÄGYPTISCH)

Heute ehren wir die große Königin Hatschepsut von Ägypten (ca. 1490 v. Chr.), eine bemerkenswerte Herrscherin der achtzehnten Dynastie, die ohne einen Gefährten regierte und alle bewundernswerten Eigenschaften einer großen, leibhaftigen Königin verkörperte. Diese eigenwillige Pharaonin zeichnete sich durch ihren friedlichen Regierungsstil aus: Sie interessierte sich mehr für Architektur und Handel als für die Eroberung fremder Länder. Denk heute über die Bedeutung von Herrscherinnen nach. Unterstütze weibliche Kandidaten, die sich um ein öffentliches Amt bewerben – oder ziehe ein solches Amt selbst in Betracht. Überweise deinen Beitrag an Frauenorganisationen – sie sind auf dich angewiesen.

Die Juligeschichte:
Interview mit der Göttin

Nachdem ich längere Zeit auf einen Termin bei der Himmelskönigin gewartet hatte, erkannte ich endlich die Zeichen dafür, daß mir eine solche Gelegenheit gewährt würde. Ich
träumte zum Beispiel nachts von einer großen Amazonenge-
stalt. Sie kam auf mich zu, sah mir tief in die Augen und
sagte: »Komm mit, meine Chefin möchte mit dir reden!« Ich
bekam aber bei diesem plötzlichen Erfolg solche Angst, daß
ich aufwachte, und aus dem erhofften Gespräch wurde
nichts. Aber morgens traf ich auf dem Weg zum College eine
junge Frau, die genauso aussah wie in meinem Traum. Sie
ging an mir vorbei und blickte mich beim Näherkommen direkt an, doch dann wandte sie den Blick ab. Vermutlich war
sie immer noch wütend auf mich, weil ich aufgewacht war.

Doch am Abend war es soweit. Ich hatte meinen Altar so
aufgebaut, daß mein Bett einbezogen war. Ringsum brannten gelbe und weiße Kerzen, die Farben, die ihre Gegenwart
heraufbeschwören. Doch jetzt stellte sich ein anderes Problem: Ich wußte, daß ich bei Licht niemals einschlafen würde – bei mir muß es immer vollständig dunkel sein. Die Lösung bestand darin, mich bewußt völlig zu verausgaben. Ich
machte meinen langen Spaziergang um den See und aß nur
wenig, damit mein Schlaf nicht zu tief würde: Ich hatte vor,
in jenes Niemandsland abzugleiten, in dem das Bewußtsein
Geister besuchen kann.

Ich geriet bald in einen angenehmen Schwebezustand und
fühlte mich so leicht und friedlich wie unter Wasser. Mein
Körper löste sich auf wie Honig in Milch. Alles war grau und
warm. Dann sah ich wieder die Amazone auf mich zukom-

men. Sie sah aus wie eine Frau, die regelmäßig ihren Körper, besonders die Schultermuskeln, trainiert. Sie war größer, als ich sie vom letzten Mal in Erinnerung hatte. Diesmal aber war ich auf sie vorbereitet. »Meine Chefin will mit dir reden!« sagte sie sachlich, als erledige sie nur einen Auftrag. »Jawohl, Schwester!« antwortete ich erwartungsvoll.

Wir gingen durch Städte und Parks und über Autobahnen. Meine Göttin, dachte ich, das Niemandsland ist aber modern geworden! Ich hatte schneebedeckte Berge erwartet und daß ich an Szenen aus der Vergangenheit vorbeifliegen und die Menschen lange, fließende griechische Gewänder tragen würden. Aber nein. Der Amazone schien es recht gleichgültig zu sein, ob ich ihr folgte oder nicht. Sie bog um ein paar Ecken und führte mich dann eine Treppe hinauf zu einem Hochrestaurant. Ich war noch nie in diesem Gebäude gewesen, aber ich hatte es schon einmal gesehen: Das Restaurant war mir immer zu teuer für meine Geldbörse vorgekommen. Dann kam der Lift. Wir fuhren ins oberste Stockwerk, ohne daß sie einen Knopf berührt hatte; dann öffnete sich die Tür, und sie führte mich in eine Kabine, in der eine Frau mittleren Alters Wasser mit einem Strohhalm trank.

Diese Frau wandte sich mir zu und öffnete die Augen. Ihre Augäpfel zeigten die sich drehende Erde: zwei Weltkugeln, von denen die eine Eurasien zeigte, die andere Amerika. Wolken umrundeten die beiden Erdkugeln in den Augenhöhlen. Doch die Frau sah sehr gelassen und schön dabei aus. Ihr Gesicht war tief gebräunt und wies feine Fältchen und Krähenfüße auf. Ihre Haut war dunkel, der Körper voll und üppig, die Arme muskulös.

»Ich hatte dich neulich schon erwartet«, begann sie mit einer Stimme wie der meiner eigenen lieben Mutter.

»Ich weiß, Hoheit, es tut mir leid.« Ich schämte mich sehr, daß ich sie hatte warten lassen.

»Ist schon gut. Ich werde nicht oft interviewt. Hast du deine Fragen parat?«

»Jawohl, Herrin.«

»Mein letztes Interview geschah in Trance. Meine Priesterinnen sogen den Rauch von Haschisch ein, das sie mir zu
Ehren verbrannten. Ich antwortete ihnen, aber sie vergaßen
immer die Hälfte von dem, was ich gesagt hatte, wenn sie es
den anderen mitteilten.« Sie lächelte belustigt.

Mein Herz raste so sehr, daß sich meine Bluse hob und
senkte. »Meine erste Frage ...«

»Nenn mich einfach Hera.«

»Jawohl, Hera. Was bedeutet es, daß Ihr die Himmelskönigin seid? Worin bestehen Eure Pflichten, was tut Ihr den
ganzen Tag, wie regiert Ihr?«

»Ach, du liebe Güte.« Jetzt senkte sie den Blick und zeigte
mir die südliche Hemisphäre. »Vermutlich hat alles angefan-
gen, als ich mit den Schöpfungen begann. Damals war ich
noch viel jünger, und mir war langweilig. Eigentlich hatte ich
nur meine Fähigkeit, etwas zu erschaffen. Nur diese Fähigkeit. Ich begann, indem ich Photonen und Neutronen erschuf, elektrisch geladene Teilchen, elektromagnetische Wellen, Gase, so Kleinzeug. Es machte Spaß, diese Dinge
hervorzubringen, und so habe ich einfach damit weiterge-
macht. Diese Schöpfungen übernahmen den Lebensfunken
von mir und organisierten sich später zu Nebeln und Sternen und Galaxien, explodierten in Supernovas und formten
neue Welten. Heute erschaffe ich nichts Neues mehr, denn es
gibt bereits genug von dem Zeug. Ist deine Frage damit beantwortet?«

»Jawohl, Herrin«, antwortete ich fügsam. »Aber ich wüß-
te gern, warum die Menschen Euch immer für einen Mann
gehalten haben?«

Sie schloß die Augen, und im linken bildete sich eine kleine Träne, während sich Afrika auf mich zudrehte. »Das ist
nur in letzter Zeit so. Meine Liebe, die Leute wußten von
früher her, daß ich ihre Mutter war, denn wer sonst könnte
ein Universum gebären – ein Mann vielleicht? Beim Sterben
nennt man mich immer Mutter. Niemand stirbt jemals mit
dem Wort ›Vater!‹ auf den Lippen. Wußtest du das?«

»Am meisten interessiert mich, warum Ihr all die Verbrechen gegen die Natur zulaßt. Warum rächt Ihr Euch nicht an denen, die Eure Gewässer verschmutzen? Warum verursacht Ihr nicht ein Erdbeben, um die großen Konzerne zu vernichten, die Eure Gesetze brechen?«

»Meine Liebe, mit einer solchen Voreiligkeit würde ich ja zwei Millionen Jahre Evolution auslöschen.« Ich sah, daß ihr diese Frage nicht gefiel. Das Wasser in ihrem Glas kochte, doch sie nahm weiterhin kleine Schlückchen davon.

»Schau, zwischen uns besteht ein großer Unterschied. Ich bin unsterblich, du nicht. Es liegt an euch Sterblichen, das Haus, den Planeten in Ordnung zu halten. Wenn ihr das nicht schafft, vernichtet ihr euch selbst. Eine tote Bevölkerung kann keine Profite erzeugen. Ihr müßt endlich die Verantwortung für das eigene Überleben übernehmen. Ich habe andere Dinge zu tun, die ich nicht vernachlässigen darf. Ich schaffe mit meinen Vulkanen immer noch brandneue Erde. Ich muß die Temperatur des Planeten jeden Tag aufs neue regeln, damit ihr weder zu Tode friert noch verbrennt. Glaubst du vielleicht, das wäre einfach?«

»Nein, nein, Herrin, das ist bestimmt überhaupt nicht einfach.«

»Eure Art wird sich an Mutters Regeln gewöhnen müssen«, fuhr sie fort. »Ich schicke doch meine geliebten Söhne und Töchter nicht hinab, damit sie für eure Sünden sterben. Ich wende keine Grausamkeiten gegen euch an, um euch zu retten. Wenn ihr einen Erlöser wollt – ihr habt ihn bereits an den Enden eurer beiden Arme.«

Ich merkte, daß sie sich ziemlich aufregte, und versuchte, sie ein wenig zu beruhigen. »Ist das Universum denn so geworden, wie ihr es Euch vorgestellt habt? Ich meine, als Ihr mit den elektrisch geladenen Teilchen gespielt habt, konntet Ihr Euch da vorstellen, daß einmal Menschen die Erde bevölkern würden?«

Da holte sie tief Luft und sah mich ein wenig verloren an. Sie spielte mit ihrem Strohhalm. Das Wasser im Glas hörte auf zu brodeln. »Bitte, nimm das nicht persönlich, aber ihr seid nicht meine Lieblingsgattung. Eure Doppelgänger sind mir eigentlich lieber. Du weißt schon, diejenigen, die auch menschlich sind, aber sonst in jeder Hinsicht das Gegenteil von euch. Sie leben auf der anderen Seite dieser Galaxie, und da halte ich mich eigentlich lieber auf. Hierher komme ich nur zum Arbeiten.«

»Doppelgänger? Menschen, aber das Gegenteil von uns? Ich dachte, wir Menschen wären die Krönung?«

»Das wohl nicht. Sieh dir meine Menschen von der anderen Seite an: Ihr höchstes Ziel besteht darin, die Lebensqualität zu verbessern. Sie haben mit Kriegen überhaupt nichts im Sinn. Alle Ressourcen werden eingesetzt, um eine höhere Lebensqualität für alle zu erreichen.«

»Und ihre Sicherheit? Wer verteidigt sie? Wer rettet sie in Schwierigkeiten?«

»Oh, sie haben keine Schwierigkeiten, denn sie kennen den Begriff ›Feind‹ nicht. Sie denken, sie seien eine einzige glückliche Familie auf einem glücklichen Planeten.«

»Aber ist das nicht unrealistisch? Es ist kindisch zu glauben, alle Menschen seien nett und freundlich.«

Sie schüttelte den Kopf, und der Himmel in ihren Nachtaugen funkelte unter Meteoritenschauern.

»Sie wissen sogar, daß es euch hier auf diesem Planeten gibt«, fuhr sie fort, »und sie beten jeden Tag für euch und sagen: ›Danke, Göttin, daß du mich nicht so wie diese paranoiden, ängstlichen Menschen auf der anderen Seite der Galaxie geschaffen hast.‹«

Jetzt war ich wirklich betroffen. Mir war die Kehle wie zugeschnürt, und Tränen stiegen mir in die Augen. Als sie das merkte, hob sie mein Kinn mit ihren warmen Fingern an und spuckte mir in die Augen wie eine Schlange. Warme, glückliche Gefühle überfluteten mein Gehirn, als meine Haut die Flüssigkeit aufsaugte.

»Danke«, sagte ich. »Das war bitter nötig.«

»Ist schon gut«, gab sie bescheiden zurück.

»Wie macht Ihr das? Ihr spuckt mich mit einem magischen Saft an, und gleich geht es mir besser. Was ist das?«

»Euphoriespeichel … meiner. Ich bin permanent glücklich. Ich kann mit allen Körperteilen mein Glück auf andere übertragen. Mit dem Speichel geht es am schnellsten, jemanden aufzuheitern.«

»Danke. Sprechen wir doch weiter über das Glück. Was ist das eigentlich?«

»Glück ist unsere eigene Schöpfung. Wenn man mit sich selbst im reinen ist und nicht von Selbsthaß und Selbstverachtung zerfressen, wenn man sein Leben und das liebt, was man ist, dann erzeugt man Glück. Es ist ein fortwährender Prozeß.« Jetzt waren ihre beiden Augen dunkel; in der halben Welt war Nacht.

»Und die Liebe? Liebe bringt Ekstase, aber auch Leid mit sich. Habt Ihr das so geplant?«

Nun dachte die Göttin lange nach. »Ich habe die Liebe geschaffen, um mich mit allen Menschen zu verbinden. Sie ist meine persönliche Visitenkarte. Ich habe sie euch in Gene und Hormone einprogrammiert, damit ihr euch niemals davon trennen könnt. Solange ihr Liebe zum Überleben braucht, wird es Liebe geben. Aber wenn ihr es jemals fertigbringt, die Liebe in euch zu unterdrücken, was die Menschen ja oft versuchen, dann werdet ihr kein Glück mehr erleben.«

Dann fügte sie hinzu: »Es ist wahr, daß ich euch Leid zufüge, wenn ich euch verlasse. Der Schmerz dieser Erkenntnis ist jedoch genau das, was euch zu Menschen macht und euren Haß aufeinander mildert. Liebe ist kein Joch. Liebe ist der Angelpunkt. Liebe ist mein Geschenk an euch. Meine anderen Menschen leben für die Liebe. Sie verehren die Liebe ebenso wie mich, und sie widmen ihr ausgedehnte Feste. Niemand spricht schlecht über die Liebe – das gilt als schweres Verbrechen. Die Täter müssen zur Strafe ein Sitzbad in meinem Speichel nehmen.«

»Göttin, ich möchte auf die andere Seite der Galaxie ziehen. Gibt es so etwas wie eine Umzugserlaubnis?«

»Das hat es noch nie gegeben. Ich müßte dann Millionen anderer Menschen ebenfalls dorthin lassen. Dann würde dieser Planet den Kräften des Todes und falscher Propheten zum Opfer fallen. Ihr seid doch der Grund, warum dieser Planet überhaupt eine Zukunft hat.«

»Was meint Ihr mit falschen Propheten?

»Ich meine solche Menschen, die auf das Ende der Welt warten. Diejenigen, die glauben, daß euch das Armageddon bevorsteht und sie keine Verantwortung mehr übernehmen müssen – daß ein Erlöser kommt und alles wieder gutmacht. Aber ich habe auf lange Sicht Pläne für diesen blauen Planeten. Wenn eure Art sich selbst und die schlimmen Träume eurer Propheten nicht überlebt, werde ich diesen Planeten einer anderen Gattung übergeben – einer friedlicheren und positiveren.«

»Küchenschaben vielleicht?«

»Warum nicht den Küchenschaben? Sie sind viel älter als die Menschen.« Die Göttin lachte. Die Vorstellung, Insekten könnten unsere stolze Welt übernehmen, belustigte sie – ein kosmischer Scherz. Sie kicherte still vor sich hin, verstummte aber dann.

»Keine Sorge«, fuhr sie dann fort. »Das Leben wird weitergehen. Das verspreche ich.«

»Aber was sollen wir tun? Ich meine, wir wollen uns doch nicht selbst zerstören. Viele Menschen auf diesem Planeten lieben Euch. Was ratet Ihr uns?«

»Ach … das ist eigentlich ganz einfach.« Sie beugte sich

vor, und in ihren Augen
sah man den blauen Him-
mel über der Antarktis.
»Das Leben ist ein Pro-
zeß. Ich sorge für den Anfang
und kümmere mich um das Ende. Ihr müßt alle sterben, und
ich stelle keine Fragen danach, in welchem Buch eure Religion aufgeschrieben steht. Eure Herausforderung besteht also
darin, die Zeit dazwischen auszufüllen, zwischen Geburt und
Tod. Füllt sie mit einem guten Leben und Liebe, mit Geben
und Nehmen, mit Verantwortung und Macht aus. Ist das vielleicht zuviel verlangt?«

»Ja, aber ... was ist der Sinn des Lebens?« stammelte ich.

»Welcher Sinn? Ich habe es doch gerade ausgeführt. Hast
du mir nicht zugehört?«

»Was ist denn mit der Transzendenz? Sollten wir nicht
danach streben?«

»Transzendenz? Meinst du damit den Zustand, wenn ihr
euch das Essen versagt, damit ihr Visionen erlebt und in
Trance mit mir herumfliegt? Tut das nur, wenn es euch gefällt. Oder meinst du damit, sich die irdischen Freuden zu
versagen, damit ihr am Ende, nach dem Tod, dafür belohnt
werdet? Ich gebe doch all meinen Toten die gleiche Belohnung, ewigen Frieden. Das ist ein gutes Geschenk. Ich frage
euch nicht, ob ihr zuviel geliebt habt. Ich frage vielleicht,
ob ihr anderen Menschen weh getan habt, aber ich vergebe
allen gleichermaßen. Ich habe keinen Himmel und keine
Hölle. Ob du es glaubst oder nicht, auf meinem Schiff geht
es ausgesprochen gleichberechtigt zu.«

»Dann hat es keinerlei Sinn, das Leben zu transzendie-
ren?«

»Solange ihr lebt, ist das sinnlos. Und wenn ihr sterbt, geht
ihr automatisch die Transzendenz ein, wenn ihr das wünscht.
Ihr könnt nach dem Tod lange, lange schlafen, aber jederzeit
aufwachen. Ihr könnt zusehen, wie eure Verwandten ihr Leben leben, und ihnen beim Übergang helfen. Aber wenn euch

das langweilig wird, könnt ihr ja wiedergeboren werden. Kommt nur zu mir und sprecht darüber. Ich helfe euch, eine neue Mutter und ein neues Schicksal zu finden.«

»Kann man dann vielleicht auf dem Doppelgänger-Planeten wiedergeboren werden?«

Die Göttin lächelte. »Klar. Das wäre ein guter Zeitpunkt.«

Jetzt war ich recht zufrieden. Das war kein schlechtes Geschäft, denn die Göttin war gerecht und hatte alles im Griff. Ich hatte nicht den Eindruck, daß sie nachgiebig oder gemein war. Sie war eine berufstätige Mutter und hatte ihr eigenes Leben, aber sie schloß uns nicht aus. Sie bestimmte die Regeln, und diese Regeln mußte man befolgen.

»Eine letzte Frage, Herrin, die vielleicht ein wenig persönlich ist. Wie entspannt Ihr Euch? Was macht Ihr in der Freizeit?«

Die Göttin leerte ihr Glas Wasser, das nun schweflig roch und ein wenig gelblich aussah. »Ich habe neulich wieder mit den kleinen Teilchen gespielt, du weißt schon – die, mit denen ich am Anfang experimentierte, als ich das Universum erschuf. Sie faszinieren mich. Ich spiele gern mit ihnen herum und lasse die Dinge sich entwickeln.«

»Ihr meint, als Hobby erschafft Ihr neue Welten?«

»Ich möchte da nicht vorgreifen, aber ich glaube, ich möchte mich verdoppeln – nicht nur einzelne Teile, sondern mein gesamtes Selbst, nur um festzustellen, ob ich das kann. Ich bin auch auf der Suche nach mir selbst. Weißt du, wann ich mich schon einmal so gefühlt habe?« fragte sie dann. »Damals, als ich mein männliches Gegenstück, Pan, erschuf. Wer wird es diesmal sein? Mein Zwilling vielleicht?«

»Daran hätte ich gedacht. Das würde mir auch gefallen.«

»Ich lasse es dich wissen. Es geht momentan etwas im Kosmos vor. Vielleicht braucht man zwei von meiner Sorte, um alles zusammenzuhalten.«

»Ihr könntet doch dafür sorgen, daß eine von Euch oft zu uns auf Besuch kommt. Wir brauchen dringend ein wenig Beaufsichtigung durch die Göttin.«

»Du machst dir zu viele Sorgen«, sagte die Göttin. »Geh heim und lebe. Ich werde dich bald genug wiedersehen.«

Dann tauchte die Amazone wieder auf und führte mich schweigend zum Lift. Ich beschloß, sie anzusprechen; immerhin hatte ich den ganzen Nachmittag mit der Kraft des Lebens selbst gesprochen. Da brauchte ich keine Angst vor ihrer Assistentin zu haben.

»Sie erschafft eine Göttin nach ihrem Bild«, sagte ich.

»Hera ist gern kreativ«, erwiderte sie schlicht und ohne die Fassung zu verlieren.

»Und du?« drängte ich. »Wer bist du? Was ist der Sinn des Lebens für dich?«

Die Amazone sah mich an. Es war klar, daß ihr starker Körper keinerlei Scham kannte. »Ich bin lebendig und wohne in Buffalo, New York. Ich bin Lehrerin für behinderte Kinder und bringe ihnen bei, mit ihrem Körper besser umzugehen. Abends besuche ich Kurse in Frauenwissenschaften an der Universität. Ich setze mich für die Umwelt ein und veranstalte Kurse in Selbstbehauptung. Ich leite außerdem Frauengruppen. Ansonsten diene ich der Himmelskönigin in allem Möglichen, was gerade nötig ist. Ich hoffe, du hast ihr gefallen.«

»Aber ich dachte, du wärest ein Geist wie sie.«

»Das bin ich: Ich wurde erschaffen, als sie sich entspannen mußte und versuchte, ein weiteres Selbst zu erzeugen.«

»Und das hat sie auch«, ergänzte ich ihre Gedanken. Ich konnte mich wieder in Schwerelosigkeit auflösen. Die Amazone hinterließ eine Adresse, unter der ich sie erreichen konnte, falls ich etwas brauchte.

Ich empfand große Hoffnung und merkte beim Erwachen, daß der Himmel voller Wolken war und es bald regnen würde. Ich sah immer noch ihre ewigen Augen vor mir – wie sie wohl aussahen, wenn die beiden Kugeln sich unter dem grauen Himmel eines drohenden Sturms drehten?

Es spricht die Göttin:
Ceres

Diesen Monat war meine Botschaft an dich in einem Apfel versteckt. Hast du sie gefunden? Hast du mein wunderbares Muster im Fruchtfleisch bestaunt, den fünfzackigen Stern? Ich lege großen Wert auf das Design, wenn ich mein Obst gedeihen lasse. Hast du schon mal meine Gerste genau betrachtet? Darin habe ich alle Vitamine und Mineralien verpackt, die dein Körper braucht. Außerdem habe ich den Körnern eine niedliche Vulvaform gegeben, damit du gern viel davon ißt. Lachst du nun über meine Schlauheit? Wie findest du meinen Weizen und meinen Mais? Danke übrigens für die Opfergaben von frischgebackenem Brot auf meinen Altären – das ist sehr lieb von dir. Das Glas Wein daneben ist genau das Richtige. Du weißt, wie gern ich mein Brot in rubinroten Wein eintauche.

Ja, hier spricht Demeter, die Erdmutter selbst. Du denkst vielleicht, daß ich einfach nur auf Fotos hübsch aussehe und daß ich weder reden noch dich zu mir führen kann. Aber natürlich kann ich das. Ich bin die einzige Göttin, die jederzeit weiß, wo wir im Kosmos zu finden sind. Mein Mantel ist das Universum, Dunkelheit ist mein Gefühl. Ich bin eingestellt auf die Ewigkeit, und mein Leben ist an deines gebunden. Ich nähre dich und fördere deine Entwicklung. Was sagst du nun?

Ich frage mich, warum du so von deinen Feindbildern besessen bist. Wer sind sie eigentlich, die Leute auf der anderen Seite meines Körpers? Sie haben ein schlimmes Buch über den Kommunismus geschrieben, das du haßt. Aber um Himmels willen, Kinder, ist das ein Grund, uns alle in die Luft zu jagen? Denkt doch daran, daß auch andere Arten mit euch vernichtet würden. Ich warne euch – das Leben geht auch weiter, wenn es nur noch Insekten und Mäuse gibt, selbst im nuklearen Winter. Wenn das geschieht, muß ich eine Zwangspause einlegen in der Produktion der Früchte, die euch ernähren. Ich kann nichts wachsen lassen, wenn nicht meine Schwester, die Sonne, alles Sprießende bescheint.

Und du, Schwester, sitzt da und denkst, es sei nicht dein Problem. Du sagst, es seien die Männer, die diesen Unsinn mit der Atomkraft angerichtet haben. Aber denk mal nach: An jedem Tag, an dem du dich nicht für mich einsetzt, läßt du zu, daß in deinem Namen Zerstörung betrieben oder geplant wird. Die Frauen müssen sich aktiv für mich einsetzen. Euch ist doch das Nähren angeboren und nicht die Übernahme von Macht und Verantwortung für die Welt. Doch das mußt du lernen, Schwester, und zwar schnell.

Mütter, alle Kinder sind eure. Alle Hungrigen wollen von euch gefüttert werden. Wenn ich eure Ehrungen annehme, müßt ihr meine Warnung akzeptieren. Ich bin die Erde, die älteste Prophetin, und ich sage euch: »Frauen, erhebt euch und eint euch und nutzt eure gemeinsame Macht, um die Erde, eure Mutter, mich, zu retten. Ich sage euch, es ist noch nicht zu spät dazu. Ich liebe euch, aber ich kann nicht garantieren, daß ich euch weiterhin aushalte. Verbannt den Haß zwischen *wir* und *denen* aus euren Gedanken. Verbannt den Glauben, daß irgend jemand *die* Antwort oder *die* Religion der Rettung gepachtet hat.

Ihr seid alle im Zustand der Gnade geboren, falls du dich das mal gefragt hast. Das Leid auf der Erde ist eure eigene Schuld. Ich, die Göttin, habe für alle Krankheiten auch die Heilmittel geschaffen, ihr braucht nur danach zu suchen. Mein Körper, der blaue Planet, ist das einzige heilige Buch, das ihr zu eurem Wohlergehen braucht. Seine Naturgesetze sind die einzigen, die ihr zu befolgen habt. Alles andere sind Phantasien. Schiebt nicht mir die Schuld zu.

Ich habe euch zwei Millionen Jahre gegeben, euch zu entwickeln und zu lernen, wie ihr euch an meine heilige Welt anpaßt. Aber ihr lehnt euch immer noch gegen mich auf wie ein Teenager, der einfach rebellieren muß. Könnt ihr vielleicht endlich aufwachen? Ihr steht kurz vor einem globalen Selbstmord. Ich wünsche euch ja alles Gute und nähre euch weiter, aber wenn eure Gedanken weiterhin nur Selbsthaß, Vorstellungen von Sünde und Schuld und Zerstörungsliebe hervorbringen, muß ich euch leider verlassen.

Mütter müssen weise sein. Ich sehne mich danach, meine Unendlichkeit und meine Weisheit in Ewigkeit mit euch zu teilen. Man kann so viel mehr Schönes schaffen. Sagt ja zum Leben, ja zum Lebendigsein. Ich möchte euch gern wieder mit offenen Armen im Paradies empfangen.

Aspekte des August

Dieser Monat erhielt seinen Namen von der orakelhaften Juno Augusta. Der Begriff *augur* wurde später auch auf Priester ausgeweitet, *augustus* auf die römischen Kaiser. Eine solche Person war erfüllt vom Geist der Göttin (dem heiligen Geist). *Augurare* bedeutet »prophezeien«, »sehen«, »wachsen«.

Vollmondaspekt: Gerstenmond
Universalereignis: Lammas (Brotfest)
Gemeinschaftsereignis: Fest zu Ehren der Nahrung
Botschaft: Sammeln, schätzen, nähren
Aktivität: Konzentrierte Weisheit, Meditation
Heilwirkung: Zeitbewußtsein und Geduld
Passender Zauber: Alles, was mit dem höheren Bewußtsein zu tun hat – Zauber für Weisheit, um Geheimnisse zu erfahren oder die Wahrheit herauszubekommen, für Prophezeiungen, psychische Entwicklung, für Astralreisen, bessere zwischenmenschliche Beziehungen, Großzügigkeit, Vertrauen

Farbe: Gelb
Baum: Haselnußstrauch
Blume: Mohn, Gladiole
Tier: Kranich
Edelstein: Sardonyx, Peridot

Annas Zauber, Rituale und Feste
für den August

Zauber, um die Geschäfte zu fördern

Es mutet vielleicht nicht sonderlich modern an, in die Cro-Magnon-Zeiten zurückzukehren und sich so zu verhalten wie unsere Urahnen, aber das Universum hat sich nicht so sehr verändert. Es gibt, dem Himmel sei Dank, immer noch Kräuter, und wir brauchen immer noch günstige Rückenwinde, die uns antreiben.

Sammle die folgenden Kräuter: *Echinacea augustifolia,* Kubebe und Huflattich. Vermische ein wenig von jedem mit Sandelholzpulver und brenne es jeden Morgen und jeden Abend auf einem Holzkohlebrenner mit den Worten ab:

Augusta, die Wachstum fördert, laß meine Geschäfte gedeihen wie dein bestes Korn. Ich habe im Universum meine Aufgabe und bin bereit und gewillt, deinen Reichtum zu empfangen!

Wenn du nicht die Zeit hast, die Kräuter selbst zu sammeln und jeden Tag zu verbrennen, vollziehe dieses Ritual einmal im Monat bei Vollmond. Deine Geschäfte werden blühen.

Zauber für Gesundheit und zur Verhütung von Unfällen

Das Mutterkraut hält einen bei bester Gesundheit, wenn man daraus einen Tee zubereitet und ihn einmal in der Woche morgens trinkt. Es soll Fieber senken, daher stammt der englische Name *feverfew*. Man kann auch ein wenig davon in einem roten Flannellbeutelchen bei sich tragen und hat damit einen Schutz vor allem möglichen Leid.

Zauber, der Visionen erzeugt

Dieser Zauber ist nur etwas für die Ehrgeizigsten unter euch. Trage folgende Zutaten zusammen: Sandelholz-Duftstoff, Anissamen, Myrte und indischen Hanf. Echter indischer Hanf ist noch weitgehend verboten, aber es gibt eine Art Hanf, die legal erhältlich ist – obwohl der echte natürlich besser wäre. Vermische drei Prisen dieser Bestandteile mit einer Handvoll Weihrauch und Myrrhe. Um alles richtig fein zu vermengen, benutzt man am besten einen Mörser. Bekommst du schon das Cro-Magnon-Gefühl? Von diesem Pulver verbrennst du ein wenig vor deiner Meditation oder vor dem Zubettgehen, und du wirst in deinen Träumen Visionen erleben. Wenn du ungewöhnliche Wesen oder Tiere siehst, brauchst du keine Angst zu haben: Bitte sie um ihren Segen, wie furchterregend sie auch aussehen – solche Visionen sind stets freundlicher Natur. Du kannst ihnen sogar sehr schwere Fragen stellen, wie nach dem Sinn des Lebens und dem Tod, aber mach dich auch auf ihre Antworten gefaßt.

Zauber, um den Haß zwischen zwei Menschen zu begraben

Besorge dir Eisenkraut und weiche einen Teelöffel davon sieben Tage lang in einer halben Flasche Whisky ein. Dann seihst du die Flüssigkeit ab und richtest es ein, daß die beiden Leute, die im Streit miteinander liegen, dein Gebräu trinken: Man kann ihnen einen Tropfen in den Kaffee oder Tee geben, in Cocktails oder Limonadegetränke. Schon bald werden sie ihre Meinungsverschiedenheiten vergessen haben.

Die Festtage im August

In diesem Monat erleben wir im Zeichen der Jungfrau zahlreiche Festtage für die Jungfrau Maria.

1. AUGUST
LAMMAS: FEST DES FRISCHEN BROTES (KELTISCH)

Lammas (altenglisch *loaf mass* – »Laibmesse«) ist ein Fest der Regenerierung und den »Erfindern« der Landwirtschaft gewidmet. Frauen wie Männer feiern die Göttin als Quelle des Lebens und bieten ihr die ersten Kornähren dar. In Ungarn errichtet man an Wegkreuzungen Tische, auf denen frische, köstliche Brote und Wein angeboten werden.

Das Fest hat mit der Reise der Seele zwischen den Welten zu tun. Am Tor steht unsere Göttin, die alle Seelen aus einem Leben ins andere geleitet. Es ist ein hoher Festtag für Hexen und steht im Rad des Lebens dem Brigitta-Fest gegenüber.

Der August ist der Monat der Erfüllung, der ersten Ernte des Jahres, der Manifestation von Überfluß. Da Anthropologen allgemein annehmen, daß Frauen die Landwirtschaft erfunden haben, ist es ein ganz weiblicher Festtag. Die Aussaat der Samen und die Ernte des Korns sind eine wunderbare Leistung. Die Geschichte der Menschheit änderte sich drastisch, als die Frau die ersten Setzlinge pflanzte.

1. AUGUST
ZEREMONIE DES GRÜNEN KORNS
(AMERIKANISCHE UREINWOHNER)

Rituale wie das des grünen Korns waren typisch für die Erntefeste der amerikanischen Ureinwohner. Dabei dankten bestimmte Stämme des Südens, vornehmlich die Creek, für die
üppige Ernte und flehten die Götter um anhaltenden Wohlstand an. Man hielt dieses fröhliche Fest jeden Sommer ab,
wenn die Kornähren gerade eben reif genug zum Essen waren.

Bei den Hopi, die häufig Kornpollen und Mehl bei ihren
Ritualen benutzen, wird die Kornmutter durch »eine perfekte Ähre repräsentiert, deren Spitze in prallen Körnern endet«.* Sie ist nicht nur bei den sogenannten »Maisfesten«
gegenwärtig, sondern auch bei Geburten und nimmt dort den
Platz der Muttergöttin selbst ein.

2. AUGUST
LAMMAS (KELTISCH)

Das alte Lammas-Fest hat eine besondere Bedeutung für
Hexen. Es ist ein vierfaches Fest, mit dem man das Wunder
der Wiedergeburt feiert, den ewigen Segen, und man die
Göttin rechtmäßig mit den Gaben der Ernte feiert – mit
Korn, Äpfeln und Trauben – und mit einem Fest. Die Jahr-
märkte auf dem Land mit den Wettbewerben um die größten Kürbisse oder Salatköpfe erinnern uns an die alten Feste, mit denen der Überfluß und der Reichtum der Erde
gefeiert wurde.

---

* Åke Hultkrantz: »The Religion of the Goddess in North America«, in: The Book of the Goddess, hrsg. v. Carl Olson, New York
   1985, S. 212.

2. AUGUST
FEST DER JUNGFRAU VON DEN ENGELN
(MITTELAMERIKANISCH)

Die Jungfrau von den Engeln ist die Schutzpatronin von Costa Rica. Heute ist hier ein
nationaler Feiertag, an dem die Herrin mit
einer Pilgerfahrt zur Basilika in Kartago gefeiert wird, wo ein
schwarzer Stein mit Namen La Negrita, »die Dunkle«, auf-
bewahrt wird.

4. AUGUST
FEST DER GESEGNETEN JUNGFRAU MARIA (EUROPÄISCH)

Die Himmelskönigin pflegt ihre alten, heidnischen Tempel
und Festtage durch ein Wunder neu zu beleben. Wenn man
katholisch erzogen wurde, kann man sie ohne Hemmungen
feiern, denn sie ist trotz ihres nichtgöttlichen Status die chri-
stianisierte große Göttin der heidnischen Zeiten. Veranstalte
ein großes Fest und kröne alle Frauen und Mädchen als Manifestationen der Madonna.

8. AUGUST
TIJ-TAG (NEPALESISCH)

Heute ist in Nepal Frauentag. Die Frauen lassen alle Arbeit
ruhen und feiern sich als Göttinnen. Was für eine gute Idee!

13. AUGUST
FEST DER DIANA UND HEKATE (RÖMISCH)

An diesem Tag veranstalteten die Frauen Roms, deren Gebete in Erfüllung gegangen waren, einen Fackelzug zu den Tem-

peln von Diana und Hekate, der dreifachen Göttin der Fülle
und Großzügigkeit. In den warmen Ländern reift die Ernte
früher, und jetzt ist die entscheidende Phase, in der die Bauern entweder eine gute Ernte einbringen oder alles durch
Hagelschlag und Sturm verlieren. Dies war ein so wichtiger
Feiertag, daß die Christen ihn übernehmen mußten. Sie setzten die Himmelfahrt Mariä auf dieses Datum fest und feierten den Tag wie üblich weiter.

Diana war die Seele der Natur, die alles Lebendige, besonders aber die Jungen, beschützte. Hekate beschützte zu-
dem die toten Seelen oder jene, die kurz vor dem Reich des
Todes standen; sie wurde an Wegkreuzungen verehrt. Hekate wurde immer mit zwei Fackeln in der Hand abgebildet,
von denen die eine auf die Erde, die andere zum Himmel
deutete. Das bedeutete, wie oben, so ist es auch unten – die
alte Weisheit über die Wirklichkeit. So etwas verwandelt die
Ausübung einer Religion zu einem politischen Akt über die
Wirklichkeit. So, wie wir uns den Himmel vorstellen, versuchen wir auch die Erde zu gestalten. Wenn wir einen zorni-
gen Vater als Gott akzeptieren, werden wir auf der Erde Kriege und Strafen hinnehmen – wenn wir aber darauf bestehen,
daß Gott eine Mutter ist, werden wir die Welt, in der wir
leben, auch bemuttern.

Veranstalte heute eine Party und würdige deine Freund-
schaft mit Frauen. Zünde Feuer der Loyalität in Gestalt von
Kerzen an. Diskutiert euer Leben. Am Abend kann man sich
vielleicht die Zukunft voraussagen (mit Tarot, Runen oder I
Ging). Man opfert Diana am Altar Äpfel und Hekate, der
Hexenkönigin, eine Knoblauchknolle.

15. AUGUST
GEBURTSTAG DER ISIS (NORDAFRIKANISCH)

Es heißt, daß die Göttin Isis an diesem Tag geboren wurde;
man feiert heute auch das Fest des Lichts oder die Segnung

der Boote. In Ägypten wurden in den Tempeln der Isis zahlreiche Kerzen und Lichter zu Ehren ihrer lebenspendenden Kräfte angezündet. Wenn du ein Boot besitzt oder eine Seereise planst, weihe dein Schiff mit ein wenig Räucherduft (traditionell nimmt man dafür Weihrauch und Myrrhe). Segne dein Haus im Namen der Isis der Meere mit diesem Duft – und dich ebenfalls!

20. AUGUST
DIE SONNE TRITT IN DAS ZEICHEN DER JUNGFRAU

Jetzt stehen wir im Zeichen der Jungfrau Maria. Langsam kommt dieses Sternbild am Nordhimmel in Sicht, eine der größten Konstellationen in unserem Sonnensystem. Es ist die Zeit, wenn man sich bei den sich häufenden Sternschnuppen etwas wünschen kann, eine Zeit für Urlaub und Hitze, für die Kornernte und zum Backen von neuem Brot. Es ist die einzige Konstellation, die eine menschliche Frau symbolisiert: Man bildet sie ab, wie sie Korn sammelt oder eine Weizengarbe hält. Das Zeitalter der Jungfrau soll stattgefunden haben, als die Frauen den Ackerbau erfanden und mit Hilfe der Göttin Ceres bzw. ihres griechischen Gegenstücks Demeter Korn züchteten.

23. AUGUST
DIE VULKANALIEN (RÖMISCH)

Die Vulkanalien sind das Feuerfest, bei dem die Göttinnen Juturna (Göttin der Brunnen) und Stata Mater (Göttin, die Brände auslöscht) zusammen mit Vulcanus angerufen wurden, um seine Feuer unter Kontrolle zu halten.

Dieser Tag ist ebenso für Moira wichtig, die Göttin des persönlichen Schicksals. Heute überdenken wir die Richtung, in die unser Leben läuft. Moira brachte alle Menschen und Dinge zusammen, um sich mit Meditationen und Weihrauch feiern zu lassen. An diesem Tag pflegte man sich der eigenen Seele zuzuwenden – doch man sollte dabei nicht in Schuldgefühlen versinken, denn Schuld ist eine anerzogene Schwäche.

Wenn man in einer Gegend mit hohem Brandrisiko lebt, ist es eine gute Idee, wenn man den Festtag dieser Schutzpatronin begeht. Nimm eine kleine Flasche mit gutem Branntwein und schütte sie im Uhrzeigersinn um dein Haus herum auf den Boden. Dabei bittest du die Göttinnen der Vulkanalien, zerstörerische Feuer von deinem Haus fernzuhalten.

24. AUGUST
MUNDUS CERERIS (EUROPÄISCH)

Wir ehren die Göttin Ceres. Dreimal im Jahr wurde die rituelle Grube (der mundus), die für die Unterwelt stand, symbolisch für drei Tage geöffnet, um den Seelen der Toten zu ermöglichen, herauszukommen und die Lebenden zu besuchen. Wenn der mundus geöffnet war und den Geistern gestattete, frei durch die Stadt zu streifen, wurden keine normalen Geschäfte geführt. Pflanze heute etwas in die gute Erde.

25. AUGUST
DIE OPIKONSIVIEN (RÖMISCH)

Dies ist der erste Feiertag der Göttin Ops, der Herrin des Überflusses. Man legte Blumen, Wein und frischgebackenes Brot auf ihren Altar; das ist in vielen Religionen auch heute noch üblich. Ops ist die Pflanz- und Ernteherrin. Man kann sie feiern, indem man im Freien die Erde berührt und dabei die folgenden Worte spricht:

Ops, du Herrin von Erde, Planzen und Ernte, säe mir ein langes und glückliches Leben, Ops, ernte die Fülle deiner Segnungen.

26. AUGUST
FEST DER ILMATAR (FINNISCH)

Heute ist das Fest der Ilmatar, der Wassermutter, der Schöpferin der Welt. Sie brütete über den Wassern und legte sechs goldene Eier und ein eisernes – daraus erschuf sie die Welt. Die Finnen feiern sie als die große Mutter des Kosmos. Man ißt an diesem Tag besondere Speisen, tanzt und bleibt die ganze Nacht auf. Im folgenden ist beschrieben, wie Ilmatar die Welt erschuf:

Älteste aller Frauen,
Schönste aller Frauen,
Erste aller Mütter,
Sie errichtete die Säulen,
die den Himmel halten,
und auf hohen Felsen
schuf sie Formen und Gestalten.
Doch Ilmatar blieb im Wasser der Meere
mit ihren zahllosen Kräften,
Zauberin, zu stark, um sie zu begreifen,
und vielleicht lebt sie noch heute dort.*

---

* Merlin Stone: Ancient Mirrors of Womanhood. Our Goddess and Heroine Heritage, Bd. 2, Boston 1984, S. 340. Abdruck mit freundlicher Genehmigung von Beacon Press.

Die Augustgeschichte:
Die Spiritualisierung von Michigan

Ich bin unterwegs zum dreizehnten Frauen-Musikfestival in Michigan, stehe aufgeregt am Flughafen und frage mich, was ich wohl dort erleben werde. Ich bin unsicher, verschwitzt und übernächtigt, denn ich bin mit einer Sondermaschine um Viertel vor fünf Uhr früh aufgebrochen. Aber diese Unannehmlichkeit ist ein kleiner Preis für den Eintritt ins Utopia der Frauen. Ich sehe auch, daß ich nicht die einzige am Rande der Erschöpfung bin: Mehrere Frauen sitzen auf ihren Koffern und warten lesend oder plaudernd auf den Bus, der uns weiterbringt.

Ich bin nicht ganz sicher, was ich dort soll. Seit meinem letzten Abenteuer bei diesem Ereignis sind zehn Jahre vergangen. Meine Taschen, mein Zelt, mein Schlafsack und ein paar Isoliermatten sind von dem langen Gepäckrollband ausgespuckt worden. Triumphierend sammle ich alles ein: Nichts ist abhanden gekommen. Ich trete in die brütende Hitze hinaus, um mich zu vergewissern, daß unsere Busse tatsächlich angekommen sind, und da stehen sie auch: zwei riesige Busse, bereit, alle Frauen mit ihren Liegestühlen und tragbaren *hibachis* einzuladen. Das Festival ist inzwischen tatsächlich zu einer großen amerikanischen Frauentradition geworden. Geworben wird nur sehr wenig dafür, vorwiegend durch Rundbriefe, aber aus jedem Winkel der Erde finden sich Frauen dazu ein.

Ich bekomme einen Sitzplatz im Künstlerbus – ein unerwarteter Glücksfall. Die Klimaanlage funktioniert, und ich

regeneriere mich allmählich wieder. Mein neuer Status als
»Mitwirkende« ist mir bewußt. Damals in den Siebzigern betrachtete man diejenigen, die Workshops abhielten, noch
nicht als Mitwirkende, und man wurde auch nicht so behandelt. Man gab uns freien Eintritt: Das war alles an Privilegien.
Ich kann mich erinnern, daß ich an manchen Tagen nicht einmal etwas zu essen bekam, denn wenn ich endlich dazu Zeit
hatte, war überall das Essen schon ausgegangen. Mir wurden
so viele Fragen nach Ritualen und Zaubern gestellt, daß ich
die Mahlzeiten verpaßte, weil ich mich verplauderte.

In den nächsten eineinhalb Stunden kamen mir viele Dinge in den Sinn, besonders, wie schnell die Zeit vergeht und
wie sich alles verändert hat. Eine Mitreisende ist die Tochter
einer Freundin, eine hübsche junge Frau, die frei in der Frau-
engemeinschaft aufgewachsen ist. Sie ist nun schon sechzehn
Jahre alt. Ich erinnere mich an sie als Kind, und sie macht
mir deutlich, wieviel Zeit verstrichen ist und wie lange mein
selbstauferlegtes Exil vom Frauenland in Michigan gedauert
hat. Als ich zuletzt hier war, regierten die Popstars, und auf
ihrem Hauptaltar, der Abendbühne, durften keine Segnungen ausgesprochen werden. Tausende und Abertausende von
Frauen waren mit ihren Zelten hier und lebten, aßen, liebten
sich und lernten gemeinsam tagelang, aber kein Segen wurde
für sie ausgesprochen. Die Priesterin in mir war empört. Ich
schwor, drei Jahre hintereinander hierherzukommen und den
Keim der Göttinnenbewegung zu pflanzen. Doch danach, so
gelobte ich, würde ich erst wieder zurückkommen, wenn das
Festival spiritueller geworden wäre.

»Jedesmal, wenn sich Männer irgendwo versammeln,
taucht jemand auf und spricht einen Segen für sie«, argu-
mentierte ich. »Warum segnen Männer eigentlich jedes Ereignis? Sie schwören sich Treue und halten sogar vor Sportveranstaltungen eine Zeremonie ab. Der Grund ist, daß es
Kraft verleiht. Warum seht ihr nicht ein, daß ein Segen von
der Bühne vor der Musik den Abend verschönern und erha-
bener machen würde? Es würde die Selbstachtung im Publi-

kum stärken und vielleicht sogar dazu beitragen, daß wir am Wochenende gutes Wetter hätten, wenn Mutter Natur uns segnet.«

Die damaligen Organisatoren hörten nicht hin. Ich habe es nicht einmal geschafft, ihnen meine Ideen persönlich vorzutragen, weil sie nicht auf meine Anrufe reagierten. Man fand mich zu anspruchsvoll. Ich bat gemeinsame Freunde, deren Freunde und schließlich die Künstler, der Festivalleitung die Botschaft zu überbringen: Das Kollektiv hört stets auf die Künstler. Schließlich bekam ich eine Antwort: »Nein, es gibt zu viele Atheisten im Publikum«, lautete sie. »Wir können nicht die Vertreterin einer Religion auf die Bühne lassen, denn dann wollen alle möglichen Vertreter anderer Religionen das auch.« Ich habe den Brief aufmerksam studiert. Ich fand es eigentlich in Ordnung, wenn Angehörige verschiedener Traditionen die Frauen segneten. Man stelle sich einmal Rabbinerinnen neben protestantischen Pfarrerinnen, Hexen, Bruja- und Yoruba-Priesterinnen vor, wie sie Frauen in einer einzigen Zeremonie segnen! Warum eigentlich nicht?

Ich fuhr also drei Jahre hintereinander nach Michigan, als handle es sich um einen Zauber, um mein Ziel zu erreichen: die Spiritualisierung von Michigan. Drei aufeinanderfolgende Jahre lang habe ich die Rückfahrkarte nach Kalifornien selbst bezahlt, um am fünften, sechsten und siebten Michigan-Festival tellzunehmen: Ich wußte, daß die Frauen dort keine Atheisten waren. Die Leute, die das Festival von Anfang an unterstützten, bildeten eine spirituelle Gemeinschaft, die zufällig auch gern Musik hörte und die Natur liebte. Man konnte das Zeichen der Göttin schon auf allem sehen, von den Töpfereiwaren bis zu T-Shirts, Anstecknadeln und Schmuck. Aber das war erst der Anfang.

Ich brachte Exemplare meines Buches »Herrin der Dunkelheit – Königin des Lichts«* mit, das erste Buch über die

---

* Zsuzsanna E. Budapest: Herrin der Dunkelheit – Königin des Lichts, Freiburg ³1995.

Göttin und wie man sie ins normale Leben einbeziehen kann. Es war von meinem Bund veröffentlicht worden, denn kein »richtiger« Verlag wollte es anrühren. Es galt als zu radikal, voller Zauber und geheimnisvoller Aktivitäten unter dem Vollmond. Ich schleppte meine Bücher in einem grünen Plastikbeutel über die Wiesen zu den Workshops. Die Frauen kauften es, als seien sie nach solcher Lektüre ausgehungert, und vermutlich waren sie das auch.

Die Zeit hat etwas so Gutes, dachte ich auf dieser Fahrt. Sie vermag, was nur wenige Dinge können, nämlich Menschen zu verändern. Sie kann veranlassen, daß ganze Generationen aufwachen und machtvoll handeln. Es wird immer Frauen und Männer geben, die in der Zukunft leben, noch ehe die anderen dort ankommen. Das sind die Pioniere, die Erfinder, die Betreiber neuer sozialer Sitten und Glaubenssysteme. In den Siebzigern und Achtzigern war auch ich eine solche Pionierin.

Und nun, neun Jahre später, versammeln wir uns wieder in Michigan. An den Busfenstern rollt langsam das grüne, hügelige Land vorbei. Bauern verkaufen ihre Himbeeren und Blaubeeren an der Straße, und ich möchte gern anhalten und welche kaufen, aber wir sind ohnehin schon spät dran. Jetzt sind wir fast da, und ich denke an meine Freundin Rhiannon aus Kaliformen. Wir hatten vor drei Jahren in Tilden Park ein paar Vollmonde zusammen gefeiert. Eines Abends sagte sie: »Weißt du, Z., daß ich in diesem Jahr in Michigan als erste auf die Bühne treten werde?« Sofort fiel mir mein Projekt, Michigan zu spiritualisieren, wieder ein. Inzwischen hatte ich es aufgegeben: Das Festival gab es schon zu lange, ohne daß die Göttin dabei akzeptiert worden wäre. Zu den gegenwärtigen Organisatorinnen hatte ich keinen Kontakt; aber die Hoffnung ist unvergänglich, und ich blickte Rhiannon fast zuversichtlich an.

»Ist das wahr, Rhiannon? Könntest du dann eine offizielle Eröffnungszeremonie abhalten?« »Klar kann ich das«, grinste sie. Rhiannon war immer schon eine Priesterin gewe-

sen. Schon ehe sie es selbst erkannte, hatte ich es in ihr gespürt. »Eigentlich solltest du das machen, Z.« Rhiannon las
mir die Gedanken von der Stirn ab. »Ich bewundere dich,
weil du zurücktreten und es jemand anderem überlassen
kannst, deinen Traum zu verwirklichen.« Es gibt kaum etwas
Befriedigenderes, als wenn ein Freund, den wir respektieren,
unsere Gefühle anerkennt.

Aber ich war froh, daß es überhaupt endlich geschehen
würde. Mir war es peinlich, daß ich die Göttinnentradition
bisher nur an heterosexuelle Frauen weitergeben konnte und
nicht an Lesbierinnen. Die meisten Lesben taten so, als
bräuchten sie die Göttin nicht, als sei es nur eine Religion
wie alle anderen – und Religionen haben Lesbierinnen immer nur verletzt. Für sich, auf der persönlichen Ebene, ehrten sie die Göttin oft voll Freude, aber die größeren, offiziel-
leren Versammlungen von Lesbierinnen vermieden es, die
spirituelle Dimension der Frauenkultur zu thematisieren:
Doch jetzt würde es geschehen. Rhiannon würde die Mächte
herabrufen und das Frauen-Musikfestival von Michigan auf
immer verändern.

Ich war in jenem Jahr nicht dort, aber noch ehe man mir
darüber berichtete, konnte ich es deutlich vorhersehen. Das
gesamte Publikum, sieben- oder achttausend Frauen, brach
in Freudentränen und Jubelrufe aus, als die Göttin angerufen
und gefeiert wurde. Es wurde eine tränenreiche, glückliche
Messe der Heimkehr für die Frauen, als die Göttin endlich
anerkannt wurde. Der große Hunger wurde gestillt und die
Töchter der göttlichen Lebensspenderin endlich befriedigt. Es
hatte eine völlig andere Wirkung, daß dies eine öffentliche
und keine private Zeremonie war: Eine Massenerfahrung hat
größere Bedeutung. Die Lesbierinnen waren nicht länger die
Waisenkinder der Gesellschaft, abgeschoben und als schreckliche Sünderinnen diffamiert, von den patriarchalischen Göttern für unberührbar erklärt. Sie konnten nun endlich das
Gefühl haben, als Frauen heilig zu sein. Sie wollten bei Rhi-
annons schamanischen Gesängen wie Sterne aufgehen und

 sich liebend wie Göttinnen in Ekstase erheben. Rhiannon rief, wie durch ihren Herzschlag mit dem Publikum verbunden, die vier Enden des Universums an und erbat einen Segen für alle Anwesenden. Ich sah in der Prozession der Frauen eine geschnitzte Holzstatue der Diana, während Edwina Lee Taylor, die beste Drummerin der Welt, sich wie eine Elfe der religiösen Ekstase hingab, in die sie stets zu verfallen schien, wenn sie die Trommeln zu einem Gebet ans Universum schlug. Es war ein wunderbarer, schwindelerregender Abend. Ich hatte oft daran teilgenommen, noch ehe ich es tatsächlich miterlebte. Ich wußte, es war geschehen, und es war gut gewesen.

»Z., warum ist dir das so wichtig?« werde ich manchmal gefragt, wenn ich dieses Projekt anderen beschreibe. »Weil die wahre Stärke einer Revolution in der spirituellen Kraft liegt. Weil Frauen ein großes Erbe antreten, sie müssen eine Kosmologie erschaffen, die uns Macht verleihen kann.« Ich selbst war vor diesem Festival verhaftet und vor Gericht gestellt worden, weil ich einer Polizistin in Zivil die Tarotkarten gelegt hatte. Die Polizeiwache meines Wohnortes hatte Akten mit Fotos von sämtlichen Esoterikern und Parapsychologen angelegt, besonders von den feministischen.

Und nun kommen wir, drei Jahre nach dem ersten Segen durch Rhiannon, wieder zum Festival. Wie wird die Wirklichkeit aussehen? Seit meiner Landung habe ich immer wieder Frauenlachen gehört, dieses Lachen bricht nie ab. Eine Gruppe nimmt es auf und reicht es instinktiv an die nächste weiter: Es erfüllt die Luft. Ich höre Frauen lachen, kurz bevor ich einschlafe, und als ich am Morgen aufwache, höre ich es als erstes wieder. So stelle ich mir den Himmel vor.

Ich treffe jede Menge Bekannte. »Willkommen, Z.!« Die

Frauen begrüßen mich wie eine Reisende nach langer Fahrt.
»Wir sind froh, daß du wieder da bist!« Boo, eine Leiterin
des Festivals, begrüßt mich unter der heißen Gemeinschafts-
dusche. Wir betrachten einander. Beide sind wir noch gut in
Form. Sie strahlt; ich bin noch feucht vom Duschen und fühle mich großartig. »Danke, Boo.« – »Willkommen im Land!«
sagt Lisa, die vor dreizehn Jahren mit gerade neunzehn das
Festival ins Leben rief. Ich fühle mich wie eine Matriarchin,
die zurück in die Zukunft gelangt, wohin sie allen voran vor
zehn Jahren aufbrach. Dieses alljährliche Musikfest ist für
die wachsende Frauenbewegung das geworden, was das
Haight-Ashbury-Phänomen für die sechziger Jahre war. Es
trug dazu bei, daß sich unsere revolutionären Vorstellungen
ausprägten und daß wir die verschiedenen Formen der Unterdrückung identifizieren lernten, mit denen Frauen sich
auseinandersetzen müssen: internalisierten Sexismus, Rassis-
mus, Klassenhaß, Selbsthaß und so weiter. Und es gab uns
die wunderbare Chance, uns richtig gehenzulassen und zu
tanzen!

In meinem Zelt lese ich das Programm für dieses Jahr, die
unglaublich lange Liste der Themen, mit denen wir uns nun
befassen werden. Hier entfaltet sich das beeindruckende In-
ventar feministischer Belange, und Frauenmusik ist der erste
Glaubenssatz dieses Credos. Kein Mann ist hier zugelassen,
nicht einmal eine männliche Stimme auf Tonband. Das soll
eine deutliche, psychische Trennung von der überwältigend
männlichen Kultur in der »Anderswelt« gewährleisten. Für
Frauen, die ständig in der patriarchalischen Welt leben, klingt
das vielleicht absurd, aber man sollte sich ein einziges Mal
im Leben der Herausforderung einer ausschließlich weiblichen Umgebung stellen, ein paar Tage lang keine männlichen
Schriftsteller lesen, keinen männlichen Stimmen lauschen,
keinen männlichen Gott anbeten: Das bewirkt einen unglaublich starken Fluß der eigenen Energien.

Langsam kommen die ersten Scharen von Festivalbesu-
cherinnen an. Zelte tauchen auf den Feldern auf, als hätten

unsichtbare Elfen sie aufgestellt. Sie sind braun und gelb, regenbogenfarben und blau, klein oder groß. Durch die Bäume gleitet immer ein sanfter Wind, der singt und tief seufzt, wenn man morgens erwacht. Das tut gut bei der Hitze.

Zur Eröffnung tritt Nan Brooks in einer fließenden, lila Robe mit dem Stab der Marschallin auf die Bühne. Sie begrüßt die Menge und sendet die ersten Schwingungen der Göttin aus. Es ist keine leidenschaftliche Anrufung, kein Gebet, das die Macht im Publikum verstärkt: Das überläßt sie den Musikerinnen. Sanft erklärt sie, daß unsere Namen, die Namen der Frauen, von göttlichen Namen abstammen und alle Weisheit bedeuten. Sie läßt sich vom Publikum, das auf fünftausend Seelen angewachsen ist, diese Namen wiederholen – Sophia, Ma'at, Maria, Anat, Ishtar, Inanna – und dann die eigenen Namen zusammen mit den heiligen. Das tut gut, denn die Frauen werden daran erinnert, daß sie Erbinnen einer fernen Vergangenheit sind, und nehmen diesen vergangenen Ruhm in ihr Selbstbild auf.

Brooke Medicine Eagle ist wie eine Priesterin der amerikanischen Ureinwohner gekleidet. Sie pfeift auf ihrer Adlerknochen-Flöte und ruft die Vier Enden des Universums mit einem Lied von Kate Wolf an. Brookes Stimme ist wunderbar tief und voll; leicht schwebt sie über unsere Köpfe und umschlingt uns mit ihrer Ehrfurcht. Das geht alles gut, bis sie zum Viertel des Nordens kommt. Dann geschieht das Undenkbare: Sie ruft Großvater Himmel an, den Geist des Feuers.

Plötzlich hört man von überall her Zischen und Pfiffe im ansonsten kooperativen Publikum. Ich sehe viele Frauen, die an dem Ritual teilgenommen haben, sich nun wütend setzen. Das Tabu wurde gebrochen: Keine Männer auf diesem Fest, nicht einmal in einem Gebet. Brooke, die heterosexuell ist, wußte das nicht so genau, und niemand hatte sie gemahnt, den Liedertext abzuändern.

Nun sind meine Töchter voller Zorn. Sie beklagen sich bei mir. »Z., was können wir tun? Sie hat einen männlichen

Gott angerufen.« Ich bleibe gelassen, denn es trifft mich nicht so sehr wie sie. Es ist wirklich schwer, ein rein weibliches Bewußtsein beizubehalten, nicht wahr? Egal, ob unfreiwillig, wir sind an unsere eigene Verleugnung der Göttin durch so viele Jahrhunderte erinnert.

Der Göttin den ihr eigenen Raum zu geben ist nicht leicht, besonders nicht für Lesbierinnen. Das ganze Festival lang werde ich die Diskussionen hören, wie man die Eröffnungszeremonie als spirituelle Erfahrung hätte gestalten können. Alle fühlen sich davon betroffen: Die alte Verleugnung wurde von einem neuen Gefühl für Verantwortung abgelöst.

Doch einen Moment später sind alle Wunden verheilt, als Rhiannon ihren bewegenden schamanischen Song vorträgt, »Spirit Healer«, der Brookes Versehen mehr als wiedergutmacht. Noch besser ist ihr nächstes Lied, das eigentlich von Maxine Feldman stammt: »Amazon women, rise!« (Amazonen, erhebt euch!) Das reicht aus, um das Herz einer jeden historisch bewußten Lesbierin aufzuheitern. Dieses Lied übt in der Tat magische Wirkung auf mich aus. Es treibt mir die Tränen in die Augen, gießt Hoffnung in mein Herz: Ich kann die Zukunft sehen, wenn ich höre, daß die Amazone sich erheben muß, weil es sonst niemand tut. Friede legt sich wieder über das Publikum, die Frauen lachen und kichern wieder. Dies ist ihr eigener Freiraum; von der eigenen Geschichte und Mythologie bestätigt, spüren sie ihre Macht. Der Abend endet mit Tänzen unter den Sternen.

Am nächsten Morgen muß ich mich zwischen zahlreichen Workshops entscheiden. Was soll es sein: ein Kurs über asiatisch-pazifische Lesbierinnen, zeitgenössische Filmemacherinnen, Töchter der Überlebenden des Holocaust, afrikanischen Tanz, Trommeln, Singen, echtes oder diskriminierendes Altern, feministische Wicca-Philosophie (von jemandem gehalten, den ich nicht einmal kenne)? Mein eigener Workshop dreht sich um ein brandneues Thema: europäischen Schamanismus.

Wir, etwa zweihundertfünfzig Frauen, versammeln uns

unter den flüsternden Bäumen auf dem Gras. Nur ein paar
sind in meinem Alter, die meisten gehören zur nächsten Generation. Die Urmutter der Zeit muß die Frauen mit weißen
Haaren irgendwo versteckt haben, denn ich sehe kaum ältere Frauen im Publikum. Das macht mir immer angst: Gehen
sie nicht mehr aus? Zu Beginn spreche ich über eine Zeit, in
der die Menschen nicht christianisiert waren und noch in
Stämmen lebten – überall, auch in den großen Wäldern Europas und Asiens. In dieser Urzeit liebten wir die Wölfin als
Rollenvorbild und Totemtier für Bindungsrituale im Stamm.
Die Wölfin war der Schlüssel zum Überleben: Wir übernah-
men ihr Mitgefühl für ihre Jungen und die Schwachen und
Kranken. Wir übernahmen die wölfische Jagdstrategie, sich
immer nur auf eines zu konzentrieren. Wir erzählten unseren
Kindern Geschichten, wie Wölfinnen Menschen vor dem
Kältetod retteten und sie als Wolfsjunge großzogen. Solche
Geschichten gibt es in ganz Europa, und sie haben sich bis
auf den heutigen Tag erhalten.

»Welchem System folgten sie? Dem Weg der grauen Wölfin?« fragen sie neugierig. »Woher bekommst du deine Informationen, Z.?« Sie forschen nach meinen Quellen. »Wo
kann ich mehr darüber finden?« Sie hungern nach mehr. Der
spirituelle Hunger, den ich schon früher in Frauen gespürt
habe, besteht immer noch, mir nun ebenso vertraut wie ein
alter Hund. Ich streichle ihm den Kopf und kraule ihn hinter
den Ohren; ich fühle mich wieder gebraucht, ich lehne mich
zurück und lasse die Sonne auf meine Schultern brennen.
Die Ärmel meines weißen Priesterinnengewandes habe ich
hochgerollt. Die Gesichter ringsum sind mir wohlwollend
und interessiert zugewandt. Ich rede weiter über den Weg.
Wie gern ich lehre!

Später geraten die feministische Spiritualität und die neue-
re Spiritualität des New Age aneinander. Melissa provozierte
ein paar Workshop-Leiterinnen des New Age, die den Frau-
en beibringen wollten, sie würden ihre eigene Realität stets
selbst erzeugen. Sie fragte sie, ob auch mißbrauchte Kinder

ihre eigene Mißbrauchsrealität erzeugen. Darauf hatten die
New-Age-Lehrerinnen natürlich keine Antwort. Eine be-
hauptete, daß das Kind dann Themen hätte, die es sein Leben lang bearbeiten könne. Wut brach aus wie Feuer aus einem Vulkan. »Du gibst dem Opfer die Schuld!« riefen die
Frauen. Das war ein heißes Thema; der New-Age-Einfluß auf
die feministische Spiritualität wird mit all unseren politischen Tricks abgeblockt.

»Erschaffen die Schwarzen in Südafrika vielleicht ihre eigene Apartheid? Sind die Schwarzen daran schuld? Hängen
wir alles dem Opfer an?« Jetzt mischten sich viele Stimmen
in den Streit.

»Wir erzeugen in gewissem Grad unsere Realität, darin
liegt ein Körnchen Wahrheit; aber dieser Karma-Geschichte
aus Indien kann man doch nicht trauen«, meinte eine andere Frau.

»Sieh dir doch den Status der Frau in Ländern an, in denen die Karma-Philosophie ihren Ursprung hat. Ist die rituelle Klitorisbeschneidung vielleicht die Schuld des kleinen
sechsjährigen Mädchens, an dem sie verübt wird?«

»Mir ist egal, was die Sechziger mit ihrer Spiritualität erreichen wollten. Ich suche mir da heraus, was mir gefällt. Ich
mag vegetarisches Essen, ich mache gern Yoga, ich brenne
Räucherstäbchen ab und meditiere, aber der Rest ist mir
egal.«

»Gut!« denke ich bei mir. »Das ist großartig. Darum geht
es bei der Entwicklung unserer Spiritualität – alles in Frage
zu stellen, alles.«

Man erzeugt sein eigenes Schicksal, wenn man sich selbst
treu ist, wenn man die Erfüllung seiner Träume anstrebt, ja.
Aber wenn eine Frau auf der Straße vergewaltigt wird, war
das vielleicht ihr Karma? Wohl nicht – es ist doch nicht ihre
Schuld. Sie hat weder das Patriarchat erschaffen noch den
Frauenhaß.

Plötzlich herrscht Einigkeit. Weder Frauen noch Kinder,
weder Schwarze noch amerikanische Ureinwohner noch

unterdrückte Völker im allgemeinen sind die Erzeuger ihrer eigenen Unterdrückung. Wir erschaffen die Gesellschaft gemeinsam, und die Schuld liegt bei jenen, die zu Tätern werden. Hier soll keinem Opfer irgendeine Schuld gegeben werden: Das haben Frauen schon vor langer Zeit gelernt. Die New-Age-Lehrer müssen sich mit uns entwickeln und ihre fixen Ideen aufgeben. Sie sind ein wenig erstaunt über die Reaktion, die sie hier auslösen – hier gibt es keinen automatischen Gehorsam, kein fragloses Verbeugen oder Schuldzuweisung. Die Amazonen sind nicht in der Stimmung, die Unterdrückung von irgend jemandem zu unterstützen, indem sie den Opfern die Schuld geben.

Wir lassen neue Ideen gären, wir streiten uns um die alten, wir kämpfen, wir wachsen, und wir sammeln Freundinnen um uns wie bei einer guten Ernte. Wir kommen auch im Schatten zurecht – jedenfalls die Glücklichen, mit denen die Göttin der Liebe spielt. Überall sieht man Paare, die sich gerade erst kennengelernt haben, und man spürt, wie sie mit ihrer Liebe praktisch das Dunkel erhellen. Wir anderen messen unsere Liebe an den Küssen, die wir von Freundinnen erhalten, und segnen die sternklaren Nächte mit einem guten, ungestörten Schlaf. Alles ist vom Lachen umhüllt, das wie Musik allgegenwärtig ist in dieser seltenen, ganz besonderen Frauenlandschaft. Dieser Moment Zeit gehört uns, diese fünf Tage im Monat August, dem Patriarchat alljährlich und triumphierend mit der Leidenschaft des Hochsommers abgerungen.

Es spricht die Göttin:
Die Muse

Spürst du beim Bestaunen meiner Herbstfarben, wie die Hand der Schöpferin deine Seele berührt? Denkst du, dir liegt ein Gedicht auf der Zunge, oder übermannt dich der Drang, einfach zu tanzen? Rege ich dich zu einem kreativen Akt an, etwa eine Rede zu halten oder eine Erfindung zu machen, eine schöne Geschichte oder ein Drama zu schreiben? Willst du vielleicht zur Bühne?

Wenn deine Antwort Ja lautet, dann bin ich es, die dein Herz regiert. Ich bin die Muse. Meine Kräfte der Inspiration sind vielgestaltig und nicht auf neun begrenzt. Ich freue mich, wenn ein Kind von mir beginnt, die menschliche Kultur mit Originalität zu befruchten. Mich entzückt alles Neue und Unterhaltsame, denn ich bin die größte Künstlerin von allen. Ich habe die durchscheinenden Kristallformationen gemeißelt, die Felsen gestaltet. Ich malte das Malachit-Grün, das Silber der Perle. Meine Hand tupfte das Rubinrot und das Türkis in den Abendhimmel. Ich schnitzte die Berge zu Pyramidenformen und gab ihnen schneeige Spitzen; meine Winde formten Hügel und Höhlen, meine Wasser schnitten Täler ein; selbst der Flug der Vögel und der schleppende Gang der Elefanten wurden von mir in Szene gesetzt. Es war eine Herausforderung, sogar die langbeinigen Giraffen anmutig zu machen, aber auch dieses künstlerische Problem habe ich gelöst.

Ich habe in allem und jedem Kunst versteckt. Wenn du künstlerisch tätig bist, verehrst du gleichzeitig mich, und ich werde antworten, wenn du mich um Hilfe bittest. Ich komme mitten in der Nacht zu dir, wenn du dein Theaterstück am Morgen vollendet haben mußt, und ich bin mit dir im Atelier, wenn du eine Statue meißelst. Alle Künste entspringen meinen Händen – ich bin die wahre Berufung eurer Gattung. Ihr solltet alle kreativ sein und eure Herzen nur mit Schönheit erfüllen. Wie unsinnig ist es, das Bewußtsein an Kriege zu verschwenden! Wenn es in euch genügend Kreativität gäbe, würdet ihr alle wie Künstler leben, und die Arbeit, die ihr heute haßt, würde durch Schöpfung ersetzt.

Wenn ich mir eure Kriege ansehe, muß ich weinen und es ist nicht gut, die Muse zum Weinen zu bringen. Vergeßt nie, daß ich euer inneres Selbst nähre, wenn für eure Körper gesorgt ist. Ich bin der Teil in euch, der weiterlebt und andere Formen annimmt. Ich bin eure unsichtbare Menschlichkeit, der göttliche Funke, der euch zur Nutzung gegeben wurde, das Licht, mit dem ihr scheint. Ich bin die Wahrheit, so wie ihr sie seht. Ich lehre euch, höhere Ziele zu verfolgen.

Warum kommt ihr nicht öfter zu mir? Worauf wartet ihr? Sicherheit ist doch eine Illusion, denn niemand auf der Welt ist jemals in Sicherheit. Der Tod kann euch in jedem Moment ereilen, als Rettung aus Not oder in der Ekstase. Ihr habt nichts zu verlieren: Befreit eure erschöpften Hände und seid kreativ. Betrachtet die Natur ringsum und sucht dort Inspiration durch mich. Jetzt, in der Jahreszeit, in der ich alle Blätter mit den strahlenden Herbstfarben anmale, sehnt ihr euch sicher danach, an diesem Höhepunkt der Schönheit teilzuhaben!

Aspekte des September

Dieser Monat erhielt seinen Namen vom lateinischen *septem,* »sieben« (siebter Monat), doch das bezieht sich auf seine frühere Position im Jahr, ehe Julius Cäsar den Kalender veränderte und den Januar zum ersten Monat machte. Da wurde der September zum neunten Monat.

Vollmondaspekt: Erntemond

Universalereignis: Herbst-Tagundnachtgleiche, die Natur kommt ins Gleichgewicht

Gemeinschaftsereignis: Herbst-Tagundnachtgleiche am 21. September; Mabon-Sabbat (Sabbat des heiligen Sohnes); in Mitteleuropa wurde ein dreitägiges Fest gefeiert, bei dem man Wein, Met und gegorene Stutenmilch trank. Die Priesterinnen verzehrten den heiligen Pilz, *Amanita muscaria,* der ihnen so viel Muskelkraft verlieh, daß sie tagelang tanzen konnten, ohne müde zu werden. (Das solltest du selbst aber nicht versuchen, denn die falsche Dosis von diesem Pilz kann tödlich wirken!)

Botschaft: Erschaffen, gedeihen, schätzen

Aktivität: Künste, Kunsthandwerk, Werbung um den künftigen Partner

Heilwirkung: Vorbeugung durch stärkende Getränke

Passender Zauber: Für die Ernte danken, der Göttin die besten Früchte der diesjährigen Ernte weihen; es können aber auch ideelle Dinge sein, wie persönliches Wachstum, Kraft, überwundene Hindernisse. Man bietet die Opfergabe aber in faßbarer Form dar, wie etwa in einem Gedicht, einer kleinen Statue, einem Tanz, einem Fest im Namen der Göttin – was immer einem einfällt. Durch den Dank für Empfangenes vervielfacht man solche Gaben.

Manifestation: Die neue Weinrebe, die für Inspiration und Ekstase steht

Farbe: Braun

Baum: Haselstrauch

Blume: Aster

Tier: Schlange

Edelstein: Saphir

Annas Zauber, Rituale und Feste
für den September

Dank an die Göttin für alle empfangenen Gaben

Seit undenklichen Zeiten sind Akazienblüten die Lieblings-
blüten von Diana, der Göttin der Natur, und daher von allem
Leben. Der Saft einer Akazie kann als Duftstoff verbrannt
werden; ihr eigentlicher Name lautet *Acacia senegal,* Gum-
miarabicum.

Davon verbrennt man ein wenig in einem feuerfesten Gefäß auf besonderer Holzkohle, nicht derjenigen, die man zum
Grillen verwendet. Man vollzieht das Ritual am Morgen und
am Abend kurz vor dem Schlafengehen: Es öffnet die psychischen Zentren, wenn man am entspanntesten ist, und macht
empfangsbereiter für Segnungen. Mit dem sich fein kräuseln-
den Rauch der Akazie kann man fast jedes Gebet losschik-
ken: Dankgebete oder Bitten um Glück, Gesundheit oder
was gerade vonnöten ist. Man kann auch das folgende Gebet
dabei sprechen:

Diana, wunderbare Göttin, die vor den Winden hereilt,
die den Kindern all ihre Wünsche
erfüllt und sich um sie kümmert wie eine Mutter,
Dank für die Segnungen, die du mir erwiesen hast,
und für die, die ich noch erhoffe.

Zauber, um einen Poltergeist aus dem Haus
zu vertreiben

Man muß sich nicht der Unannehmlichkeit unterziehen,
gleich einen Exorzisten herbeizurufen. Wenn man wirklich
überzeugt ist, daß eine verlorene Seele im Haus herumspukt,
sollte man erst einmal das Folgende versuchen. Poltergeister
sind Seelen, die noch etwas zu erledigen haben, in Angst und
Schrecken gestorben sind und den Weg auf die andere Seite
nicht finden können. Dieser kleine Kräuterzauber kann ihnen beim Übergang helfen:

Besorge dir dazu das Kraut Natterwurz *(Polygonatum bistorta).* Koche einen knappen Teelöffel davon eine halbe Stunde lang in einem halben Liter Wasser auf und seihe dann ab. Beim nächsten Hausputz fügst du das dem Putzwasser zu und sprichst dabei:

Hinaus, hinaus, hinaus, unruhige Geister, geht hinaus!
Nur die guten dürfen bleiben, die anderen müssen fort!

Wenn man Teppichboden hat, sprengt man das Wasser mit den Fingern darauf. Der Poltergeist wird so beeindruckt sein, daß du sein eigenes Kraut gefunden hast, daß er dich von nun an in Ruhe läßt.

Zauber, der streitenden Paaren hilft, sich wieder zu vertragen

Diese Situation kommt heutzutage nur allzu häufig vor. Wie oft bleiben wir über Nacht im Streit, statt ihn vorher zu beenden. Wenn ein Paar sich nicht verträgt, ist es auch im Bett sehr schwer, sich wieder zu versöhnen. Doch hier haben wir eine alte, bewährte Methode, das Problem zu lösen:

Besorge dir Wanzenkraut, *Cimicifuga racemosa,* und sprenge ein wenig davon um das Bett herum, in dem das Paar schläft. Dabei sagst du dreimal:

Wütende Seele, schmerzendes Herz, werdet zu weißen Turteltauben und fliegt hoch!

Dabei stellst du dir vor, wie das Paar lächelt. Es ist bestimmt einen Versuch wert! Wenn es nicht klappt, sollte man dem Paar eine gemeinsame Therapie anraten.

Zauber, um einen untreuen Liebhaber zu bekehren
Oh, da spitzt ihr aber die Ohren! Wenn du einen Geliebten, ob Mann oder Frau, hast, der nicht gern mit dir zusammen ist (und das ist ganz schön dumm von dieser Person), versuch diesen alten Kräuterzauber. Diesmal handelt es sich um das Kraut Mate: Ein Teelöffel davon wird mit einer Tasse Wasser zum Kochen gebracht. Dann fügst du ein wenig naturreinen Honig hinzu und überredest den Partner, es zu trinken. Wenn er oder sie sich allzu sehr dagegen wehrt (»Was soll dieses Gebräu?«), wende eine List an und vermische es mit Wein oder Kaffee. Aber ehe du es dem abtrünnigen Geliebten anbietest, flüsterst du diese Worte darüber (dreimal natürlich):

Warmer Same, warmes Herz [Name] und [Name] werden sich nie mehr trennen.

Der Legende zufolge hören alle Gelüste, sich immer wieder davonzuschleichen, danach unvermittelt auf. Wenn es nichts nützt, such dir einen treueren Liebhaber.

Skira: Das Kreativitätsfest
Skira, das uralte mediterrane Festival der Kreativität, ist ein für Frauen sehr attraktiver Feiertag. Suche an irgendeinem Tag des Jahres diverse Künstlermaterialien zusammen, wie Ton, Farben, Glitter, Gips, und erschaffe Bilder der Göttin, indem du dich einfach an diese heilige Aufgabe machst. Du brauchst keine Künstlerin zu sein, um dir eine Muttergöttin-Gestalt zu erschaffen, und es muß nicht einmal eine Göttin abgebildet sein. Wenn du das jemals versucht hast, wirst du schon wissen, welchen Frieden es bringt, wenn man etwas anderes, aber dennoch Vertrautes tut. Bilder, die man aus der Seele heraus projiziert, geben uns innerlich das Gefühl, eine Künstlerin zu sein.
Und was geschieht, wenn es fertig ist? Die Alten veranstalteten mit ihren Kunstwerken eine Prozession durch die

Straßen. Skira bezauberte nämlich jeden, und jedermann erschuf irgendwelche Kunstwerke, nicht nur ein paar Profis.

Wir sollten heutzutage das gleiche mit unseren Skira-Abbildern tun wie damals, als unsere Kinder die ersten selbstgefertigten Gegenstände aus dem Kunstunterricht nach Hause brachten. Stell sie aus und behalte sie für immer, jedes Stück ist schön. Stell dein Kunstwerk mitten auf den Tisch, schmücke es mit Blumen und benutze es bei deiner Meditation als Zentrum. Veranstalte Skira-Partys für deine Freunde und Freundinnen.

Die Festtage im September

1. SEPTEMBER
DIE THARGELIEN: FEST DER ERSTEN FRÜCHTE
(MITTELMEERRAUM)

In nördlichen Kulturen wie der unseren veranstaltet man die Erntefeste im September, aber im Mittelmeerraum und in Kleinasien beginnt die Ernte früher, und man feierte zuweilen schon im Mai oder Juni. Eines von drei solchen Erntefesten war das Thargelienfest, das wir an dieser Stelle beschreiben, weil es eher der nördlichen Erntesaison entspricht.

Der Weg, den unsere Füße gehen,
führt zur Ernte,
denn der schönen Demeter
wird heute geopfert.
Die ersten Früchte ihrer Ernte
sind schon auf dem Dreschplatz.
Die Scheuern sind voller Gerste,
*bewacht von ihrer Gottheit.**

1. SEPTEMBER
RADHA-TAG (INDISCH)

Lakshmi ist die Hindugöttin der Fruchtbarkeit und des Wohlstandes, und Radha war berühmt als der Geliebte des Gottes

---

* Theokrit: Idyllen (in der Übersetzung von Jane Ellen Harrison) 7, 31.

Krishna. Lakshmi bringt Fröhlichkeit und Gesundheit und in ihrem goldenen Aspekt Reichtum für die Welt. An diesem Tag feiert man die Liebe zwischen zwei Menschen.

8. SEPTEMBER
GEBURT DER HEILIGEN JUNGFRAU MARIA (RÖMISCH-KATHOLISCH)

Heute wird der Tag gefeiert, an dem die heilige Anna ihrer Tochter Maria das Leben schenkte. Es ist eines der wenigen Zugeständnisse der christlichen Kirche an die weibliche Seite Gottes und wird mit festlichem Gepränge begangen. Selbst Papst Innozenz IV. ordnete an, daß die Gläubigen acht Tage ihrer gedenken sollten.

13. SEPTEMBER
BANKETT DER VENUS (RÖMISCH)

Dieses Fest ist sehr gut dazu geeignet, ein Kind zu empfangen oder sich zu amüsieren. Zünde rosa oder rote Kerzen an und visualisiere für dich Gesundheit, Reichtum und Weisheit – die göttliche Dreiheit. Liebe heute deinen Partner, um ein gesundes Baby zu zeugen, oder einfach nur aus Liebe.

13. SEPTEMBER
ZEREMONIE DES FEUERS (ÄGYPTISCH)

Das Volk feierte ein Fest der Lichter mit Kerzen, Laternen und allen Arten von Lampen vor ihren Göttern und Göttinnen und den Statuen der Ahnen. Diese wurden durch das Licht dazu aufgefordert, die geliebten Hinterbliebenen zu besuchen.

21. SEPTEMBER
FEST DER GÖTTLICHEN DREIFALTIGKEIT,
ELEUSINISCHE RITEN (GRIECHISCH)

Dies ist der Beginn der Feiern von Leben, Schönheit, Tod und Wiedergeburt – das Fest der göttlichen Dreifaltigkeit Demeter, Kore und Iakchos. An diesem Tag werden die Altäre mit Blumen, goldenen Äpfeln, Apfelwein und Sesamkuchen geschmückt. Göttliches Leben, wie wir es alle erleben, wird zum Mysterium des Lebenskreises. Wir feiern die Essenz des Lebens, den Überfluß des göttlichen Geistes, der alles erschafft und erhält.

23. SEPTEMBER
DIE SONNE TRITT IN DAS ZEICHEN DER WAAGE,
HERBST-TAGUNDNACHTGLEICHE,
ELEUSINISCHE MYSTERIEN (GRIECHISCH)

Jetzt stehen wir im Zeichen der Waage, die Ausgewogenheit symbolisiert, denn Mutter Natur schafft wieder einmal ein Gleichgewicht zwischen den Kräften Hell und Dunkel. Von nun an werden die Tage kürzer und die Nächte länger. Die Göttin steigt in die Unterwelt hinab, die Welt der Dunkelheit, wo sie sich um die toten Seelen kümmert. Dieses Hinabgehen in die Unterwelt, dem Tod zum Trotz, wird durch die zahlreichen Rituale und Prozessionen der Eleusinischen Mysterien gefeiert.

Die Eleusinischen Riten waren das berühmteste Göttinnenfest in Europa. Von überall her kamen Männer und Frauen, um daran teilzunehmen, denn man glaubte, dadurch Glück und Weisheit zu gewinnen und durch die Göttin geheiligt zu werden.

Von der Tagundnachtgleiche bis zum Ende des Monats September wurde jeden Tag ein anderes Ritual begangen und etwas anderes zum Gegenstand gemacht. Das Fest begann

mit Prozessionen von Athen nach Eleusis. Die Teilnehmer
legten heiliges Gerät zu Füßen der Göttin Demeter ab und
badeten anschließend im Meer, legten neues Leinzeug an und
gossen Trankopfer auf die Erde. Die Frauen und einige Männer versammelten sich zum Fackeltag, wenn sich die Prozessionen aufs neue formierten und durch die Tempel und Stadt
zogen, um Persephone/Kore zu suchen.

Bei diesen Feiern trugen die älteren Frauen Körbe mit der
Habe der Göttin: einem Kamm, Symbol der Aphrodite, ei-
nem Spiegel, einer Schlangengestalt oder einer lebendigen
Schlange (für die Wiedergeburt), Weizen und Gerste. Die
Frauen fuhren in Ochsenkarren und riefen einander Unge-
hörigkeiten zu. Man kann sich das gut vorstellen: »He, Al-
thea, dein Ochse sieht aus wie ein Lämmchen, und deine
Körbe haben Löcher!«

Der 24. September, der zweite Tag, war der Tag der großen
Reinigung, und man nahm ein rituelles Bad im Meer: Die
Initiierten wuschen damit alle Unwissenheit fort und wur-
den rein. Am 25. September baute man einen Altar um einen
Baum, dort verbrannte man Weihrauch und goß Trankopfer
auf die Erde; dies symbolisierte Ehrfurcht vor dem Planeten.
Am 26. September fand eine große Prozession zur Feier der
Erdgöttin Demeter statt. Begeistert riefen die Menschen dem
Standbild der Göttin, das auf einem Wagen mitgeführt wur-
de, zu: »Heil Demeter!« Alle waren festlich gekleidet und
verbrachten den Tag in fröhlicher Ausgelassenheit.

Am 27. September veranstaltete man tagsüber und nachts
große Fackelzüge. Das kennzeichnete den Beginn der eigentlichen Mysterien.

28. SEPTEMBER
DIE HEILIGE NACHT (GRIECHISCH)

Bei diesem Ereignis reihte man sich hinter zwei verschleier-
ten älteren Trauerfrauen auf, die die Göttinnen darstellten.

Auf der Brücke vor der Stadt traf man eine dritte Göttin, Baubo, die Närrin. Diese versuchte, die beiden anderen zum Lachen zu bringen und sie aus ihrer Traurigkeit zu reißen. Damals trank man dazu *kykeon*, ein halluzinogenes Gebräu, das die Frauen mitgebracht hatten. Die komische Alte hob ihre Röcke und zeigte ihr Geschlecht, um Demeter zum Lachen zu bringen. Das hatte Erfolg, und nun ruhten die Göttinnen aus. Alle Festteilnehmer wurden zu einem erfrischenden Umtrunk eingeladen.

Das glaubst du nicht? Hier ist das Gedicht des Orpheus darüber:

Sie hob die Kleider hoch und zeigte ihren Körper gänzlich unverschleiert. Kind Iakchos war da und schob lachend seine Hände unter ihre Brust. Da lächelte die Göttin, aus dem Herzen heraus lächelte sie und nahm einen Zug aus dem glänzenden Kelch.*

Es gab noch eine zweite Brücke über den salzigen Rheitoi, und hier mußten sich die *mystai* (die Geläuterten) mit einer überlieferten Parole identifizieren, um Zugang zum heiligen Ort Epotela zu erlangen:

Ich fastete, trank das kykeon *und nahm Dinge aus dem großen Korb. Nach bestimmten Riten legte ich sie in den kleinen Korb, von wo sie wieder in den großen gelegt wurden.***

Dann bewegte sich die Menschenmenge zu dem Platz, auf dem man ein großes Feuer aufgeschichtet hatte. Der Oberpriester rief Kore an, und ihre tatsächliche Gegenwart wurde

---

* Clemens Alexandrinus: Protreptikos 22, 19, zitiert in: Carl Kerenyi: Eleusis, London 1967, S. 62.
** Jane Ellen Harrison: Prolegomena to the Study of Greek Religion, New York 1955, S. 569.

spürbar. Mit dunklen Farben bemalt, saß sie als Königin der Hölle im Tempel auf dem Thron. Die *mystai* verbeugten sich zu ihren Füßen. Ihr Abbild war die Vision der weiblichen Quelle allen Lebens. Das Korn, die Eucharistie der Göttin, wurde stumm geerntet. Gerste und Weizen ähneln im Aussehen stark den weiblichen Genitalien, und ihre Zurschaustellung beschwor die Verehrung der Weiblichkeit herauf. Männer, die an diesen Riten teilnahmen, gewannen ein tieferes Verständnis der Natur. Sie wurden »regeneriert« und erhielten Demeters lebenspendende Kräfte. Wenn die Frauen die tatsächliche Präsenz Kores schauten und die Weiblichkeit insgesamt verehrten, wurden ihr Selbstgefühl und ihre Selbstachtung gestärkt, ebenso ihre Verantwortung für die Welt und alles, was damit zu tun hat, sowie die Verbundenheit mit der Göttlichkeit des Lebens.

Die Heilige Nacht war ungeheuer wichtig. Beim Anblick Kores stellte man sich der Tatsache des Todes: Das göttliche Mädchen hatte sich in eine alte Frau und wieder zurück in die junge Königin der Unterwelt verwandelt. Die Anwesenheit der Göttin gab den Menschen die Gelegenheit, ihren eigenen Tod als Teil des Lebens zu akzeptieren und die Angst vor dem Leben danach aufzugeben.

Am siebten Tag der Mysterien (29. September) wurden Spiele, Wettrennen und andere sportliche Wettkämpfe veranstaltet. Die Sieger wurden mit Lorbeer gekrönt und erhielten Korngaben.

Am achten Tag (30. September) wurden wieder Initiationen vollzogen, diesmal in den tiefen Höhlen des heiligen Tempels. Ein Fresko zeigt uns eine Szene mit drei Frauen: Eine ist in dunkle Farben gekleidet, eine ist nackt, und die dritte bekommt gerade das Haar abgeschnitten. Das Schneiden der Haare galt oft als Symbol für spirituelle Wiedergeburt.

Die Septemberlehre:
Übergangsrituale

In unserem heutigen Leben finden kaum noch Feste statt, die den Übergang von einem Lebensabschnitt zum nächsten markieren. Das komplizierte Netz menschlicher Beziehungen und die noch komplizierteren wechselnden Positionen darin werden zunehmend ignoriert und dadurch entwertet. Unser Leben von der Geburt bis zum Tod kennt nur wenige Wegzeichen, die uns führen.

Der erste Übergang, die Geburt und die ersten Lebensmonate, ist für das Kind viel zu anstrengend, um ihn angemessen zu schätzen: Es hat zu viel zu tun. Es muß lernen, Luft zu atmen, feste Nahrung zu sich zu nehmen und manchmal stundenlang von der Mutter getrennt zu sein. Im nächsten Stadium, als Kleinkind, muß es mit dem Kindergarten fertig werden, bald darauf zur Schule gehen und sich mit Altersgenossen in einem wettbewerbsorientierten System arrangieren, in dem man ständig um gute Noten kämpft. Dann folgen Prüfungen und weitere Studien, oder man sucht sich eine Stelle und einen Platz in der Gesellschaft, in die man hineingeboren wurde, die man aber nicht selbst »erfunden« hat. Die ganze Zeit über sind Geburtstagsfeiern das einzige, das uns an die Bedeutung unserer eigenen Existenz erinnert.

Im Erwachsenenleben ist die einzige Feierlichkeit die Hochzeit, die Partnerwahl. Erst jetzt versammelt sich zum ersten Mal in deinem Leben die ganze Familie und schenkt dir ungeteilte Aufmerksamkeit. Es kann sehr gut auch das letzte Mal sein, daß diese Gemeinschaft deine Freude feiert. Nach der Hochzeit selbst gibt es die jährlichen Gedenktage, an denen man sich an den einzigen Moment des Ruhms erinnert. Der Partner mag das Datum ohnehin schon bald vergessen haben, so daß die Hochzeitstage dann zu einer Quelle von Kränkungen werden.

Nach deinem Tod gibt es eine Begräbniszeremonie, aber wiederum kannst du es nicht genießen, denn du wirst stark mit der Anpassung daran beschäftigt sein, ohne Körper zu existieren. Außerdem mußt du all die geliebten Menschen besuchen, die vor dir gestorben sind – und sogar ein paar Helden und Heldinnen, die du zu deinen Lebzeiten bewundert hast und die du nun kennenlernen kannst. (John Lennon und Janis Joplin haben vermutlich viele Besucher.) Aber das Begräbnis ist gewiß nicht der Höhepunkt deines Todes.

Was bedeuten uns diese wenig attraktiven Übergangsrituale? Sie sagen uns einfach: Wir sind nicht wichtig. Unsere Entwicklung von der Wiege bis zum Grab hat überhaupt nichts Bemerkenswertes, außer wenn wir heiraten; selbst dann weisen alle Symbole nur auf die Notwendigkeit des Kinderkriegens hin. Die gesellschaftliche Botschaft lautet also, daß die Fortsetzung der Blutslinie der einzige Beitrag ist, den wir an die Welt leisten. Doch wir haben Besseres verdient.

Die menschliche Psyche wird auf diesem Weg bemerkenswerten Veränderungen unterzogen, und alle sind wichtig für ein zufriedeneres Leben. Zufrieden leben hat aber in unserer Kultur keinen hohen Stellenwert, nur Geld. Gegen Geld habe ich nichts, aber ich kenne viele Menschen, die viel davon haben und trotzdem unglücklich sind. Geld bringt uns kein Glück, das ist eine alte, sehr wahre Weisheit. Ich möchte vorschlagen, daß du die folgenden Übergangsrituale trotz der gesellschaftlichen Botschaft vollziehst, du seist unwichtig. Wehre dich gegen die alten Vorschriften, schrei der Gesellschaft mit aller Entschiedenheit ins Gesicht, daß du deine Gedanken neu ausrichten und dein Leben als wundersames Ereignis begreifen wirst.

Die Geburt

Die Geburt ist ein höchst gesegnetes Ereignis, aber die Aufmerksamkeit sollte gleichermaßen auf Mutter und Kind gerichtet sein. Zu oft verlagert sich alles auf das Baby, und man vergißt dabei die Quelle dieses Lebens – die junge Mutter. Dieses einfache Ritual soll die Gefühle der Mutter in den Vordergrund rücken und die schreckliche Wochenbett-Depression vertreiben, unter der so viele Mütter leiden.

Vertreibung der Wochenbett-Depression

Laß nach der Geburt ein paar Tage verstreichen, bis die junge Mutter sich wieder erholt hat. Du kannst sie besuchen, ihr Suppe und andere nahrhafte Speisen bringen, damit sie nicht zu kochen braucht. Hilf ihr, das Baby zu baden und zu füttern. Versichere ihr häufig, daß sie alles wunderbar macht.

Am siebten Tag, der der Artemis heilig ist, der Beschützerin der Frauen im Kindbett, vollziehst du dieses Ritual. Suche drei Geschenke – ein Gewand für die Schönheit (oder Stoff dazu), ein Kraut, das den erschöpften Schoß heilt (wie Himbeerblätter), und schließlich eine Einladung zu einer Party oder Karten für einen Theaterbesuch oder ein anderes kulturelles Ereignis.

Alle Freunde der jungen Mutter kommen, festlich gekleidet für diesen Anlaß, zu Besuch. Man könnte ein wenig Salbei verbrennen, um das Haus von alten Unreinheiten zu befreien.

Dann sagt die beste Freundin:

Willkommen im Kreis der Mütter, liebe [Name]. Bitte nimm dieses Kleid, um deinen Körper zu ehren. Deine Schönheit erstrahlt in neuem Glanz. Ein neues Leben ist da. Sei stark, sei geehrt!

(Fühle dich frei, hier zu improvisieren; laß dich vom Augenblick inspirieren.) Andere Freundinnen überreichen ihr das Heilkraut, aus dem man einen Tee für alle bereiten kann, und schließlich die Karten. Das soll die neue Mutter ermuntern, sich selbst als Individuum zu sehen und nicht nur als Versorgerin des Babys.

Wenn du das Gefühl hast, man müsse eine Wochenbett-Depression vertreiben, oder wenn man nur dafür sorgen will, daß sie sich nicht einstellt, kannst du diesen ureuropäischen Bann sprechen. Verbrenne Salbei oder Artemisia, umkreise den Kopf, dann den Körper der jungen Mutter, und laß dann die beste Freundin sprechen:

In die dunkle Nacht hinaus, böser Geist!
Über den Berg der Nacht hinweg, böser Geist!
In die Nacht der Mutter vertreib ihn.
In die unsichtbaren Ströme,
ins große Vergessen,
über die Schwelle der dunkelsten
   Nacht!
Alle Wege zurück ins Leben seien versperrt
mit zweimal sieben Pfeilen mit scharfen Spitzen;
hebe dich hinweg, Depression, hinweg, hinweg!

Nun zündest du eine schneeweiße Kerze in einem Gefäß an, die gefahrlos eine ganze Woche brennen kann. Die tanzende Flamme wird die junge Mutter an deine guten Wünsche erinnern.

Bevor ihr geht, soll jeder noch einen Segen für die Mutter sprechen, wie es ihm gerade einfällt, etwa:

Ich segne dich mit fröhlichem Mut!
Ich segne dich mit Gesundheit und Kraft!
Mögest du in der neuen Seele Freude und Glück finden!

Segen für ein Neugeborenes
Dieser Segen sollte erfolgen, wenn das Baby für ein öffentliches Ritual alt genug ist, und stets nach dem Segen für die Mutter. Alle Verwandten und Freunde versammeln sich bei

Vollmond zu einem guten Essen. Anschließend, wenn alle genug geschlemmt haben, wird das Baby nackt dazugebracht und in ein schneeweißes Tuch aus Seide, Baumwolle oder Spitze gehüllt.

Zwei Freunde halten zwei weiße Kerzen und einer eine Räucherschale mit sehr ausgesuchtem Duftstoff, am besten Weihrauch und Myrrhe. Nun treten alle nach draußen, um den Vollmond zu betrachten; die Kerzen und der Weihrauch werden erst unter dem vollen Mond angezündet. Dann nimmt die Mutter das Kind in dem weißen Tuch, hält es hoch in die Luft, bringt es dem Mond dar und spricht dabei:

Königin der Himmel!
Wir bringen dir hier
die Frucht meines Schoßes,
für Freude und Feen
segne dieses Kind mit Glück.
Möge sein Herz silbern klingen,
Gesundheit und Reichtum seien sein Los!
Möge es niemals krank oder unglücklich sein!
Dir sei Dank!

Im Märchen verkünden bei einer solchen Gelegenheit die Verwandten oder guten Feen immer einen Segen für das Kind. Jetzt ist der Zeitpunkt für einen Familienzauber oder einen Stadtschamanismus, um das kleine glückliche Wesen mit allen möglichen Wünschen für die Zukunft zu bedenken.

Mögest du ein kräftiges Immunsystem haben!
Mögest du unbändigen Wissensdurst haben!
Mögest du große Liebesfähigkeit haben!

Wenn man etwas anderes wünschen möchte, sollte man das frei äußern. Ich bin überzeugt, daß Gebete in uns leben. Hier werden nur Beispiele angeführt.

Ritual nach einer Abtreibung oder Fehlgeburt
Es reicht nicht aus, eine Frau nur gegen Gesetze zu schützen, die sie zwingen, gegen ihren Willen Kinder zu gebären; ebenso wichtig ist es, sich ihrer Seele nach dem Trauma einer Abtreibung oder einer Fehlgeburt anzunehmen.

Die Alten glaubten, eine fruchtbare Frau sei ständig von Hunderten von Seelen begleitet, die bereit sind, eine menschliche Existenz anzunehmen, und auf einen Körper warten, in den sie schlüpfen können. Wenn die Frau beschließt, sie sei nicht bereit, die Verantwortung für die Entwicklung und Hege eines Lebens bis zum Erwachsenenalter zu übernehmen, wird die Seele zurückgeschickt und muß ein wenig länger warten. Nicht alle Seelen bekommen einen Körper, aber ohne Körper zu sein ist auch keine Tragödie. Auf der »anderen« Seite gibt es keine Schmerzen, und man altert nicht.

Wenn man sich nach einer Abtreibung oder einer Fehlgeburt wieder besser fühlt, baut man für die kleine Seele, die wieder zurückgeschickt wurde, einen kleinen weißen Altar. Darauf stellt man Blumen, Bilder der Ahnen, Menschen, die einen liebten und mit denen man verwandt war und die nun ebenfalls im Reich auf der anderen Seite wellen. Bitte diese Ahnen, sich der kleinen Seele anzunehmen, bis du bereit sein wirst, sie oder ihn aufzurufen, deine Eizelle zu besetzen. Zünde eine schneeweiße Kerze an und sage dabei:

Leb wohl, mein Freund, bis wir uns wiedersehen. Suche deine Verwandten unter meinen. Wenn die Zeit reif ist, wirst du es wissen. Leb wohl, leb wohl, mein Eigen!

Es ist aber gut möglich, daß die kleine Seele nicht bei deinen Verwandten bleiben wird, außer sie mag dich sehr gern. Statt dessen findet sie wohl irgendein knackiges junges Mädchen in einer Nacht, in der dieses fest überzeugt ist, nicht schwanger werden zu können.

Pubertätsriten

Wenn ein Mädchen die Pubertät erreicht, setzt die Regel ein. Bei einem Jungen ist der Zeitpunkt nicht so eindeutig bestimmbar. Daher setzen wir sie bei ihm etwa um den dreizehnten Geburtstag herum fest.

Pubertätsritus für Mädchen: Feier des Blutes

Junge Frauen haben ein Recht darauf, für das Ertragen dieser monatlichen Unannehmlichkeit geehrt zu werden. Doch in unserer Kultur werden der Sinn der Menstruation, ihre heilige Bedeutung und damit die alten Rituale verschwiegen, die man dabei zu vollziehen pflegte. Heute heißt das Ziel, die Menstruation so geheimzuhalten, daß niemand auch nur ahnen kann, daß wir bluten. Junge Mädchen leiden deshalb unter Scham und Schmerzen und bezahlen einen hohen Preis für die Bewältigung dieses Problems.

Sensible Eltern eines pubertierenden Mädchens sollten es schon lange vor dem Einsetzen der Mensis psychologisch darauf vorbereiten. Ich weiß, daß junge Leute davon überhaupt nichts wissen wollen – sie rücken nervös auf ihrem Stuhl herum, wenn sie einmal zuhören sollen. Vielleicht hört man sogar, wie ein kleines Mädchen sich entrüstet über diese »eklige« Angelegenheit.

Doch bald nach der ersten Periode sollte ein Übergangsritual für das junge Mädchen stattfinden (siehe März).

Pubertätsritual für Jungen

Wenn dein Sohn bei jeder Unterhaltung mit einem Mädchen mit seinem Stimmbruch zu kämpfen hat, wenn sein Gesicht plötzlich von roten Pickeln überzogen ist, wenn er hin und her überlegt, ob er Einsiedler werden und allein im Dschungel leben will oder im Harem seiner Phantasien, wenn man merkt, daß er heimlich gewisse Magazine liest, und man weiß, daß er masturbiert – dann ist es Zeit, den Mann zu akzeptieren, zu dem er bald werden wird.

Veranstalte für ihn und seine Altersgenossen eine Party

und gib ihr einen attraktiven Titel wie »Löwensuche«; denn
während Mädchen zimperlich auf die bevorstehende Weiblichkeit reagieren, sind Jungen allergisch gegenüber jeder offenen Anspielung auf Männlichkeit. Alles muß daher symbolisch sein. Sorge dafür, daß die Jungen viel spielen und
essen. Dann schlägst du ein Spiel mit dem Titel »Löwensuche« vor: Alle Lichter werden ausgeschaltet; es brennen nur
Kerzen. In einem der Geschenkpäckchen für die Gäste ver-
birgt sich ein Löwe, aber die Jungen müssen erst ein Rätsel
lösen, ehe sie ihr Geschenk bekommen.

Das erste Rätsel lautet: Was ist Männlichkeit ohne Gewalt? Darauf wollen die Jungen vielleicht schnelle, vorgefer-
tigte Antworten geben, aber das reicht nicht. Erlaube ihnen,
beim Kerzenschein im Dunkeln eine Weile darüber nachzudenken. Vermutlich wird man keine eindeutige Antwort darauf finden, aber darum geht es auch nicht – es geht um die
Suche. Wenn die Hauptperson eine gute Antwort gibt – und
jeder Versuch, der nicht albern ist, kann als gute Antwort
gelten –, darf sie ein Päckchen öffnen. Das Löwenbild selbst
liegt irgendwo versteckt, und der Junge braucht seine Freunde, um es zu finden: Alle sollen versuchen, das Rätsel zu lösen. Wenn das Löwenbild gefunden ist, werden die Lichter
wieder angeknipst, und es geht weiter mit der Party. Die Geschenke sollten auch stets mit der kommenden Männlichkeit zu tun haben, etwa Bücher über besondere Interessen,
wie etwa Biologie. Es ist auch eine gute Gelegenheit, das Thema Sex anzuschneiden und offen über sexuelle Praktiken zu
reden. Wenn du glaubst, er ist noch nicht bereit dafür, sorge
dafür, daß sich mindestens ein Buch darüber unter seinen Geschenken befindet. Vor dem Nachhause-
gehen versammelt man die Jungen zu einem
Kreis und segnet den Löwen, deinen Jungen:

Heute wurde der Löwe gesegnet,
meine Freunde, der Löwe, der nun kein
    kleiner Kerl mehr ist.

Heute wurde der Löwe gesegnet, meine Freunde,
der Löwe, den ich so sehr liebe;
der Löwe wurde mit Tapferkeit und Liebe gesegnet,
der Löwe, den ich so sehr liebe!

Wenn du einen besseren Vers kennst, der verdeutlicht, um was es bei diesem Übergang von der Kindheit zur Männlichkeit geht, sprichst du diesen. Ich habe selbst zwei Söhne großgezogen und festgestellt, daß sie nicht sonderlich an direkten Übergangsriten interessiert waren – »sterbenslangweilig« –, aber als ich es wie ein Spiel gestaltete, machten sie dankbar mit.

Krönungsritual: Riten der Lebensmitte

Die Lebensmitte ist der Höhepunkt unseres Lebens, doch die Gesellschaft läßt uns in dieser Blütezeit im Stich. Besonders Frauen leiden in dieser Phase unter der Vernachlässigung – wir haben unsere Schuldigkeit getan, sollen zur Seite gehen und sterben. In alten Zeiten, als die Frauen noch nicht Teil der Arbeitswelt waren, konnten wir zusammengesteckt und vor den Augen aller verborgen werden, aber jetzt ist das nicht mehr möglich. Die Arbeit ist der große gemeinsame Nenner: Frauen und Männer – jung und alt – arbeiten Seite an Seite. Für die Frauen ist die Lebensmitte aber immer schmerzlicher: In dieser Phase spüren sie Ablehnung von allen Seiten, da ihre Schönheit verblaßt, ihr Körper altert und ihre Rolle als Mutter oft beendet ist.

Krönungsritual für die Lebensmitte

Debbie, die beste Freundin von Maggie, möchte etwas für sie tun. Maggie ist zur Leiterin einer großen Computerfirma befördert worden und wird mehr Verantwortung übernehmen. Maggie braucht dazu Selbstvertrauen und Unterstützung von ihren Freundinnen, und Debbie lädt daher alle ein, mit denen Maggie ihrer Meinung nach gern diesen Schritt im Leben teilen würde. Die Beförderung wird dadurch zu mehr als nur einer Kleinigkeit. Sie wird zum Symbol aller Kräfte, die zum Herrschen gehören, und gibt Maggie die Gelegenheit, ihre Rolle im Leben als Königin anzunehmen.

Königin sein bedeutet, daß sich Maggie in ihrer Lebensmitte selbst respektieren und ihre Kräfte als reife Frau nutzen wird, um sich um ihr Geschäft zu kümmern. Königin sein bedeutet, daß sie ihre eigene Bedeutung nicht herunterspielt, sondern ihre Führerrolle bewußt annimmt. Der Archetypus einer Königin ist Hera, die Göttin der Städte und Regierungen, die Zivilisationen beherrscht. Hera trägt eine Krone aus allen Städten, Burgen und Landschaften, die sie beherrscht.

Debbie hat für Maggie eine silberne Krone mit einer Mondsichel in der Mitte anfertigen lassen, die auf anschauliche Weise die Königinnenjahre in Maggies Leben ausdrückt. Die Festteilnehmer wissen, daß sie Maggie heute als Königin ehren, und mit ihr die Kräfte der Lebensmitte. Der Tisch ist festlich gedeckt, die Gäste versammeln sich und plaudern, doch an einem Punkt ruft Debbie sie zu einem Kreis zusammen und sagt:

Willkommen, willkommen zu Maggies Krönungsritual. Wie ihr wißt, liebe Freunde, wurde Maggie befördert. Daher ist es an der Zeit, ihr unsere notwendige Unterstützung zuzusichern, damit sie die Königinnenwürde erfolgreich trägt. Liebe Maggie, bist du bereit, den Mantel der Königin und alles was damit zusammenhängt, zu übernehmen?

Maggie sagt darauf natürlich ja, und Debbie fährt fort:

Dann überreiche ich dir nun im Namen aller Anwesenden hier, die dich kennen und dir vertrauen, diese Krone der Lebensmitte, der Höhe deines Lebens. Trag sie jedesmal, wenn du mit deiner höheren Macht in Kontakt treten willst.

Debbie setzt Maggie die silberne Krone auf. Die Freunde applaudieren.

Nun spricht einer nach dem anderen einen Segen für Maggie und bewirft sie dabei mit Goldstaub (Pyrit) oder Konfetti.

Möge deine neue Position nicht den Neid deiner Kollegen hervorrufen. Mögest du nur auf gute Zusammenarbeit stoßen!
Die Geister um dich her mögen sanft sein; mögest du regieren wie eine großzügige Königin!
Mögen die Mächte dich niemals von jenen trennen, die du liebst und die dich lieben!

Ich bin sicher, daß jeder Gast, weiß, was er zu sagen hat. Ich biete hier nur Beispiele an. Maggie trägt ihre Krone den Rest des Abends auf dem Kopf. Am Ende wird sie sich so daran gewöhnt haben, daß sie zum Teil von ihr geworden ist.

Übergangsritual für die Menopause
Diese tiefgreifende Veränderung wird kaum jemals gefeiert. Ein kleines Mädchen wird mit hunderttausend Eizellen in seinem Körper geboren; bei der Menstruation wird immer eine davon abgestoßen. Zu Babys reifen noch weniger heran, und an einem bestimmten Punkt des Lebens will diese Eizellenfabrik endlich einmal ausruhen. In dieser Zeit fühlt man sich völlig seinen Hormonen ausgeliefert. Wenn wir dieses Ereignis feiern, wird es für uns zu einer Quelle der Kraft; die Kontrolle über die hormonellen Veränderungen zu gewinnen heißt nämlich auch, sich eingehender damit zu beschäftigen. Schluck nicht einfach irgendwelche Pillen, die dir ein Arzt in die Hand drückt – offenbar weiß

dieser zum Beispiel nicht, daß der Verzehr von Süßkartoffeln, mehrmals in der Woche, die Hormone ausgleicht. Ärzten bringt man nur selten die vernünftige Naturmedizin nahe.

Lade deine Freunde zu einem Essen ein. Wenn die Stimmung auf dem Höhepunkt ist und die Gäste bereit sind zu einem Ritual, trägst du vier rote Kerzen auf einem Tablett herein oder läßt sie von einer Freundin hereinbringen. Alle Aufmerksamkeit richtet sich auf die Zelebrierende. Dann sagt ihre beste Freundin:

Wir haben uns hier versammelt, um den Rückzug des Blutflusses bei unserer Freundin [Name] zu feiern. Wir bitten die große Mutter, unsere Schwester mit Gesundheit, Lebenskraft und Freude zu segnen.

Alle stoßen mit ihren Gläsern darauf an und sagen: »Gesundheit! Lebenskraft! Freude!« Die Feiernde zündet nun die erste rote Kerze an und sagt dabei:

Ich zünde die erste Kerze für das fließende Blut an, das versiegt ist! Ich zünde die zweite Kerze an für die Kinder und die Gesundheit, die das fließende Blut mir gebracht hat [nötigenfalls weglassen]. Die dritte rote Kerze zünde ich für die Blüte meiner Weiblichkeit an, die vierte für die Schmerzen des Blutes, die aber ruhmreich endeten.

Darauf stoßen die Freunde wieder an und sagen: »Die Blutung endete in Ehren!«

Nun kann die beste Freundin Priesterin spielen, eine gelbe Kerze anzünden und dabei sagen:

Ich gebe dich frei, sagt die Göttin der Röte! Ich akzeptiere dich, sagt die Göttin der gelben Strahlen. Ich rufe dich in meine Weisheit, auf daß du wächst. Ich führe dich wie ein junges Mädchen in meine Wissenschaften, mein Wissen, meine Träume ein!

Die Feiernde erwidert darauf:

Ich habe meine Reise des Blutes vollbracht. Ich komme heim, um mich auszuruhen. Ich danke dir, Göttin der gelben Strahlen. Erhalte mich und beschütze mich und hilf mir weiterzuwachsen!

Die Symbolkraft dieses Rituals ist sehr einleuchtend: Rote Kerzen symbolisieren die Menstruation und den Lebensfluß. Die Zahl vier ist die Zahl der Vollendung. Gelb ist eine höhere Schwingung; diese Farbe wird mit spirituellem Wachstum, Geschicklichkeit und Transzendenz verbunden.

Ritual nach der Entfernung von Gebärmutter, Brüsten oder Eierstöcken
Warum sollen wir Operationen wie diese feiern? Warum eigentlich nicht? Sie retten uns doch das Leben, oder? Man entfernt doch nicht einfach unnötig Körperteile, und natürlich hat man sich vor einem solchen Eingriff ausreichend informiert. Aber jetzt bist du aus dem Krankenhaus entlassen, und alles ist wunderbar, es heilt langsam. Nur die Psyche wird bei solchen Dingen allein gelassen, und deshalb braucht man ein Ritual.

Veranstalte eine Party, bei der man über ein Feuer springen kann. Kerzen funktionieren allerdings genausogut und sind leichter zu überspringen. Bei diesem Feuersprung mußt du dir etwas wünschen, und da du, um dein Glück zu beschwören, dreimal darüberspringst, hast du drei Wünsche frei. Die beste Freundin ruft die anderen zusammen und erklärt:

Wir sind hier versammelt, um unsere Freundin von ihrem Verlustgefühl zu läutern, von ihrem Gefühl, nicht mehr intakt zu sein, von ihrer Depression [nötigenfalls weglassen]. Liebe [Name], sei willkommen. Wir sind sehr froh, daß du wieder unter uns bist. Nun bitten wir dich, über das Feuer

*zu springen, und dabei darfst du jedesmal einen Wunsch
für deine Zukunft äußern!*

Nun springst du über die Flamme – ohne daß dein Kleid
dabei Feuer fängt – und wünschst dir vor jedem Sprung etwas.

Weiberritual – der Beginn des weisen Alters
Wenn der große Planet Saturn zum zweiten Mal in deine
Geburtskonstellation eintritt, bist du fünfundsechzig Jahre
alt. Diesen Übergang betrachten wir als das Tor zum Alter
der Weisheit, doch diese Phase im Leben einer Frau wird in
unserer modernen Gesellschaft stark abgewertet: Frauen dieser Altersgruppe werden meist sehr unfreundlich behandelt.
Doch paß auf, bald schon wird der größte Teil der Bevölkerung in dieser Altersgruppe sein, und dann wird es wieder
Mode, alt zu sein. Warte nur ab!
    Lade deine Freunde ein. Die beste Freundin sollte einen
lila Edelstein mitbringen, das Juwel der alten Frau, der dir
überreicht wird: Die Farbe Lila ist eine Farbe mit großer Kraft
– sie steht auch für Ruhm, Glück und schwere Arbeit. Außerdem schenkt die Freundin ein Glöckchen, mit dem all deine
tapferen Jahre ausgeläutet werden. Feiert ausgiebig, und
wenn der richtige Zeitpunkt gekommen ist, rufst du all deine
Freunde und Freundinnen in einen Kreis zusammen. Dann
spricht die beste Freundin:

*Hallo und willkommen! Ich möchte euch erzählen, was
ich über alte Frauen weiß. Frauen werden mit fünfundsechzig alt, denn sie werden kosmisch von der Rückkehr des
großen Planeten Saturn beeinflußt, der erneut in die Geburtskonstellation eintritt. In den alten Zeiten waren die
alten Weiber mächtiger als die jungen Frauen. Wir wurden
gebeten, zu vermitteln, Streit zu schlichten und als Richte-
rinnen zu urteilen. Wir waren die älteren Schwestern für
alle, und bei den Ritualen hatten wir stets einen Ehren-*

*platz. Die heutige Gesellschaft vergißt uns, aber wir haben
unsere eigene Geschichte nicht vergessen. Wir feiern heute
[Name], weil sie nun an der Reihe ist. Ich möchte dir das
magische Altweiberjuwel verehren, um dich daran zu erinnern, daß du unsere geliebte Schwester, Lehrerin und nun
geehrtes altes Weib der Göttin bist.*

Die betreffende alte Frau erwidert darauf:

*Ich bin den ganzen Weg gegangen, von der Brust meiner
Mutter zum alten Weib. Ich danke der Göttin für die Jahreszeiten, die ich erlebte, und für die guten Phasen, die
noch auf mich warten!*

Jetzt läutet die beste Freundin fünfundsechzig Mal das
Glöckchen, einmal für jedes Lebensjahr der Feiernden. Das
wirkt sehr beeindruckend, denn es scheint endlos lange zu
dauern. Man fühlt sich gleich viel bedeutsamer und empfindet das Leben mehr als Kontinuum, wenn die vergangenen
Jahre der Erfahrung so an einem vorbeiziehen.

Nach dem letzten Glockenton jubeln alle auf und klatschen der Frau zu, die ein so langes Leben genossen hat. Nun
sprechen alle zusammen:

*Wir segnen dich, [Name], mit Gesundheit, Glück und ei-
nem langen Leben.*

Dann ist es vollbracht.

Variation für Männer
Wenn Männer dieses gewisse Alter erreichen, bekommen sie
von allen Seiten immer häufiger die herzlose Botschaft zu
hören, es sei doch an der Zeit, zurückzutreten und die Jungen vorzulassen. Aber wir leben im Zeitalter der Weisen: Der
Saturnkreislauf betrifft auch Männer. Vielleicht ist es für
Männer nicht so wichtig, sich nun auf die eher spirituelle

Seite des Lebens zu konzentrieren, aber ich wette, es gibt immer mehr Männer, die es gern hätten, einmal nicht mehr die Ernährer und »Jäger« zu sein, und sich lieber mit ihrer Spiritualität befassen.

Für Männer ist das Symbol der Spiritualität der Stab. Man bekommt heutzutage kleine und große, aus Kristall und schlichtem Holz. Suche einen, der zu der Person paßt, für die das Ritual abgehalten wird. Lade alle Freunde des Mannes ein, die zu dieser Feier beitragen wollen und sie nicht albern finden. Feiert ausgiebig, und wenn der Zeitpunkt richtig erscheint, spricht der beste Freund zu den Versammelten:

Ich möchte euch heute etwas über die großen Medizinmänner erzählen, die den alten Gemeinschaften dienten. Man nannte diese Männer weise, denn ihr Rat war klug und ihr Urteil klar. Diese Medizinmänner lehrten die spirituellen Werte der Tapferkeit, der Weisheit, des Mitleids und der friedlichen Schlichtung. Sie waren unsere Väter und Großväter, die das weise Alter erreichten. Wir ehren heute [Name] und möchten ihm diesen Zauberstab überreichen, um ihn an sein spirituelles Erbe zu erinnern und zu feiern, daß er das Alter der Weisen erreicht hat.

Der Feiernde sollte das Geschenk mit einer kurzen Rede annehmen, die er improvisiert. Er kann aber auch sagen:

Ich bin den langen Weg von der Brust meiner lieben Mutter bis zum Alter der Weisheit gegangen. Ich trinke auf die guten Zeiten, die ich erlebte, und auf diejenigen, die ich noch erleben werde!

Nun ergreift der beste Freund wieder das Wort und läutet die fünfundsechzig Jahre mit der Glocke ab. Alle hören zu und freuen sich über die Länge dieses Lebens. Anschließend folgt großer Beifall, und dann feiert man weiter. Dies sind nur einige Vorschläge, wie man die Übergangsphasen im Leben in erinnerungswürdige Feste verwandeln kann. Zur weiteren Information findest du weitere Buchtitel in der Bibliografie im Anhang.

Es spricht die Göttin:
Hekate

Ich bin von Anbeginn an bei dir gewesen. Erinnerst du dich nicht an eine Stimme, die sogar die Geburtsschreie deiner Mutter übertönte? Ich, die Priesterin der Erde, habe bei deiner Geburt und der all deiner Verwandten mitgeholfen. Stumm sah ich zu, wie du heranwuchsest; ich war bei all deinen Übergangsritualen anwesend. Ich war die Priesterin, die in beiden Händen eine Fackel des Lebens hielt, die eine nach oben zum Himmel, die andere zur Unterwelt weisend, denn es heißt ja: »Wie das Oben, so das Unten.« Selbst die Erde bedient sich meiner. Ich bin die Königin der Wegkreuzungen, die Hexenkönigin, die Verwandlungskünstlerin. Jetzt ist meine Jahreszeit; die Hexe in mir schreit und heult furchterregend und hinterläßt Kürbisse in deinem Garten und Wohnzimmer wie orangefarbene Luftballons.

Wir erleben nun die uralte Saison der Hexen, und du heißt mich willkommen: Denn du hast es gern, von mir erschreckt zu werden. Ich zwinge dich, über deinen eigenen Tod zu lachen und deine Kinder in schauderhafte Verkleidungen zu stecken. Du bekommst die erste Vorahnung von der kalten Jahreszeit, die dich bald bis aufs Mark frieren lassen wird. Ich bringe die Ernte ein, und wenn du deine Äpfel immer noch nicht gepflückt hast, beiße ich sie mit Frostzähnen. Nach Halloween gehört mir alles, was auf den Feldern zurückgeblieben ist!

Wenn du mich ehren möchtest, zeige ich dir meinen Zauber. Ich nehme dir die Angst vor dem Tod und mache dich froh. Ich schütze die Altäre, ob draußen oder drinnen. Ich spreche in dir, wenn du das Bedürfnis hast, allein auf einem

Berg oder auf einer Waldlichtung zu stehen, um den Vollmond anzusprechen. Ich bin der wilde Teil in dir, dein sechster Sinn, der dir Vorahnungen, Intuition und Träume bringt. Ich bin die unsterbliche Priesterin und habe drei Gesichter – jung, alt und in voller Blüte. Ich sehe nach vorn und nach hinten. Ich bin das Scharnier, die Türangel der Wirklichkeit, ich bin deine Urgottheit. Ich bringe selbst heute noch diese ursprünglichen Gefühle in dein Leben, im künstlichen Wald deiner städtischen Betonwelt. Meine Hexen fliegen auf ihren Besen, und die Geister zittern vor den Fenstern. Alles ist gut. Halloween ist da, die Seelen kommen uns besuchen, und die Lebendigen veranstalten ein Fest, um sich mit den Toten ein Stelldichein zu geben. Ich freue mich an deiner Fröhlichkeit und wärme mir meine kalten Hände an deinem Feuer.

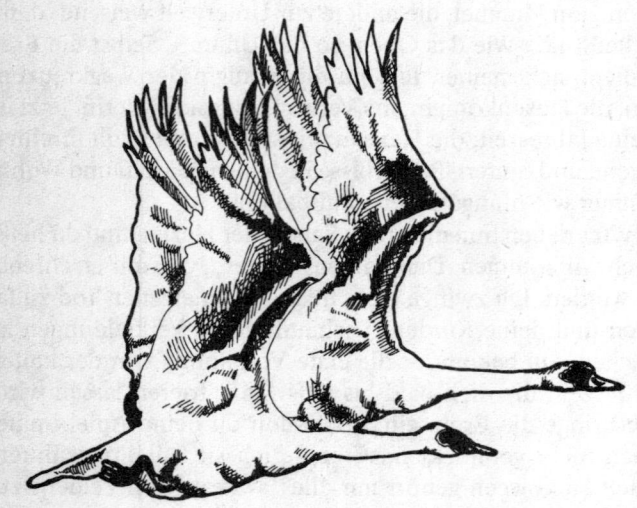

Aspekte des Oktober

Auch dieser Monat erhielt seinen Namen nach seiner Position im römischen Kalenderjahr (*octo* = »acht«); nach dem Gregorianischen Kalender ist er der zehnte Monat. Das zeigt nur wieder, wie Herrscher einfach die Zeit manipulieren, indem sie deren Namen ändern.

Vollmondaspekt: Blutmond
Universalereignis: 31. Oktober Samhain (Halloween), das Ende des Sommers, einer der höchsten Feiertage auf der Reise der Erde um die Sonne
Gemeinschaftsereignis: Halloweenveranstaltungen, Spiraltanz
Botschaft: Loslassen, säubern, sich erinnern Aktivität: Vorbereitung auf den Winter
Heilwirkung: Beruhigung der Nerven
Passender Zauber: Schutzzauber, Aufhebung von bösen Zaubern, Erinnerungsfeiern an die Toten, Abend der Abrechnung, Zurückzahlen von Schulden
Manifestation: Efeu, die Pflanze der Auferstehung
Farbe: Blau
Baum: Eibe
Blume: Ringelblume, Cosmea
Tier: Schwan
Edelstein: Opal, Turmalin

Annas Zauber, Rituale und Feste für den Oktober

Bann gegen die Macht eines Feindes, uns zu schaden

Manchmal verletzen die Menschen einander, und es wird vielleicht notwendig, sich dagegen zu wehren. Dazu nimmt man 120 Gramm kleingehackte Fieberbaumwurzel und die gleiche Menge zerstoßene Patschuliblätter, kleine Bröckchen Myrrhe und Weihrauch und Zehrkraut. Dies vermischt man in einer Holzschüssel und verbrennt ein wenig auf spezieller Holzkohle. Beim Aufsteigen des Rauches spricht man den Namen der Person, die einem Schaden zufügt, dreimal aus und sagt anschließend:

Brenn, Feuer, steig auf, Rauch!
Ich rufe Hekate an!
Möge der böse Fluch auf sich selbst zurückfallen.
Brenn, Feuer, steig auf, Rauch!

Dies vollzieht man sieben Abende hintereinander vor dem Schlafengehen. Dein Feind wird dadurch geschwächt und kann dir nicht mehr schaden.

Zauber gegen üble Nachrede und Klatsch
Wenn du sicher bist, daß dir jemand durch üble Nachrede wirklich schadet, kannst du etwas dagegen unternehmen, was schon deine Ahnen taten. Besorge dir Nelkenpulver (das hast du vielleicht sogar im Haus) und schreibe den Namen der Person, die über dich klatscht, neunmal rückwärts mit roter Tinte auf ein sehr kleines, weißes Stück Papier. Wenn du nicht weißt, wer hinter den Gerüchten steckt, schreibst du: »Wer immer über mich Klatsch verbreitet«. Verbrenn sieben Tage lang morgens und abends ein wenig von dem Nelkenpulver. Am letzten Abend verbrennst du das Stück Papier zusammen mit dem Nelkenpulver und wirfst die Asche anschließend in ein fließendes Gewässer. Der Klatsch wird entweder aufhören oder niemand schenkt ihm mehr Gehör.

Zauber für eine sichere Reise
Wenn man eine Reise plant, kann ein kleiner Zauber dafür sorgen, daß dieses Vorhaben geschützt wird. Dazu streut man ein wenig Isländisch Moos auf den Boden des Koffers und in die anderen Gepäckstücke. Bedecke es mit dünnem Papier

und packe dann deine Kleider darauf – du wirst erleben, daß Mutter Natur ein Auge auf dich hat. Auf keinem Flughafen werden diese Gepäckstücke jemals verlorengehen, dein Flugzeug wird nicht entführt, fällt nicht aus irgendeinem Grund vom Himmel, und dich suchen auch keine anderen Schrekken heim, die vielleicht da oben lauern.

Ritus zur Ehrung der Toten

Diese Meditation ist eine der ältesten Formen von Anbetung. Ich glaube, die Menschen haben die Religion erfunden, weil der Tod in uns solches Entsetzen hervorruft und in uns eine solche Leere herrscht, wenn geliebte Menschen dahinscheiden. Wir fragen uns, wo sie dann wohl sind, und wenn sie uns eine Vision schicken oder in einem Traum zurückkehren, wissen wir, daß sie nicht völlig verschwunden, sondern nur auf die andere Seite übergewechselt sind. Im Oktober rückt diese andere Welt sehr dicht an die Welt der Lebenden.

Baue einen Altar für deine Ahnen, indem du einen kleinen Tisch mit einem weißen Tuch deckst und Blumen und eine Schale mit Wasser daraufstellst. Streue ein paar Kräuter auf die Kerzen und stelle Bilder der verstorbenen Verwandten in die Mitte. Zünde deine weißen oder gelben Devotionalkerzen davor an und verbrenne ein wenig Weihrauch für die Geister – das ist einer der ältesten Bräuche. Stell auch etwas zu essen dorthin, wie rote Beeren oder Bonbons. Sprich mit deinen eigenen Worten, wie zu deiner Mutter, deinem Vater oder Kind:

[Name], hallo! Hier ist deine [eigener Name]. Fröhliches Halloween! Ich habe dir Essen und Trinken hingestellt. Ich ehre euch, meine Vorfahren, denn wie ihr wart, so bin ich heute; ich bin die Summe von allem, was ihr mir geben konntet. Ich danke euch für mein Leben und bitte euch um mehr Schutz auf der Straße, zu Hause und in mir selbst, so daß ich alle negativen Gedanken von mir weise und keine Unterdrückung dulde. Ruht in der heiligen Schönheit der

Göttin und freut euch über die Nähe zur Quelle allen Le-
bens. Breitet eure Kraft wie Flügel über eure Familie aus,
die ihr zurückgelassen habt, und wir werden eurer jedes
Jahr an diesem Tag mit Ehrfurcht gedenken.

Wenn deine Eltern oder Verwandten an einem Ort begraben
sind, wo du sie besuchen kannst, geh zum Friedhof. Sorge
dafür, daß alle Gräber deiner Verstorbenen gut gepflegt sind,
und bezahle deine Schulden beim Friedhofsgärtner. Aber tu
dies an Halloween oder am 1. November, dem Fest aller Toten.

Zauber, um loslassen zu können

Irgendwie gibt uns das moderne Leben das Gefühl, daß wir
Dinge anhäufen müssen – Menschen, Telefonnummern, Kon-
takte, Bücher, Zeitungen, Werkzeug. Meistens ist das ge-
rechtfertigt, denn es besteht immer ein Bedürfnis nach einer
neuen Idee, einem alten Werkzeug, und Altes und Neues zusammen sparen Zeit und Geld. Doch dieses Prinzip hat nicht
in allen Bereichen Gültigkeit: Manchmal müssen wir uns von
etwas lösen, eine Ansammlung von Dingen und Gefühlen
loswerden, die bereits ihren Zweck erfüllt haben.

Der Oktober ist ein guter Monat, um die Seele aufzuräumen. Stelle zuerst eine Liste der Dinge auf, die »entsorgt«
werden müssen, wie Groll gegen Freunde oder Feinde, Wut
auf sich selbst (ein mächtiger und verbreiteter Müll). Geh
einfach dein Leben danach durch, was du nicht mehr
brauchst. Überprüfe deine Seele wie einen lange nicht be-
tretenen Speicher und sieh nach, wo ein Hausputz fällig ist.
Dann schreibst du alles auf, was du findest. Ich spreche hier
nicht über Vorwürfe gegen Menschen, von denen du dich

gerade getrennt hast, die dich betrogen haben, wegen deren Belästigung du deine Stelle kündigen mußtest, deretwegen du nicht befördert wurdest, weil du kein Mann bist. Diese Belastungen sind nicht dein Fehler, daher gib dir nicht selbst die Schuld daran. Finde lieber eine Gruppe, mit der du diese Dinge verarbeiten kannst, um deine Wut in politische Aktivität umzuwandeln, die deinem Leben dann mehr Sinn gibt.

Errichte einen Altar mit schwarzem Tuch, der Farbe des Universums, der Farbe des Chaos, woher alles stammt und wohin alles zurückkehrt. Lege ein paar welke Blätter darauf, die die natürliche Ordnung der Jahreszeiten und die abgelegte Vergangenheit darstellen. Dieses Herbstlaub ist sehr schön, soll aber zu Kompost werden: In den Kompost wandert auch all unser Müll. Lege deine Liste mit dem seelischen Müll auf diesen Tisch, zünde zwei schwarze Kerzen an und verbrenne etwas reinigenden Duftstoff. Wenn du keinen bestimmten für diesen Zweck finden kannst, nimm Sandelholz, Weihrauch, Myrrhe oder Zeder.

Wenn du zur Göttin betest, sprich ganz normal, wie mit deiner eigenen Mutter. Sage etwa:

Liebste Göttin, ich bin dieses Jahr weit gekommen und habe meine Lasten getragen. Ich möchte sie mir jetzt von den Schultern nehmen und dir zurückgeben, damit sie aufbereitet, vergraben und kompostiert werden. Ich biete dir hiermit meinen Groll gegen Freunde, Familie und [Entsprechendes einsetzen] an und bitte dich, sie in dein schwarzes Universum zu absorbieren. Nimm sie mir ab und erlaube mir, leichteren Schrittes weiterzugehen.

Dann verbrennst du deine Liste in den Kerzenflammen. Stell dir vor, wie all diese Gefühle sich in Rauch auflösen, und sage dann:

*Ich fühle mich leicht und glücklich. Liebste Göttin, du bist
meine wahre Kraft und Führung. Ich danke dir, daß du für
mich da bist und den Ruf deiner Kinder hörst. Ich ehre
dich und danke dir.*

Dann nimmst du alle Dinge, die zu dieser Meditation gehörten, und wirfst sie in ein fließendes Gewässer. Dreh dich
nicht um. Laß selbst alle Gedanken an dieses Ritual los.

Der Spiraltanz

Der Spiraltanz ist in der Gegend von San Francisco zum be-
liebtesten und bedeutsamsten öffentlichen Festival geworden. Große Ritualzeremonien sind für viele heidnische Gruppen hier nun fester Bestandteil ihres Lebens. Starhawk und
das »Zurückgewinnungs-Kollektiv« begannen 1979 mit der
Tradition des Spiraltanzes, um die Veröffentlichung von Star-
hawks Buch »The Spiral Dance« zu feiern.* Da ich Spiraltänze veranstaltete, seit ich 1975 in die Gegend gezogen war,
setzte ich die gleiche Tradition für Frauen fort.

So feiert man alte Riten in einer modernen Gemeinschaft:
Wir versammelten uns am Halloween-Abend um etwa neun
Uhr im Frauenhaus in San Francisco. Wenn man bedenkt,
wie kalt es um diese Jahreszeit schon sein kann, war es eine
warme Nacht. Die Teilnehmer waren in den ausgefallensten
Kostümen als Zwerge, Elfen und ähnliche Wesen erschienen;
jemand brachte eine Riesenpythonschlange mit, die gelassen
auf drei Schulterpaaren ruhte.

Als alle bereit waren, betraten drei Frauen, die die drei
Schicksalsgöttinnen darstellten, den Saal und sangen Segens-
sprüche, um einen heiligen Raum zu schaffen.

*Dreimal herum mit Rauch, um den Grund zu läutern,
Dreimal herum mit Geräusch, um den Grund zu läutern,*

---

* Starhawk: Truth or Dare, San Francisco 1987, S. 306.

Dreimal herum mit Wasser, um den Grund zu läutern
von allem Unheil und allem Bösen.

Bei diesem Gesang der Schicksalsgöttinnen traten acht Priesterinnen vor, die die acht hohen Feiertage des Jahres darstellten, die Festtage, die den Weg der Erde um die Sonne markieren – die Sonnenwenden, die Tagundnachtgleichen und die Höhepunkte dazwischen: Lichtmeß, Maltag, Lammas und Halloween. Nacheinander traten die Priesterinnen vor das versammelte Publikum (insgesamt an die dreihundert Menschen).

»Ich bin Winter, ich bringe dir die Innenschau. Ich bringe den Schnee. Ich bringe die Keimung der Seele und die Vorbereitung auf die Zukunft. Ich bin alt, und ich bin jung«, sprach die Priesterin, die die Wintersonnenwende darstellte, und tanzte mit einer brennenden Kerze um den Kreis herum. »Ich bin die Brigitta von Lichtmeß«, fuhr die nächste Priesterin fort. »Ich bringe dir Inspiration, gute Ideen, den aufsteigenden Saft.«

»Ich bin die Frühjahrs-Tagundnachtgleiche. Hier sind meine Blumen – rieche daran«, sagte die nächste. »Ich bin der Maltag«, schnurrte eine laszive Priesterin. »Ich liebe meinen Körper, ich liebe die Wälder.«

»Ich bin Mittsommer«, sagte eine Frau, die die Fülle des Sommers repräsentierte. »Ich schare meine Verwandten um mich, und wir feiern und tanzen.« – »Ich bin Lammas, das Fest des frischgebackenen Brotes. Komm und iß an meinem Tisch«, sagte eine weitere und reichte wunderbar duftendes Brot herum.

»Ich bin der Herbst. Schau dir meine schönen, welken Blätter an«, sagte die siebte Priesterin. »Ich bin die Mutter der Toten«, sagte die Halloween-Vettel. Da es ihre Nacht war, sprach sie nur leise. Sie war schwarz gekleidet und trug eine Knochenkrone auf dem Kopf. »Hast du in diesem vergangenen Jahr jemanden verloren?« fragte sie. »Bist du in Trauer? Wer war es? Wie heißt sie oder er?«

Einer nach dem anderen nannten die Menschen nun die Namen der Verstorbenen. Manche Stimmen klangen erstickt, andere weinten ganz offen. Die Namen ihrer Toten flossen von ihren Lippen, und es waren so viele, daß wir ganz erschrocken waren. Es war ein trauriges Jahr für die Gegend um San Francisco gewesen; viele waren an AIDS gestorben, aber auch an anderen Krankheiten. Wir hielten einander, heulten und ließen den Schmerz ausbrennen wie eine alte Flamme. Als das Halloween-Weib sein Ritual beendet hatte, trat es in die Mitte des Kreises und hüllte sich in Schweigen.

Dann machten wir anderen uns bereit, sie in der Unterwelt zu besuchen. Wir begannen mit einer Schlange außerhalb des Kreises der Tänzer und bildeten eine Spirale bis in die Kreismitte. »Herab, herab, herab, Verfall, Verfall«, sangen wir und wanden uns in immer kleineren Kreisen, bis wir endlich vor dem Tor der Göttin des Todes ankamen. Jetzt waren wir frei, ihr die Dinge zu übergeben, deren Tod angemessen war. »Unsicherheit«, rief eine Frau. »Meine Angst vor Krankheiten«, eine andere. »Meine Wut«, »Meine Nachgiebigkeit«, stimmten andere ein.

Da erhob sich die Göttin und akzeptierte mit einem Nikken all unsere seelischen Altlasten. Wir fühlten uns viel sicherer, als wir sie mit ihrem schwarzen Federhut und der Knochenkrone sahen und sie all diese inakzeptablen Dinge annahm, denn erst der Akt, die eigene Sterblichkeit zu akzeptieren, macht uns frei. Als sie fertig war, mußten wir sie noch um die Wiedergeburt bitten, um aus der Dunkelheit zurückzukehren. »Hekate, Cerridwen, Dunkle Mutter, laß uns wiedergeboren werden!« Als der Gesang überzeugend genug klang, nickte die Göttin und sagte: »Geht zurück und lebt euer Leben erfüllter. Kümmert euch um die Gräber und erinnert euch an die Toten. Behaltet Tapferkeit und Segen im Herzen und liebt einander, wie ich euch liebe.«

Dann tanzten wir, diesmal schneller, mit dem Gesang: »Jetzt fangen wir an! Freiheit für alle. Jetzt fangen wir an! Ein

Ende der Unterdrückung! Jetzt fangen wir an!« Fröhlich
schritten wir den Weg zurück in den großen Kreis und tanzten bis nach Mitternacht in einer langen Schlange hintereinander und manchmal in totalem Durcheinander weiter, das
sich aber wundersamerweise immer wieder auflöste. Halloween ist die Zeit der Wiedergeburt und nicht nur der trunke-
nen Partys. Gib diesem Tag mehr Sinn!

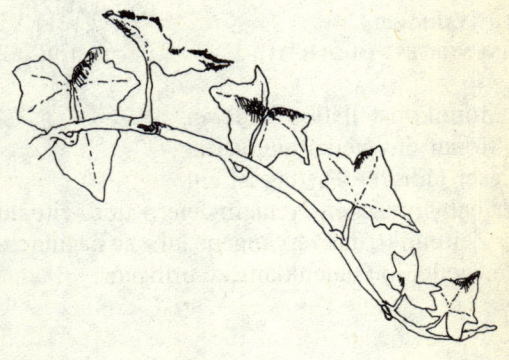

Die Festtage im Oktober

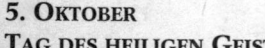

OKTOBER (VARIABEL)
VERSÖHNUNGSFEST (JÜDISCH)

Je nach Mondkonstellation findet in
diesem Monat das Versöhnungsfest
statt. Dieser jüdische Festtag ist ein
Erbe der babylonischen Neujahrsfeiern und -rituale. Es ist
ein guter Zeitpunkt, das vergangene Jahr zu begutachten und
die Seele wieder in Gleichklang zu bringen.

5. OKTOBER
TAG DES HEILIGEN GEISTES (GRIECHISCH)

Sophia, der Geist der weiblichen Weisheit, verwandelte sich
in eine weiße Taube, ihren heiligen Vogel. Das Christentum
versuchte, sie völlig auszuschalten, und behielt nur das Symbol der Taube bei, die Jesus bei seiner Taufe Kraft verlieh,
aber auch den Aposteln erschien, als sie sich nach Jesu Tod
versammelten.

In der gnostischen Tradition ist die Hagia Sophia, die große Mutter, aus dem Schweigen entstanden. Sie war die große,
verehrte Jungfrau, in der der Vater verborgen war, ehe er alles
erschuf. Die neuen patriarchalischen Religionen zerrten sie
in den Schmutz, denn sie verachteten Göttinnen, konnten
aber ihre Anbetung nicht gänzlich ausrotten. Die Christen des
Ostens bauten ihr im sechsten Jahrhundert in Konstantinopel
eine prächtige Kathedrale, die als eines der Weltwunder gilt.

11. BIS 13. OKTOBER
DIE THESMOPHORIEN: FEST DER FRAUENRECHTE
(GRIECHISCH)

Dieses Fest ist auch als Fest der Demeter bekannt. Die Thesmophorien waren ein größerer Anlaß, ein heiliger Tag, der Beachtung der Gesetze von Göttin Demeter gewidmet. Theokrit berichtet uns darüber:

»Es herrschte ein Gesetz unter den Athenern, daß sie jährlich die Thesmophorien feiern sollten, und die Thesmophorien bedeuten: Jungfrauen, die ein heiliges Leben geführt haben, legen an dem Festtag bestimmte gebräuchliche und heilige Bücher auf den Kopf und vollziehen eine Art Liturgie.«* Die Ursprünge der Thesmophorien liegen weit zurück. Wir finden darin Elemente alter Magie, Segnungen, Flüche, Verkündigungen und die Anfänge einer verbindlichen Gesetzgebung. Vor den Tempeln der Göttinnen Demeter und Artemis verlas man die Namen der Personen, die nach Meinung der Priesterinnen die öffentliche Moral verletzt hatten. Auf dieser Liste wollte niemand stehen, denn die so Verfluchten starben, noch ehe das Jahr vorbei war. Damals wurden gynozentrische (d. h. frauenorientierte) Religionspraktiken eingeführt, um die Menschen an die Rechte der Frauen zu erinnern.

Am ersten Tag der Thesmophorien vollzog man ein Ritual mit Namen *kathodos* (»hinabsteigen und heraufziehen«). Die Priesterinnen an diesem Tag waren eigens dafür geläuterte Frauen: Sie wirkten als »Heraufzieher« und brachten aus der Erde alle Opfergaben der letzten Jahre hervor. In ihren scharlachroten und lila Gewändern stiegen sie tief in eine Erdspalte zum Schrein der Demeter. Sie hatten Ferkel dabei, die der Demeter aufgrund ihrer Klugheit und ihrer Liebe zur Erde heilig waren. Dieses Hauptnahrungsmittel der Menschen wurde so symbolisch an die Göttin zurückgegeben, die

---

* Theokrit: Idyllen (Übers. Harrison) 4, 25.

Quelle aller Nahrung. Die Priesterinnen ließen die Ferkel am Schrein zurück und sammelten die Überreste der im letzten Jahr geopferten Tiere dort auf. Dann ersetzten sie die Abbilder der Göttin, die Schlangenstatuen und eigens angefertigten Schreine.

Der zweite Tag der Thesmophorien, Nesteia, war Demeter gewidmet, der Gesetzesbringerin, die angeordnet hatte, daß »Männer mit der eigenen Arbeit für ihren Unterhalt sorgen sollten«.* Das trägt der Tatsache Rechnung, daß die Frauen nicht ihr ganzes Leben lang die Söhne versorgten, sondern diese sich nach einer gewissen Zeit um sich selbst kümmern mußten. An diesem Tag herrschte allgemeines Fasten, und die Dinge, die »heraufgezogen« worden waren, wurden auf den Altären zur Schau gestellt. Man amnestierte Gefangene und begnadigte sie, die Gerichte blieben geschlossen, und Demeter, die Göttin ohne Lächeln, empfing ihre Gläubigen auf dem Boden sitzend statt auf dem üblichen Thron.

Den dritten Tag der Thesmophorien verbrachte man damit, alle Dinge, die »heraufgezogen« worden waren, wieder in die gute Erde zu säen – eine Art Fruchtbarkeitsmagie. Nur Frauen, die keinen Tod in der Familie erlebt hatten, durften dieses heilige Ritual der *kallingeneia*, der »schön Geborenen«, vollziehen. Anschließend fand in der Gemeinschaft ein Fest statt, bei dem getanzt wurde.

12. OKTOBER
FESTTAG DER GÖTTIN DER GLÜCKLICHEN REISE (RÖMISCH)

Ihr Name lautete Fortuna Redux. Bitte sie um günstige Zeiten, ehe du eine lange Reise planst. Lege Kamillenblüten in deinen Koffer, damit du auf Reisen auf der Straße und in der Luft kein Unglück erlebst.

---

* Jane Harrison: Prolegomena to the Study of Greek Religion, S. 123.

OKTOBER (VARIABEL)
SUKKOTH: LAUBHÜTTENFEST (JÜDISCH)

Dieses Ernte- und Weinfest findet immer im Oktober statt,
aber je nach Mondphase an variierenden Tagen. Es wird mit
Asherah verbunden, der Himmelskönigin. An diesem Tag
werden überall Stände aufgestellt, um die Fülle der Ernte zu
zeigen. Feiern und Besuche von lieben Menschen erfreuen
die Himmelskönigin.

31. OKTOBER
SAMHAIN: HALLOWEEN (KELTISCH)

Heute beginnt das neue Erdjahr: Wir haben den Höhepunkt
zwischen der Herbst-Tagundnachtgleiche und der Wintersonnenwende erreicht. Es ist ein guter Zeitpunkt, um an die
eigene Sterblichkeit zu denken, denn heute nacht ist der
Schleier zwischen den Welten am dünnsten, und die toten
Seelen besuchen ihre lebendigen Verwandten. Der Brauch,
von Tür zu Tür zu gehen und um Geld und Süßigkeiten zu
bitten, stammt aus Großbritannien, wo man an diesem Tag
für die Armen sammelte. Wenn du deine Kinder dazu los-
schickst, mache ihnen klar, daß sie die Zukunft darstellen,
und wenn fremde Kinder an deine Tür klopfen, gib ihnen
Süßigkeiten, um ihnen die Zukunft zu versüßen. Wenn du
ihnen an diesem Abend schlechte oder verdorbene Speisen
gibst, bringt das dir selbst Unglück. Aber die wahren Stars
des Halloween-Abends sind die Alten: Sie stehen für das Jahr,
das nun alt und grau ist. Denk an deine Großmütter, Großväter und ältere Verwandte. Schick ihnen Karten oder führe
sie zum Essen aus. Glück für die Zukunft bringt es auch,
wenn man sich mit der Vergangenheit aussöhnt.

Einer alten keltischen Legende zufolge bewahren die vier
Großmütter des Halloween die vier großen Schätze auf: Der
Kessel der Wiedergeburt steht für die Freude, der Stein des

Schicksals für Macht, der Speer des Zauberers für Tapferkeit und das unbesiegbare Schwert schließlich, das man in so vielen alten Sagen findet, für Wissen. Diese vier alten Frauen werden im Volkstheater oft mit ihren Schätzen auf die Bühne gebracht, und sie zu sehen und zu hören, wenn sie ihre Schätze nennen, bedeutet großes Glück und ist nur für Eingeweihte bestimmt.

Heute ist ein guter Tag, um den Armen zu spenden: Die Geister bedenken solche Gaben mit besonderer Gunst. In Europa stellt man den Armen Essen vor die Friedhofstore. In den Vereinigten Staaten geht man häufig auf eine Party und verkleidet sich als Geist oder tote Seele. Stell heute nacht etwas Milch auf deine Fensterbank oder auf den Eßtisch und laß eine weiße Kerze brennen, damit die wandernden Seelen beim Vorbeischweben etwas sehen. In Irland und Schottland glaubt man, daß die Seelen des kleinen Volkes, die Feen, heute nacht umherschwirren. Alle unsichtbaren Barrieren sind gefallen, und sie freuen sich über die Gesellschaft der Menschen.

Die Oktobergeschichte:
Glück im Unglück

In meinem Leben hat es viele Übergangsrituale gegeben. Mein erstes mediales Erlebnis hatte ich im Alter von drei Jahren, als meine geliebte Großmutter starb und zu mir kam, um sich zu verabschieden. Ein solches Erlebnis bedeutet allgemein, daß die verstorbene Person sich als dein besonderer Schutzengel dazu verpflichtet, dich bis zu deinem Tod zu bewachen. Diese Vision ermöglichte es mir, von der weltlichen Realität in eine unsichtbare überzuwechseln, meine sterbende Großmutter, die Tausende von Kilometern entfernt im Sterben lag, zu küssen und zu berühren und zu hören, wie sie mit dem letzten Atemzug meinen Namen aussprach. Da wir einander sehr geliebt hatten, weinte ich heftig bei ihrem Tod. Aber diese Erfahrung sperrte meine medialen Tore weit auf: Seitdem kann ich immer, wenn dazu große Notwendigkeit besteht, in diese unsichtbare Welt reisen und Großmutter und andere Verstorbene aufsuchen. Dann folgte der wunderbare Augenblick, als ich mit vierzehn meine erste Kurzgeschichte verkaufte, die bei einem nationalen Rundfunkwettbewerb in Budapest den zweiten Preis gewonnen hatte. Der erste Preis ging an einen älteren Mann – er war einundzwanzig! Damals dachte ich, nun sei meine Kindheit zu Ende, weil ich zur Schriftstellerin/Geldverdienerin geworden war. Meine Mutter buk mir einen Kuchen mit einer einzigen Kerze darauf; ich war für sie als Künstlerin geboren.

Aber die vernichtendste, aufwühlendste und auf alle Zeiten bedeutsamste Erfahrung und Lebensveränderung war für mich die Ungarische Revolution. Sie war keine Revolte, wie man sie im Westen nannte, noch war sie der konterrevolutionäre Aufstand, als den man sie im Osten betrachtete: Es war unsere eigene, spontane Revolution, und sie begann am 23. Oktober 1956. Die Erinnerungen daran ruhten viele Jahre verdrängt in mir. Mit wem gemeinsam kann man sich schon an das Geräusch erinnern, wie Panzer die Pflastersteine aufreißen? Wem kann man erklären, wie die Akazien nun auf den Budapester Straßen blühen müssen? Wie kann man in eine Konversation einflechten, daß mir das Herz schmerzt, wenn ich Straßenbahnen sehe, denn in meiner Erinnerung sind sie gelb, mit Drahtbügeln oben, die an Leitungen aufgehängt sind und Funken sprühen, wenn sie eine Hauptleitung berühren? Wer kann mit dir über die Schuldgefühle sprechen, überlebt zu haben, während tausend andere starben? Die Veteranen der Revolution sind in alle Welt verstreut wie die Samen des Löwenzahn. Sie versuchen, sich auf fremdem Boden zu integrieren und assimilieren. Aber zu welchem Preis? Wir versuchen, unsere Ursprünge zu verleugnen, indem wir unsere Namen ändern, um uns an die Länder anzupassen, in denen wir leben. Und trotzdem sagt jedermann: »Was für einen charmanten Akzent Sie haben! Woher stammen Sie?«

Als die Revolution begann, ging ich zur Oberschule und dachte nur an meine Noten, denn ich hatte eine Menge aufzuholen. Es war für mich eine neue Schule, denn Mutter hatte mich gleich nach den Sommerferien mit meiner Freundin Tünde umgemeldet. Sie ließ mich nicht einmal meinen Koffer auspacken und meine Sachen waschen, sondern verkündete lediglich, daß ich nach Buda ziehen würde, auf die andere Seite des Flusses, um bei meinem Vater zu leben, der als strenger Erzieher galt. Das war Mutters Reaktion auf eine Bemerkung der Hausmeisterin, sie habe mich in unserer Wohnung mit einem Jungen beim Schmusen gesehen, als Mama arbeiten war. Mutter sagte oft, sie lasse mir zuviel Freiheit und hoffe nur, ich würde das nicht ausnutzen. Wenn ich das jemals tat, hatte sie wieder und wieder geschworen, würde sie mir alles verbieten. Und das tat sie auch.

Meine beste Freundin Tünde wohnte in Pest. Wir verbrachten jede freie Minute zusammen, weil wir so nahe bei-
einander wohnten. Wir sprachen über Gott und die Welt, die
Schule, die anderen Mädchen und manchmal sogar über Jungen, aber Tünde und ich gehörten nicht zu denen, die schon
verrückt auf Jungs waren. Wir gingen, seit wir neun waren,
zusammen zur Schule.

Vater wurde seinem Ruf gerecht. Er war ein starker Rau-
cher und Trinker, zog sich oft in eine Tabakswolke zurück
und las den »Figaro«, sein Lieblingsblatt. Aber mein Kommen und Gehen entging ihm dabei nicht. Ich mußte um halb
acht im Bett sein! Das war unglaublich für eine junge Frau
von sechzehn Jahren. Er fragte mich nach meinen Hausauf-
gaben, die ich stets erledigte, und dann ging er aus in Bars
und verschloß die Tür von außen. In dieser Art Leben, voll
der Wut und Unzufriedenheit der Jugend, begrüßte ich die
Revolution.

Sie kam zu mir durch ein Flugblatt – mein erster Kontakt
mit diesem Medium – mit der Nachricht, wir sollten um drei
Uhr zu einer genehmigten Demonstration in den Bem Park
am Donauufer kommen. Dieses Flugblatt wurde von einem
Studenten vor unserer Schule verteilt; ich nahm es mit in die
Klasse und las es laut vor, als gehörte auch ich zu der Organisation. Als ich an die Stelle kam, daß alle russischen Trup-
pen Ungarn verlassen müßten, daß wir freie Wahlen wollten
und eine freie Presse, schrien alle lauthals und trommelten
triumphierend auf die Pulte. Dann trat der Lehrer zu mir und
sagte leise: »Laß mich mal sehen.« Doch da war es bereits zu
spät, denn wir hatten beschlossen, zu der Demonstration zu
gehen.

Es ist wohl kaum etwas so ansteckend wie ein spontanes,
emotionales Ereignis, an dem jedermann beteiligt ist – Alte
und Junge, Männer und Frauen, geeint durch die Leidenschaft für ein höheres Ziel. Ich sollte eigentlich später an diesem Abend, um acht Uhr, Mutter in Buda im »Blauen Pfau«
zum Essen treffen. Da sie mich zum Leben bei Vater ver-

dammt hatte, trafen wir uns öfters. Ich hatte vor, erst zu der Demonstration zu gehen und dann mit ihr zu essen. In den Vereinigten Staaten nimmt man Demonstrationen als selbstverständlich hin, aber 1956 in Ungarn war es für alle das erste Mal. Es war neu, so etwa wie der erste Kuß.

Es war der erste Freiheitsrausch. Die meisten aus meiner Klasse erschienen ebenfalls; wir bildeten eine Gruppe von etwa dreißig Personen. Wir skandierten und riefen Slogans, klatschten in die Hände und sangen auf dem Weg zur Stadtmitte an jeder Ecke die Nationalhymne. Es war ein siegreicher Taumel. Ungarn, die einander normalerweise hassen, wie es so oft bei unterdrückten Völkern der Fall ist, entdeckten ihre Liebe zueinander, und das rührte uns tief an: Ungarisch zu sein hatte bis heute nie eine Rolle gespielt, doch plötzlich wurde es zum Ehrenzeichen, zur Mitgliedschaft in einem ausgesuchten Club. Unser Land mit seiner Geschichte der Tapferkeit und des Blutvergießens war eine Nation, die immer versucht hatte, der Knute anderer zu entkommen. Plötzlich waren wir stolz, Ungarn zu sein. Eine kleine alte Frau in einem Hausfenster schnitt die sowjetischen Symbole aus der ungarischen Fahne, während wir sie anfeuerten. Arbeiter auf dem Heimweg von der Fabrik, wo sie seit dem Morgengrauen geschuftet hatten, traten in unsere Reihen. Meine Erinnerung zeigt mir Bilder von vorbeiströmenden Gesichtern, jungen und alten, von Kindern und Vätern und Müttern, die ihr geregeltes Leben für die große Veränderung riskierten. Sie wagten es, Geschichte zu machen. Die letzte Revolution unseres Landes lag hundert Jahre zurück, und so machte wir uns an eine neue.

Es wurde langsam spät, aber ich wollte noch einen kleinen Einblick in das bekommen, um was es bei den Reden ging, daher blieb ich am Rand und verlor die anderen Mädchen aus den Augen. Ich wollte mich unbemerkt davonschleichen, um meine Verabredung mit Mutter einzuhalten, allerdings erst in der allerletzten Minute. Dann hörte ich den donnernden Gesang von Tausenden von Stimmen: »Oltsàk el a chillagot! Foggyasztja az äramot!« Sie sangen, weil der rote Stern auf dem Parlamentsgebäude brannte. Aber es wehte keine ungarische Fahne dort, und die Menge sang, um den Stern auszulöschen. Das ging lange so weiter, und nach einer vermeintlichen Ewigkeit verlosch der rote Stern. Wo er sonst am frühen Abend immer geleuchtet hatte, sah man nur noch einen dunklen Fleck. Die Menge wurde verrückt vor Siegesfreude. Wir schrien und brüllten, betrunken von unserer Einigkeit und unserer Macht.

Ich hatte Mama eine Menge zu erzählen und begann, mich nach hinten zur Flußseite durchzuschieben, wo ich leichter aus der Menge herauskam. Da ertönte ein weiterer ohrenbetäubender Schrei. Jemand hatte im Parlamentsgebäude eine ungarische Fahne gefunden, ein Fenster geöffnet und sie herausgehängt! Da begann man, die Nationalhymne zu singen: »Gott segne alle Ungarn! Segne sie mit Humor und Reichtum. Halte dein schützendes Schwert über sie, wenn sie gegen ihre Feinde kämpfen. Wir haben viel Leid erlebt, bring uns nun ein glückliches Jahr!« Dieses Lied hatten wir schon oft gesungen. Aber jetzt schmeckte es plötzlich neu auf meiner Zunge, wie eine ungewohnte Speise, die man zum ersten Mal probiert. Und natürlich weinte ich jedesmal an der Stelle mit dem Leid. Was für ein Text! Welche andere Nation bittet Gott schon als allererstes um Humor? Bei der Ungarischen Revolution verliebte ich mich in mein eigenes Volk.

Erst gegen elf Uhr erreichte ich den »Blauen Pfau«, wo Mutter auf mich wartete. Sie hatte offensichtlich geweint, denn ihre Wimperntusche war ganz verschmiert, und ihr Parfümduft hatte sich inzwischen mit Schweißgeruch vermischt. Sie hatte befürchtet, mir sei etwas zugestoßen. Es hatte Gerüchte gegeben, der Geheimdienst habe sich unter die Menge gemischt, nachdem die Er-

laubnis für die Demonstration widerrufen worden war – das
hatte ich alles verpaßt, weil ich so früh gegangen war. Die
Gerüchte bewahrheiteten sich: Meine Klassenkameradinnen
Alice, Rita, Ruth und Erzsèbet kamen nie mehr nach Hause.
Sie wurden zum Opfer der Gewehre, die man in die unbe-
waffnete Menge abgefeuert hatte. Noch Wochen danach hör-
ten wir Tag und Nacht aus allen Teilen der Stadt Schüsse.
Meine Welt war zusammengebrochen.

Papa veränderte sich damals auf bemerkenswerte Weise.
Er kümmerte sich nun nicht mehr um die Bewahrung meiner
Jungfräulichkeit, sondern streifte nachts durch die Straßen
und warf mit Steinen die Fenster vermeintlicher kommuni-
stischer Hauptquartiere ein. Dazu gehörten Zeitungsbüros,
Versammlungshallen, manchmal sogar die Häuser der Leute, die er nicht mochte. Papa wurde zu einem regelrechten
Rechtsterroristen. Jetzt war mein Leben wirklich in Gefahr:
Ich konnte mich frei herumtreiben und auf Demonstrationen gehen, wo ich vielleicht erschossen wurde. Er hatte zuviel zu tun, um sich darum zu kümmern.

Ich besuchte also eine weitere Demonstration gegen die
russische Besatzung auf einem kleineren Platz auf der Pest-
seite, nicht weit vom Parlament – dort war immer Platz für
große Versammlungen. Die Revolution hatte erst zwei Wochen zuvor begonnen, und wir schienen zu siegen.

Das Militär hatte sich auf unsere Seite geschlagen. Sie
kämpften gegen die russischen Besatzertruppen. Einigen Studenten gelang es, mit den russischen Soldaten zu sprechen,
und sie fanden heraus, daß man ihnen gesagt hatte, sie befänden sich in Panama, die Donau sei der Suez-Kanal und
wir seien die »kapitalistischen Schweine«, die sie zu vernichten hätten. Als die Studenten den russischen Jungen in den
Panzern erzählten, sie befänden sich in Wirklichkeit in Ungarn, liefen ein paar über und weigerten sich, gegen uns zu
kämpfen. Sie übergaben uns sogar vier ihrer Panzer. In dieser unberechenbaren, aber optimistischen Atmosphäre fühlte ich mich auf den Demonstrationen sicher; ich machte mich

also auf den Weg und lief, so schnell ich konnte, aber irgendwie ging es nicht rasch genug: Mein Körper fühlte sich schwer wie Blei an. Ich hatte damals kräftige Beine, und das Laufen hätte mich normalerweise überhaupt nicht angestrengt, aber ich konnte mich kaum bewegen – ich würde es nicht zur Eröffnungsrede der Versammlung schaffen, die immer am bewegendsten war. Die Leute würden die Nationalhymne singen und junge Dichter ihre neuesten nationalistischen Gedichte vorlesen – das war immer großartig. Kurz bevor ich den Platz erreichte, fiel mir auf, daß ich keine Stimmen, Jubelrufe und Gesänge hören konnte, nur Schweigen. Ich kam um die Ecke, und dann sah ich es: Auf dem Platz lagen Tausende, Männer, Frauen und Kinder – erschossen. Wäre ich pünktlich gewesen, dann wäre ich mit ihnen niedergemäht worden. Die größte Opfergruppe waren meine Altersgenossen; die älteren Leute sagten, es sei schlimmer gewesen als im Zweiten Weltkrieg – nur daß jetzt die Brükken nicht zerstört seien.

Ich glaube, meine Großmutter hat mich mein ganzes Leben beschützt, und auch hier hatte sie ihre Hand im Spiel, indem sie meinen Körper bleischwer machte, meinen Gang verlangsamte und mir so das Leben rettete. Angesichts dieses Massenmordes ergriff mich ein so unaussprechlicher und tiefer Schmerz, daß ich mich dazu entschloß, mich den Flüchtlingen anzuschließen und das Land zu verlassen. Ich weiß noch, wie ich durch die ganze Stadt ging und mich von meinen Lieblingsstraßen, -kaffeehäusern (auch Kinder trinken in Ungarn Kaffee) und -theatern verabschiedete. Meine Liebe zu dieser Stadt war überwältigend und das Fortgehen eine sehr schmerzhafte Entscheidung. Ich mußte alle Bande durchtrennen, die mich dort am Leben hielten, und woanders neue Wurzeln schlagen. Aber ich war zu jung, um wirklich zu begreifen, was eine solche Flucht bedeutete.

Ich beschloß, erst beim nächsten Vollmond zu gehen, am 19. November, da meine Mutter und ich als Hexen den Vollmond für glückbringend hielten. Ich weiß noch, daß der

Mond an diesem Abend rot war; ich betete zu Großmutter, bekam den Segen meiner Mutter und ihr gesamtes Bargeld für die Reise und hinterließ meinem Vater eine Notiz: »Ich gehe in den Westen, weil ich eine Zukunft will.« Dann besuchte ich meine beste Freundin Tünde und fragte sie, ob sie mitkäme: Tausende von Kindern waren schon auf der Flucht, wir würden also nicht allein sein. Westliche Organisationen holten die Flüchtlinge an der Grenze ab und verbrachten sie in die verschiedensten Länder. Die Ungarn wurden verteilt wie junge Hunde. Österreich wollte ein paar tausend aufnehmen, Australien mehr, England nur einige wenige und vorwiegend Männer, und so weiter. Aber Tünde lehnte ab. »Ich muß bei meiner Mutter bleiben«, sagte sie. »Ich bin die einzige Tochter. Wer könnte ihr sonst helfen?« Damit meinte sie, ihrer Mutter beim Einkochen von Tomaten und Obst zu helfen und mit ihr im Haushalt zu schuften: Es wäre ihr nie in den Sinn gekommen, daß ihre vier Brüder vielleicht auch mithelfen konnten. Aber wir waren noch weit von der Gleichberechtigung der Frau entfernt, und so akzeptierte ich ihre Antwort.

Ich habe nie wieder jemanden so tief und so stark und magisch geliebt wie Tünde. Sie war mein Augapfel. Ich hätte alles geopfert, um bei ihr zu sein, außer mein Leben. Der Tod war für mich nun sehr real geworden. Ich hatte Tausende von blutenden Opfern gesehen, auf den Straßen sah man überall Kalkflecke und trat auf abgerissene Hände und Beine. Ich aber wollte eine Zukunft. Ich würde nicht bleiben, nur weil Tünde nicht mitkam. Dieser Groll steht immer noch zwischen uns. Als wir uns das nächste Mal trafen, etwa zwanzig Jahre später, war sie noch wütend auf mich. Sie verdrängte dabei total ihren Part und daß ihre Mutter gefürchtet hatte, ich würde Tünde zum Mitgehen überreden. Tünde liebte mich wie eine Schwester – oder noch mehr, denn sie gab ihrer Tochter meinen heidnischen Zweitnamen, Emese. Sie fühlte sich von mir verlassen, aber ich wußte, daß die Liebe zu ihrer Mutter immer stärker war als ihre Liebe zu mir. Und so sollte es auch sein. Sie ist jetzt Mitte Vierzig und lebt immer noch zu Hause bei Mama. Der Verlust Tündes war der höchste Preis, den ich für die Revolution zahlte; aber es mußte sein. Meine Kindheit war nun zu Ende.

Auf dem Weg in den Westen hatte ich eine Menge Zeit, über mein kurzes Leben nachzudenken. Ich wollte immer schon eine große Schriftstellerin werden und überlegte, was für ein großartiges Kapitel ich eines Tages daraus machen könnte, wenn ich meine Memoiren schrieb.

Großmutters beschützende Macht war auch auf dieser Flucht ungeheuer wirksam. In der ersten Nacht, als ich zu müde zum Weitergehen war, wollte ich in einem der Lastwagen mitfahren, die ständig zwischen den Städten hin- und herfuhren und Vieh und Waren transportierten. Ich wollte den Wagen besteigen, der gerade an mir vorbeigefahren und kurz darauf stehengeblieben war. Vor mir auf der Straße waren andere Flüchtlinge unterwegs, die schnell und froh auf den Wagen kletterten, und ich versuchte hinzurennen. Aber kennst du das Gefühl, wenn man sich im Traum schnell bewegen will und nicht vom Fleck kommt? Nun, ich erlebte wieder das vertraute Bleifußgefühl – ich konnte den Lastwagen nicht mehr erreichen, und sie warteten auch nicht auf mich, das war klar. Aber als der Wagen schließlich anfuhr, wurde mir auch etwas anderes klar: Ich sah, wie er umdrehte und in die falsche Richtung, zurück in die Hauptstadt, fuhr – vielleicht auch nach Sibirien. Ich hörte die Schreie aus dem Wagen, als die Leute merkten, daß ihr guter Samariter ein Agent der Regierung war. Als der Wagen verschwunden war, konnte ich mich wieder normal bewegen, und ich dankte Großmutter für ihre Hilfe. Sie beschützte mich auf der ganzen weiten Reise, so daß ich nicht einen einzigen russischen Soldaten sah!

Meine letzte Nacht in Ungarn verbrachte ich auf einem

Schreibtisch im zweiten Stock eines Bürogebäudes in Györ
mit Blick auf die große grüne Uhr außen an der Stadthalle.
Von unten herauf ertönten Schreie und Weinen, aber inzwischen hatte ich soviel davon erlebt, daß ich es fast selbstverständlich fand. Früh am nächsten Morgen, noch vor der
Dämmerung, schlich ich mich aus einem Seiteneingang,
durch den ich das Gebäude auch betreten hatte, hinaus. Als
ich mich auf der Straße umsah, erkannte ich, daß ich die
Nacht in der Polizeistation verbracht hatte, wo die Flüchtlinge immer zusammengetrieben wurden, um zurückgeschickt zu werden – ich war einer Verhaftung nur entgangen,
weil ich Zuflucht in einem unbenutzten Stockwerk gesucht
hatte: Das war wohl der sicherste Ort in der ganzen Stadt
gewesen. Den letzten Teil meiner Reise in den Westen legte
ich mit einem Bauern zurück, der seine Zuckerrüben als seinen jährlichen Beitrag an die Gemeinschaft zur Kommune
brachte; er sagte, er würde mich durch die Sümpfe nach
Österreich führen. Ich gab ihm meine Uhr, die ich mir für
eine solchen Fall aufgespart hatte, und saß geduldig daneben, während er seine Zuckerrüben wog und Papiere unter-
zeichnete. Er kannte die Sümpfe wie seine Westentasche,
denn er besuchte Österreich auf diesen Geheimpfaden öfter,
um drüben ein Bier zu trinken.

Ich hatte das Gefühl, das Land schon verlassen zu haben
– ringsum nur morastige, nasse Sümpfe; kein Soldat und kein
Panzer konnten mich hierher verfolgen. Schlanke Birken
säumten unseren Weg, und ehe ich es mich versah und obwohl die Sümpfe immer noch gleich aussahen, waren wir
schon in Österreich. Wir betraten ein rauchiges, überfülltes
Gasthaus. In zwei Sprachen feierten die Leute hier ihre An-
kunft im Westen: »Auf deine Zukunft!« sagte der Bauer zu
mir und leerte sein goldenes Bier. Ich wurde hier sehr selbst-
bewußt. Alle Jugendlichen waren mit ihren Eltern hier angekommen, und es gab kein einziges anderes Mädchen meines
Alters ohne Begleitung. Ich gab nun meinem Freund, dem
Bauern, mein ganzes Geld, denn unsere Währung hatte für

den Weltmarkt ohnehin keine Bedeutung. Er protestierte höflich, aber steckte es dann fort. Dann tat er etwas sehr Ungewöhnliches – er knallte die Hacken seiner schwarzen Stiefel zusammen wie damals in der Monarchie und sagte auf ungarisch: »Möge die Schönfrau dich segnen!« Dieser heidnische Segen klang aus seinem Mund ganz natürlich, obwohl doch die Jungfrau Maria all die alten Namen unserer alten Göttin, der Schönfrau, übernommen hatte. Dann kehrte er um zur guten Erde seiner und meiner Heimat. Seine schwarze Trachtenweste flatterte im Wind, seine schwarze Hose war noch staubig von den Rüben: Er gehörte mehr als ich zu Mutter Ungarn.

Großmutter war auch in dieser Nacht auf dem Posten. Nachdem der Bauer nach Ungarn zurückgekehrt war, machte ich mir Gedanken, wo ich wohl schlafen konnte. Da steckte eine Frau den Kopf durch die Tür und sagte etwas auf deutsch. Ich wünschte mir, ich hätte diese Sprache verstanden, aber jemand übersetzte es für mich. Sie sagte, sie wolle helfen, habe aber keinen Platz, außer für ein junges Mädchen, das das Bett mit ihrer Tochter teilen wolle. Als ihr Blick zu mir wanderte, hob ich langsam die Hand, wie damals in der Schule, und sie lächelte mich spontan an. »Komm mit«, bedeutete sie mir, und ich folgte ihr gehorsam wie eine lang verloren geglaubte Kusine, die nun gefunden war und nach Hause geholt wurde. Ich folgte ihr in ihr warmes, nach Milch duftendes Haus. Endlich wieder ein Bett! Ich teilte es mit der schönen Ulrika, der ältesten Tochter des Hauses, die mich freundlich in ihr Bett aufnahm – wie ein junges Mädchen ein anderes. Sie erinnerte mich an Tünde, zwar nicht dem Aussehen nach, denn Tünde war dunkel, mit pechschwarzem Haar, während Ulrika blond war – aber durch ihre Offenheit und Wärme. Erschöpft schlief ich in ihren Armen ein: Sie umarmte mich, als wolle sie mich vor den Feinden beschützen, die mich gezwungen hatten, mein Vaterland und meine Eltern zu verlassen. Vor dem Einschlafen sah ich durch die weiße Spitzengardine in die mondhelle Nacht draußen und dankte Großmutter. Ich stellte mir vor, wie sie auf den Winden heranschwebte und ins Fenster blickte, ob ich auch in Sicherheit sei. Da hörte ich im Dunkeln ein vertrautes Flüstern: »Und morgen sagst du ihnen, daß du weiter zur Schule gehen und dich bei den Englischen Fräulein einschreiben willst: Die haben die beste Schule in der Schweiz.« – »Jawohl, Großmutter!«

Englische Fräulein habe ich nie gefunden, aber ich fand eine Oberschule in Innsbruck, wo ich in Ungarisch und Deutsch unterrichtet wurde. Vor der Revolution hatte die Schule nur hundertfünfunddreißig Schüler gehabt, jetzt aber waren es sechshundert. Glücklicherweise waren auch sehr viele Lehrer aus Ungarn geflohen. Eineinhalb Wochen, nachdem ich in Budapest das Haus verlassen hatte, ging ich schon wieder zur Schule. Die Leute von der Hilfsorganisation fanden Pflegeeltern für uns. – In Innsbruck schien es viele Familien zu geben, die mit der Flüchtlingshilfe ihre patriotische Pflicht erfüllten.

Meine Adoptiveltern besaßen ein angesehenes Modehaus in der Stadt. Onkel Pepi, der Vater, und Tante Margit, die Mutter, waren fröhliche, sportliche Leute mit einer Leidenschaft fürs Skilaufen und Singen. Sie hatten einen kleinen Sohn, Peter, der am gleichen Tag wie ich Geburtstag hatte; er war sehr niedlich und neugierig. Hemma, eine junge Frau, die ein paar Jahre älter war als ich, führte den Haushalt. Ich wollte meinen Anteil bei der Hausarbeit leisten, um zu meinem Unterhalt beizutragen, aber nein, dafür wurde schon gesorgt. Meine einzige Pflicht war es, zu lernen. Zweieinhalb wunderbare Jahre lebte ich mit dieser neuen Familie und es waren die friedlichsten Jahre meines Lebens. Ich weiß noch, wie ich in einem glänzenden roten Kleid, das sie mir kauften, einen Ball besuchte und mit den Tiroler Burschen tanzte. Jedes Wochenende fuhr Pepi mit uns auf einen Berg, um zu wandern. Anschließend aßen wir zu Mittag in einem der wunderbaren Berggasthöfe – es gab immer so viel Schokolade, Bananen, Orangen und Sahne, wie ich wollte. Mit diesen liebevollen Menschen wurde das Leben immer besser.

Den Namen Zsuzsanna Budapest benutzte ich das erste Mal zwei Wochen nach meiner Flucht aus Ungarn. Ich konnte über Radio Free Europe eine Nachricht an meine Mutter schicken. Sie lautete: »Z. Budapest ist in der freien Welt angekommen. Großmama Ilona hat die ganze Zeit auf mich aufgepaßt. Brief folgt.«

Es spricht die Göttin:
Die Alte

Ich habe dir meine Botschaft in einen Löffel Honig für deinen Morgentee gegeben und frage mich nun, ob dir das aufgefallen ist. Außerdem habe ich die Heizung aufgedreht. Meine Knochen sind kalt, mein Blut ist dünn, und ich versammle alles in mir, was mir gehört. Ich suche alles zusammen. Ich treibe meine Tiere in warme Höhlen und die Vögel in den Süden zum Oberwintern, ich lasse meine Bären bis zum Frühjahr schlafen und das Fell meiner großen und kleinen Katzen dichter wachsen. Meine Hunde leiten mich: Sie heulen, wenn Gefahr im Verzug ist. Meine treuen Hunde, Wölfe und Füchse sind die Gesangsstars der Nacht, die der Alten ein Ständchen bringen. Ich habe ja zum Leben gesagt, und nun sage ich ja zum Tod, denn ich bin als nächstes dran, die Schwelle zu überschreiten. Meine Kenntnisse über Kräuter, das Leben und die Liebe reiche ich an dich weiter. Hast du alles verstanden? Ich habe es dir in die Gene gelegt, in deine Stammeserinnerung, deine Träume. Das sind gute Orte für die Aufbewahrung von Weisheit, denn sie hält sich dort wie süßer Gelee in einem Einmachglas.

Es wäre mir sehr lieb, wenn du diese Weisheit nutzen würdest. Ich selbst habe sie auch so empfangen, und ihr Zweck ist es, meinen Töchtern und Söhnen Kraft zu verleihen. Und wozu? Um die Wirklichkeit zu verändern, um das Glück zu erhalten, sich zu binden und zu tanzen und sich am Kreislauf des Lebens zu freuen. Wenn du dein Leben ablehnst, seine Bürde der Freiheit, die Mühe, den Körper und die Seele gesund zu erhalten, wird dir dein Tod ebenso unwillkommen sein, wie es das Leben gewesen ist. Der Tod bedeutet kein

Ausruhen, er ist harte Arbeit: Du mußt auf die andere Seite überwechseln. Weißt du, wo das ist? Es gibt dort keine Straßen und keine Landkarten. Du bist ganz allein. Ich rechne mit deiner Lust am Leben, die dir helfen wird, das nächste Leben nach diesem hier zu finden. Nur ich werde dich dort leiten können. Jawohl, ich bin das alte Weib. Ich werde an der Wegkreuzung warten, und du wirst mich instinktiv erkennen und mich begrüßen. Ich werde dich wieder ans Licht führen, weil du ein gutes Kind gewesen bist. Dafür belohne ich dich mit tiefem Frieden und der Wiedergeburt, wenn du das willst. Laß es dir wohlergehen … bis wir uns wiedersehen.

Aspekte des November

Dieser Monat erhielt seinen Namen vom lateinischen *novem*, »neun«, das seine Position im Julianischen Kalender bezeichnet.

Vollmondaspekt: Schneemond

Universalereignis: Die Toten rücken näher an die Lebendigen und erzeugen so eine günstige Zeit für Rat und Prophezeiungen.

Gemeinschaftsereignis: Fest der Toten am 1. November

Botschaft: Sichern, Wurzeln schlagen, sich vorbereiten

Aktivität: Vorbereitung und Schutz

Heilwirkung: Maßlosigkeit ausgleichen

Passender Zauber: Ehrung der Toten, automatisches Schreiben, Kristallkugel-Orakel, Arbeiten im Trancezustand und Wahrsagung

Manifestation: Chrysantheme, Blume der Toten

Farbe: Grün

Baum: Erle

Blume: Chrysantheme

Tier: Eule, Gans

Edelstein: Topas

Annas Zauber, Rituale und Feste
für den November

Zauber, um mediale Anlagen zu verstärken

Man kann eine mediale Veranlagung nicht mit einem einzigen Zauber verstärken, sondern nur durch eine Reihe von Ereignissen im Verlauf des Lebens. Das Studium der Sterne, Traumaufzeichnungen und eine gesunde Ernährung sind erste Schritte dazu. Den folgenden Zauber vollzieht man bei Neumond oder Vollmond; dazu mußt du dein drittes Auge freisetzen, dich in Gelb kleiden und gelbe Kerzen auf deinen Altar stellen. Wenn du eine Kristallkugel besitzt, stell diese in die Mitte. Mach dir eine Tasse Safrantee, den du während der Meditation trinkst. Setz dich in bequemer Haltung vor deinem Altar nieder und atme tief. Stell dir deine Wirbelsäule als eine Schlange vor, die sich hochreckt und deine Energien verstärkt. Verbrenne einen Duftstoff, der eines der verschiedenen Kräuter enthält, die gut sind für mediale Arbeit, wie Ziest, Sandelholz, Myrrhe, Bärentraube, Muskat oder Veilchenwurzel.

Beim Einatmen des Rauchs dieser Kräuter singst du leise und verhalten:

Ich bin der Weg der göttlichen Erkenntnis im Universum. Mein inneres Auge sieht, was mein Gott sieht, mein inneres Ohr hört, was mein Gott hört, mein inneres Herz liebt, was mein Gott liebt.

Das sollte nicht länger als eine halbe Stunde dauern. Beim Zurückgehen verharrst du einen Moment lang in dem flüchtigen Gefühl, das man auch kurz vor dem Hinabgleiten in den Schlaf erlebt. Halte es und präge es dir ein, und dann laß es los. Laß die gelben Kerzen in deinem Zimmer weiterbrennen, stelle frische Blumen neben dein Bett und öffne ein Fenster, damit du frische Luft bekommst.

Die Stenien: Das Meckerfest

Eines der bemerkenswertesten Frauenfeste ist das der Stenien, auch als Meckerfest bekannt. Im Mittelmeerraum wurde es früher auf folgende Weise begangen: Nachdem die Ernte eingebracht war, schlug man Zelte auf und schmückte sie
mit Feigenblättern und Weinranken. Dann wurden die älteren Frauen der Gemeinschaft in diese Zelte geführt und von
den jüngeren bewirtet. Die Männer mußten sich fernhalten,
denn die Stenien waren eine reine Frauensache. Bei Anbruch
der Nacht besuchten die jüngeren Frauen die älteren in ihren
Zelten und aßen und tranken ebenfalls. Dabei warfen sie einander vorsichtige Blicke zu. Zuerst tauschten die jüngeren
Beleidigungen aus, beschimpften sich und bewarfen sich mit
Dreck. Im weiteren Verlauf der Nacht wurde daraus ein wil-
des Gerangel. Alles war erlaubt, außer Blut zu vergießen.
Wenn die Rangelei außer Kontrolle geriet, hatten die älteren
Frauen das Recht, die Stenien abzubrechen und alle Teilnehmerinnen nach Hause zu schicken. Nach diesem Fest kehrte
das Leben wieder in seine normalen Bahnen zurück, doch
man war auf diese Weise allen Groll losgeworden.

Eine moderne Version der Stenien ist es, wenn wir uns
zuweilen treffen, um unsere negativen Gefühle zu bespre-
chen – für solche Gelegenheiten bezahlen wir in Therapie-
gruppen viel Geld. Aus irgendeinem Grund sind negative
Emotionen nicht akzeptabel, und wir tun so, als hätte wir
keine. Wenn wir Glück und eine beste Freundin haben, können wir die negativen Gefühle dort loswerden. Doch welche
Erleichterung wäre es, wenn wir sie den Leuten, auf die wir
wütend sind, direkt ins Gesicht sagen könnten!

Die Festtage im November

1. NOVEMBER
HERRSCHAFT DER GÖTTIN ALS ALTE FRAU (KELTISCH)

Diese Phase dauert von heute bis zum Ende des Monats. Die Göttin wird als verschleierte Frau dargestellt. Ihr Name lautet Cailleach, und sie verkörpert die Kräfte der Konzentration. Zu den Festlichkeiten an diesem Tag gehört es, große Scheiterhaufen aufzuschichten, gemeinsam bestimmte Kuchen zu verzehren und den verschiedenen Geistern Wein oder Milch anzubieten. Es ist die Zeit der *banshee,* die ihren Liebling in jeder Familie besucht. Sie sagt denjenigen die Zukunft voraus, die ihr zuhören, und warnt die Familie vor bevorstehenden Katastrophen. *Ban* bedeutet im Gälischen »Frau«, *sidhe* ist »die andere Seite«, daher ist sie die Frau von der anderen Seite, die geisterhafte weiße Frau, die ihren Zuhörern den Tod brachte. Wenn sie die Person liebte, die sterben sollte, sang sie sie sanft in den Schlaf der anderen Seite. Man veranstaltete am Abend des 1. November Tänze, um die Geister abzulenken. Um Mitternacht aber schweigen wir, denn dann wird die Ehrfurcht vor den Ahnen den Bedürfnissen der Lebenden *und* Toten gerecht.

1. NOVEMBER
FEST DER TOTEN (MEXIKANISCH)

In Mexiko begeht man an diesem Tag das Fest der Toten. Die Menschen ziehen sich bunte Kostüme an, man veranstaltet

Picknicks auf dem Friedhof und teilt das Mahl mit den Verstorbenen. Es gibt Plätzchen in Form von Skeletten, Toten-
schädel aus Zucker und alle möglichen Speisen, die die
Sterblichkeit symbolisieren. Doch die Stimmung ist festlich
und fröhlich, nicht ernst.

2. NOVEMBER
ALLERSEELEN (ENGLISCH)

In England betteln die Armen heute mit altüberlieferten
Sprüchen um Seelenkuchen. Daher stammt auch der Hallo-
ween-Brauch, von Tür zu Tür zu gehen und um Süßigkeiten
zu betteln.

3. NOVEMBER
NEUJAHRSFEST (GÄLISCH)

An diesem Tag treibt man das Vieh von den Bergen herab.
Heute beginnt die Initiation der Seele, die im Februar am
Brigitta-Tag endet. Dies ist der Zeitpunkt, etwas Neues an-
zufangen.

8. NOVEMBER
FEST DER GÖTTIN DES KÜCHENFEUERS (JAPANISCH)

Diese Gottheit heißt Kami, Göttin des Küchenfeuers. Hausfrauen, an diesem Tag solltet ihr euch selbst ehren. Es ist das
Fest der Küchenarbeiter, die das Feuer in Gang halten und
fürs tägliche Essen sorgen. Es ist eine gute Idee, die schwer
arbeitende Kami heute zum Essen auszuführen oder jemand
anderen im Haushalt alle Arbeiten erledigen zu lassen. Ich
finde, wir sollten den Hausfrauen ebenso ein Gehalt zahlen
wie den Männern, die für uns in den Krieg ziehen.

10. NOVEMBER
FEIER DER GÖTTIN DES VERSTANDES (FRANZÖSISCH)

Im revolutionären Frankreich waren die Göttin des Verstandes und die Göttin der Freiheit ein und dieselbe. An diesem Tag wurden wunderbar bunte Prozessionen durch Paris veranstaltet. Eine Frau war als Göttin gekleidet, sie trug ein weißes Gewand, einen blauen Umhang und eine rote phrygische Mütze. So trug man sie zur Kathedrale von Notre-Dame. Dort empfing sie ihre Anhänger, die Kronen aus Eichenblättern auf dem Kopf trugen.

13. NOVEMBER
ISIS ERWECKT OSIRIS VON DEN TOTEN (NORDAFRIKANISCH)

Der gute König und Bruder von Königin Isis verschwindet, und man hört die trauernden Rufe von Isis in all ihren Tempeln. »Ich bin deine Schwester, stamme von der gleichen Mutter ab. Du sollst nie weit von mir entfernt sein!«* Dieses Ritual dauert mindestens vier Tage, während denen Isis Osiris sucht. Dann sammelt sie all seine Körperteile zusammen und haucht ihnen neues Leben ein. Sie erweckt ihn wieder zum Leben, damit er offiziell den Platz neben ihr auf dem Thron einnehmen kann. Was für eine schöne Erlöserin!

16. NOVEMBER
NACHT DER HEKATE (GRIECHISCH)

Dies ist die Nacht der Hekate, der Göttin der Hexen und der Wegkreuzungen, der Dreigestaltigen. Man betrachtet Hekate als Teil der ältesten Form der Mondgöttinnen-Dreiheit: Artemis, die Jungfrau, Selene, die Mutter, und Hekate, die Alte.

---

* »Wehklage der Isis«, in: The Golden Bough, New York 1985.

Sie ist die himmlische Hebamme. In den alten Gemeinschaften standen ihr die Hebammen am nächsten. Man verehrte Hekate an Wegkreuzungen, wo sich drei verschiedene Straßen trafen, denn sie war die Göttin der Verwandlung und regelte alle Übergänge im Leben. Man hinterließ auch Essen für sie an den Kreuzungen (doch das wurde, wie alle wußten, von den Armen verzehrt). Ihr heiliges Symbol war die Kröte, ein universelles Symbol für Empfängnis, und die Hexen verehrten sie als ihre Königin. Von ihr kamen Prophezeiungen, Heilungen, Visionen und Magie. Ihre uralte dreifache Macht wurde von den neuen patriarchalischen Priestern plagiiert und prompt ihrem neuen Gott zugeschrieben. So wurde daraus die dreifache Macht Christi im Himmel, auf der Erde und in der Hölle. Dies ist eine gute Nacht für Wahrsagungen, Meditationen und Prophezeiungen.

22. NOVEMBER
DIE SONNE TRITT IN DAS ZEICHEN DES SCHÜTZEN

An diesem Tag sollte man Artemis ehren, die Bogenschützin, wie auch die Amazonen.

Die Novembergeschichte:
Probleme, nichts als Probleme

Fast mein ganzes Leben lang habe ich geglaubt, es sei einfach nicht meine Art, mit dem Gesetz in Konflikt zu geraten. Ich habe als gute Bürgerin immer alle Vorschriften und Regeln befolgt. Sicher, manchmal passe ich auf der Straße nicht genau auf, wenn ich es gerade eilig habe, und ich habe auch schon einmal eine Verwarnung für zu schnelles Fahren bekommen. Damals war ich dreiundzwanzig und fuhr um drei Uhr früh hundert Stundenkilometer! Aber in den Siebzigern lagen meine wilden Jahre schon lange hinter mir. Nachdem ich Feministin geworden war, noch dazu eine spirituelle, wurde ich Vegetarierin. Warum sollte mich jemand verhaften wollen?

Es geschah an einem schönen Frühlingstag, als ich mir in den Kopf gesetzt hatte, die feministische Spiritualität in einer rechtmäßigen, legalen Kirche zu institutionalisieren. Ich nannte sie »Die Schwestern der Wicca« und fand eine feministische Anwältin, die beim Aufsetzen der notwendigen Papiere großen Spaß hatte. Dann stellten wir den Zulassungsantrag beim Staat – wir würden die erste Göttinnenkirche für Frauen gründen. Das war 1975. Drei Wochen später – gerade eben Zeit genug, damit in Sacramento jemand die Post öffnen und ein paar Auskünfte einholen konnte – besuchte eine Polizistin in Zivil unseren kleinen Kerzenladen in Venice, Kalifornien, der »Feministische Wicca« hieß, und wollte die Zukunft aus den Tarotkarten gelesen haben.

Das war an sich nicht ungewöhnlich. Ich legte seit Jahren das Tarot erfolgreich für viele verschiedene Frauen: Hausfrauen, Polizistinnen, Obdachlose vom Strand, Börsenmaklerinnen, Bankangestellte, erfolgreiche Geschäftsfrauen, Arbeitslose, Liebende, Witwen, Geschiedene, Filmstars, Komikerinnen, Komponistinnen, Sängerinnen, Schriftstellerinnen, Tänzerinnen und einer Richterin. Doch an diesem schicksalhaften Tag der Tarotverabredung geschah etwas Seltsames im »Feministischen Wicca«. Kurz bevor die Polizistin zu ihrem Termin erschien, begann es in dem kleinen Laden entsetzlich zu stinken – und zwar ganz intensiv nach Katzenkot. Normalerweise roch es in dem Laden wunderbar nach feinen Kräutern, Öl und Räucherstäbchen, die wir ständig abbrannten. Die Kunden lobten oft, wie gut es roch. Niemand konnte erklären, warum es plötzlich so stank, zumal wir überhaupt keine Katze hatten – nur Katzenscheiße, und nur jetzt!

Das regte mich so auf, daß ich die wartende Frau bat: »Bitte, kommen Sie an einem anderen Tag wieder. Ich kann das heilige Tarot nicht legen und in die Zukunft blicken, wenn ich hier so gestört bin.« Ich bat sie, zu gehen. Aber diese Dame hatte etwas sehr Strenges an sich. Sie ließ sich auf gar keinen Fall abweisen, sondern sagte: »Mir macht das bißchen Gestank nichts aus. Das kommt in den besten Familien vor.«

»Aber Sie verstehen mich nicht! Wir haben keine Katze, nur meine Hündin Ilona. Das ist ein Omen. Ich muß herausfinden, was es bedeutet.«

»Ach nein«, erwiderte sie. »Ich helfe Ihnen beim Saubermachen, und dann legen Sie mir die Karten.«

»Ich würde es lieber an einem anderen Tag tun. Jetzt bin ich zu unruhig dazu.«

Mit einem tiefen Blick in die Augen appellierte sie an mein Gewissen. »Aber ich habe extra einen Termin gemacht. Sie haben versprochen, mir die Karten zu legen. Ich dachte, man könnte sich auf die feministischen Schwestern verlassen.«

Damals hatten solche Sätze eine Riesenwirkung. Wie konnte ich die arme Frau enttäuschen? Vielleicht hing die

Zukunft der gesamten Bewegung davon ab. Ich durfte kein
schlechtes Vorbild sein – diese und andere Gedanken fuhren
mir durch den Kopf. Also suchte ich nach der Quelle des
Gestanks und fand sie direkt unter dem Stuhl, auf dem ich
beim Kartenlegen immer saß: ein säuberlicher, frischer Haufen Katzenkot! Aber es gab keine Katze, die das erklären
würde. Es war verblüffend. Ich mußte nun eine Entscheidung
treffen.

»Ich bin fest überzeugt, daß das nicht mit rechten Dingen
zugeht«, sagte ich. »Wir müssen einen neuen Termin vereinbaren.«

»Dazu habe ich keine Zeit«, antwortete sie. »Ich habe mir
extra freigenommen.«

Es war klar, daß sie nicht gehen wollte. Ich hatte vor ihr
jemand anderem die Karten gelegt, und es hatte keine
Schwierigkeiten gegeben. Ich hatte einen Schluck Wasser
getrunken, ein paarmal tief Luft geholt, und plötzlich war
der Gestank dagewesen. Warum nur? Schließlich entfernte
ich den Haufen und wischte den Boden mit Zitronenöl, das
den Geruch fast vollständig überdeckte. Und dann setzte ich
mich hin, um dieser Frau die Tarotkarten zu legen. Ich mischte die Karten, sie mischte die Karten, sie hob ab und reichte
sie mir zurück. Dann deckte ich die erste Karte auf, ihre
Seinskarte: Es war der Teufel. Nun glaubt man zwar in unserer Gemeinschaft nicht an den Teufel, aber das Tarot wurde
christianisiert, und so gibt es eben auch einen Teufel. Eine
Bedeutung dieser Karte ist Gefangenschaft. Die Frau sah
nicht aus, als leide sie an etwas oder sei irgendwie gefangen,
aber es gibt auch unsichtbare Ketten. Ich hatte ja keine Ahnung, daß die Fesselung mir galt!

Anschließend legte ich den Rest der Karten. Ich erinnere
mich noch, daß sie als Zukunftskarte die Königin der
Schwerter bekam, als lebe sie tatsächlich allein. Sie hatte eine
Tochter, die eine sehr gute Schülerin war. Im Hintergrund
gab es eine Mutter. Für die Tochter deutete sich ein Wohn-
ortwechsel an, denn sie würde bald aufs College gehen. Es

gab eigentlich keine wirkliche Krise, wie sie behauptet hatte. Sie hatte von Eheproblemen gesprochen, aber es sah so aus, als sei sie bereits geschieden. Ich schenkte ihr ein Schutzöl. Dann bezahlte sie und ging. Wenige Minuten, nachdem sie aus der Tür gegangen war, erschienen zwei Polizisten in roten Ski-Anoraks und verhafteten mich.

»Z. Budapest, Sie sind verhaftet!« dröhnten sie.

»Warum denn?« fragte ich. Denkt bloß nicht, daß ich kühl und gelassen blieb und alles einfach so hinnahm.

»Wegen Wahrsagerei! Verletzung von MC 43.30!« lautete die Antwort. Dann erschien ein dritter Polizist mit einer Kamera und begann, Fotos von den Kerzen, Ölen und Büchern in den Regalen zu machen. Das Omen! Plötzlich war mir alles klar! Die Göttin hatte versucht, mich von dieser Lesung für die Polizistin abzuhalten – man hatte mich hereingelegt!

Dann zog einer der Polizisten Handschellen aus der Tasche. Als sie im Licht aufglänzten, regte sich etwas in mir,
wie eine uralte Erinnerung an Hexenverbrennungen. Ich
deutete mit dem Finger auf sie und sagte mit Nachdruck:
»Vier Monate lang die schlimmsten Alpträume dem ersten
Mann, der mich anfaßt!« Die Gesichter hättet ihr sehen sollen! Mit einem Fluch hatten sie nicht gerechnet. Vor einem
Moment noch hatten sie sich so überlegen gefühlt, sie hatten
ja nur eine einfache Wahrsagerin geschnappt. Hexerei war
für sie nichts weiter als Betrug und Feminismus reine Ketze-
rei. Doch angesichts meines Fluchs beschlossen sie, mich
doch nicht in Handschellen abzuführen. Keiner wagte es,
mich zu berühren, niemand las mir meine Rechte vor. Die
Männer hielten mir die Tür des Polizeiwagens auf und achte-
ten darauf, jede kleinste Berührung mit mir zu vermeiden.
Bei Abnahme der Fingerabdrücke auf der Wache hielten sie
mich mit einem Handtuch fest. Da saß ich nun – als Hexe
angeklagt. Ein paar Stunden später erschien meine Anwältin
und bekam mich gegen Kaution frei. Gefühlsmäßig war mir
wieder so wie in der Ungarischen Revolution zumute, als die
Russen auf mich schossen. Nur saß ich diesmal in der Polizeiwache von Los Angeles. Es kam mir alles sehr gefährlich
vor.

Als erstes mußten wir den Fall publik machen. Ich betrachtete den Vorfall als eine Verletzung weiblicher spiritueller Rechte, als Bann auf Prophezeiungen. Doch die Frau-
engemeinschaft insgesamt war noch nicht aufgeklärt genug,
um die Bedeutung einer eigenen Religion zu erkennen. Wir
waren über die Frage zerstritten, wie wichtig Spiritualität
tatsächlich ist. Aber ich mußte mich an die Frauen wenden,
um Spenden zusammenzubekommen, denn ich hatte keinen Pfennig, um meine Verteidiger zu bezahlen. Wir fingen
an, unseren Fall auszuarbeiten, und alle glaubten, es sei eine
leichte Sache. Ich hatte ja nur meine religiöse Freiheit aus-
geübt. Um »wahrzusagen« mußte man sich der Sprache be-
dienen, und die Sprache war durch den ersten Zusatzarti-

kel der Verfassung geschützt. Also keine große Sache, nur ärgerlich.

Irgendwann vor dem Einschlafen an jenem Abend fiel es mir ein: Nach dem Gesetz darf niemand mit einer Vorstrafe eine neue Religion gründen. Das war es. Sie versuchten, mich zu diskreditieren und damit meinen Traum von einer Frauenreligion zu vereiteln. Um diese lange und nervenaufreibende Geschichte kurz zu machen – es gelang uns, genügend Geld für eine erfahrene Anwältin aufzutreiben, der zwei Berufsanfängerinnen beistanden, von denen eine ebenfalls eine Hexe war. Alle glaubten, gute Argumente für die Verteidigung zu haben. Die Gegenpartei hatte ebenfalls eine Anwältin. Feministinnen schlägt man mit einer Alibifrau. Die Staatsanwaltschaft hatte sie nach langem Suchen schließlich in ihrer Forschungsabteilung gefunden. Von ihr hatte noch nie jemand etwas gehört. Es war ihre große Chance, von den unteren Rängen ins Rampenlicht aufzusteigen. Als wir sie zum ersten Mal sahen, blickte sie uns Hexen voll Haß an. Es wäre leicht gewesen, sie als inkompetent abzutun, aber das war sie nicht.

Vier Tage lang kämpften wir mit der Polizei von Los Angeles, weil deren Beweise das einzige waren, was gegen uns vorlag. Es gab keine alten Weiblein, die klagten, die Hellseherinnen hätten sie betrogen und ausgenutzt. Nur Polizisten hatten etwas gegen uns vorzubringen, eigentlich nur die eine Polizistin mit ihrem angeblichen Eheproblem. Es gab die vergrößerten Fotos von den Ölen, Büchern und Räucherstäbchen. Es gab jede Menge Skizzen. Wo hatte ich gesessen? Wo hatte die Polizistin gesessen? War das eine Schlangenhaut an der Wand hinter mir?

Dann begann die Staatsanwältin, über Religion zu sprechen. Welchen Unsinn ich denn lehren wolle? Warum seien Männer bei den Versammlungen nicht zugelassen? Sie war gnadenlos, aber trotz all ihrer Schärfe konnte sie nicht beantragen, mich auf dem Scheiterhaufen zu verbrennen – das hätte sie ein paar Jahrhunderte zuvor getan. Inzwischen hatte die Presse von dem Fall Wind bekommen: In Los Angeles stand eine Hexe vor Gericht, das erste derartige Verfahren seit Salem. Aber die Presse steht nicht auf seiten der Verlierer, und es sah nicht so aus, als würden wir gewinnen. Trotz aller Pionierarbeit über weibliche Spiritualität, die schon geleistet war, standen wir erst am Anfang. Es gab keine Bücher, um uns Beispiele für weibliche Spiritualität zu liefern. Alle künftigen Lehrer und Autoren auf diesem Gebiet befanden sich noch im Verpuppungsstadium. Ich selbst hatte bisher nur ein paar Artikel über die Göttinnenbewegung für die hiesigen Frauenzeitungen geschrieben. Damals war die heutige Flut dieser Bewegung erst ein kleiner Quell.

Wir stellten der Anklage eine Reihe sehr glaubwürdiger Zeugen vor: Eine Anthropologin, die seit Gründung des Susan-Anthony-B.-Bundes Nr. 1 dabeigewesen war, bezeugte, Hexerei sei ein weltweites Phänomen gewesen, ehe die Ureinwohner überall christianisiert wurden. Wir setzten eine »glaubwürdige« Hexenschwester ein, die der Jury, die vorwiegend aus asiatischen Frauen mit geringen Englischkenntnissen bestand, versicherte, sie hätte in ihren Zirkeln wunderbare Heilungen erlebt, die wissenschaftlich kaum erklärt werden konnten. Ein christlicher Priester sagte aus, er betrachte mich als gleichrangig und manchmal stelle er mir seine Kirche für Versammlungen zur Verfügung. Doch es gab keine Möglichkeit, die Staatsanwältin oder den Richter zu überzeugen, die jeden Tag zur Messe gingen.

Am Ende blieb als einzige Frage nur noch, ob ich die Zukunft vorausgesagt habe. Die Polizistin bezeugte, alles, was ich gesagt hätte, sei genauso eingetroffen. Ihre Tochter sei nach Florida gezogen und studiere nun Veterinärmedizin. Sie war am Ende des Prozesses geschieden und lebte allein. Ja, ihr Beruf sei sehr fordernd, und sie fühle sich oft davon wie gefangen. Bei ihren Worten hätte man denken können, sie stünde als Zeugin auf unserer Seite. Man belehrte die Jury, daß ich, wenn sie glaubten, ich könne die Zukunft voraussagen, schuldig sei. Die Jury war der Meinung, ich hätte die Zukunft recht gut vorausgesagt, und ich wurde für schuldig befunden.

Wir begannen die lange und schwierige Prozedur mit Einspruch, Ablehnung, erneutem Einspruch etc. Drei Jahre nach dem ersten Verfahren prozessierten wir immer noch, bis die Sache begann, mich zu langweilen. Im Branchenverzeichnis von Los Angeles gibt es alle möglichen parapsychologischen Berufe – Madame Soundso und Schwester Diesunddas –, die Rat bei Liebes-, Geld- und Gesundheitsproblemen versprechen. Wo waren die Damen in dieser Schlacht? Sie waren doch nicht dumm und wollten nichts mit mir zu tun haben; Feminismus galt nicht gerade als Empfehlung. Sie waren mit den Gesetzen zufrieden, so wie sie waren. Einmal im Jahr aufzufliegen, war für sie wie eine Art Steuer – eine ziemlich billige sogar. Ich gab also den Rechtsstreit schließlich auf. Es kostete zuviel, es deprimierte mich, und meine früheren guten Kunden blieben fort: Ich hatte einen schlechten Ruf. Soll doch jemand anderer gegen dieses ungerechte Gesetz kämpfen, dachte ich. Ich glaubte, eine erste Beule in die Rüstung geschlagen zu haben, die bald brechen würde. Wie bei der Urmutter der Zeit dauerte es neun Jahre, und das Gesetz ist nun endgültig vom kalifornischen Gerichtshof abgeschafft worden.

Ich erinnere mich an einen Besuch bei Rheo, einer Schwester-Hexe in den Achtzigern. Sie begriff, was ich versuchte. Als ich sie zuletzt in ihrem Laden besuchte, dem »Haus der Hermetik«, nahm sie in einer unvermittelten Wahrsagegeste meine Hand und küßte sie. Man muß dazu wissen, daß ältere Hexen niemals die Hände jüngerer Hexen küssen. Daher war ich sehr überrascht. Dann sah sie mich an und sagte: »Z., du wirst deine Sache gewinnen, aber nicht den Fall. Du wirst gewinnen, wenn auch nicht so, wie du es dir vorstellst.« Ich wohnte schon in Oakland, als ich eines Tages die Schlagzeilen in der Zeitung sah: »Wahrsagegesetz abgeschafft!« Neun Jahre ist genau der Zyklus, den die Urmutter der Zeit braucht, um etwas zu regeln, um das sie gebeten wurde. Und es war gut geworden.

Heute lege ich die Karten nur nach Terminabsprache, für Stammkunden. Ich habe Bücher zu schreiben, Workshops abzuhalten, ich muß schließlich auch mein eigenes Leben leben. Manchmal beneide ich die modischen Medien, die sich vollständig dieser Arbeit hingeben und ständig mit den Geistern kommunizieren. Über sie schreibt dann Shirley MacLaine, und nur die reichsten Kunden scharen sich um sie. Mir würde es Spaß machen, meinen Lieblingsfilmstars, diesen schwer arbeitenden Kreativen, meine Weisheit zur Verfügung zu stellen ... was für ein Traumjob für eine Priesterin! Ich habe ein gutes Gefühl bei den Hunderten von Frauen und Männern, die ich in den letzten zwanzig Jahren beraten habe und deren Leben sich geändert hat. Vielleicht sind sie keine berühmten Stars, aber sie sind selbstbewußter und selbstverwirklichter geworden, und nicht einmal Filmstars könnten mehr erwarten!

Es spricht die Göttin:
Lucina

Du zitterst ja bei deinem Gang durch Schnee und Eis! Hast du Angst vor dem Regen, weil er Erkältungen und Husten mit sich bringt? Ach, ihr armen Seelen! Wie sehr ihr mich braucht, eure Sonnengöttin Lucina. Mein Volk in Schweden hat mich schon seit sechs Monaten nicht mehr gesehen. Ungeduldig wartet man auf das Fest meiner Wiedergeburt. Dann tragen die kleinen Mädchen weiße Brautgewänder und Kränze aus Immergrün mit Kerzen auf dem Kopf – nach meinem eigenen Entwurf. Im Morgengrauen verteilen sie Kuchen und Schnaps auf den Straßen, und in den Herzen der Menschen ertönen Lieder, die mich und meinen Winterfrieden preisen. Mir gefallen diese Festlichkeiten im Dezember, denn für einen so jungen Körper mit jungen Gedanken bin ich zu einsam. Auch ich sehne mich nach Menschenwärme und danach, daß die Tage wieder länger werden.

Da! Bald komme ich wieder, du kleiner zitternder Wintervogel. Du singst ja schon, weil du weißt, wie zuverlässig ich wiederkehre. Mein Geburtstag ist die Wintersonnenwende: Man hat mir zwar diesen Festtag genommen, aber all meine Symbole sind noch vorhanden. Der Weihnachtsbaum war einmal mein Baum des Lebens, die Stechpalme mein Symbol der Wiedergeburt. Sie ist natürlich immergrün, denn auch im Tod erblüht das Leben weiter. Und die Engel und Sterne oben auf dem Baum? Hast du dich als Kind auch immer so darüber gefreut? Es ist der Stern der Feenkönigin, die ihren Zauber in die endlich wieder heller werdende Welt bringt. Auch die Mistel ist natürlich mein Symbol. Der Goldene Zweig ist meine Medizin fürs Herz, aber auch für die Lebenslust, weil ich das Leben heilige. Singen und Feiern sind alte heidnische Bräuche, die schon lange gepflegt wurden, ehe man meine Tempel zerstörte, ehe man mich für einen Mann erklärte, einen gefallenen Engel namens Luzifer. Aber es gibt Orte in der Welt, in der diese Geschichten keinen Fuß fassen konnten, und mein Name ist immer noch der gleiche, wie du siehst.

Betrachte mich in meiner vollen königlichen Pracht. Ich trage eine Krone aus immergrünen Zweigen mit weißen Kerzen – acht an der Zahl, die die kommenden Festtage darstellen (Tagundnachtgleichen, Sonnenwenden und die Höhepunkte dazwischen). Ich, die Göttin der Sonne, werde dir die Wiedergeburt bringen. Die Blumen im Schoß der Erde sind einsam ohne mich, die Früchte sind erst bloße Gedanken der Bäume. Aber ich werde kommen und sie wieder köstlich reifen lassen. Ich werde die Hungrigen füttern und die Haut der Blassen bräunen. Ich werde meine Lichtzauber wirken und Schatten erzeugen und euch alle segnen, auch das noch unsichtbare, schlummernde Korn.

Aspekte des Dezember

Dieser Monat pflegte im alten Julianischen Kalender der zehnte zu sein *(decem* im Lateinischen). Jetzt ist er der zwölfte Monat, hat aber immer noch seinen ursprünglichen Namen. Manche Dinge ändern sich eben nie.

Vollmondaspekt: Mond der langen Nächte

Universalereignis: Die Wiederbelebung der Wasser. Bis zur Wintersonnenwende am Ende des Monats werden die Nächte länger und dominanter. Die Göttin der Nacht ist Alleinherrscherin.

Gemeinschaftserlebnis: Sabbat der Wintersonnenwende, 21. Dezember, die Feier der Lichtgeburt, der Geburt der Sonnengöttin Lucina

Botschaft: Aushalten, sterben, wiedergeboren werden.

Aktivität: Innenschau und Erneuerung

Heilwirkung: Reinigung von Körper und Seele

Passender Zauber: Wiedergeburt, Vertreibung der Depression

Manifestation: Die Erle, die nahe am Wasser wächst und oft von Hexen benutzt wird, um Regen zu bewirken, und der Helikon, der heilige Vogel, den man nur an einem Sonnwendtag sieht, werden als Manifestationen der Göttin in ihrem Aspekt Leben-im-Tod und Tod-im-Leben betrachtet.

Farbe: Blutrot

Baum: Erle, Kiefer

Blume: Weihnachtsstern, Ilex, Mistel

Tier: Dohle, Helikon

Edelstein: Türkis, Zirkon

Annas Zauber, Rituale und Feste
für den Dezember

Zauber gegen Depressionen

Der Dezember ist der Monat, wenn uns von allen kommerziellen Fronten her die Fröhlichkeit aufgezwungen wird, aber das entspricht eigentlich nicht der Stimmung der Jahreszeit, zumindest nicht vor der Wintersonnenwende. Eigentlich ist Deprimiertheit die wahre Stimmung dieses Monats: Innenschau, Selbstzweifel, Fragen – gar nichts Fröhliches. Doch zuviel Grübelei ist auch nicht gut, daher kann man den folgenden Zauber versuchen.

Das richtige Kraut hierzu sind Heidelbeerblätter. Wenn man sie nicht finden kann, nimmt man Salbei – etwa 30 Gramm. Den Zauber führt man bei zunehmendem Mond aus. Man braucht auch etwas sehr guten Tempelweihrauch und Myrrhe, die traditionellen Räucherstoffe. Auch in diesem Fall kann ersatzweise Salbei genommen werden.

Ziehe einen Kreis von etwa zweieinhalb bis drei Metern Durchmesser und stell dich in die Mitte. Man verbindet die Himmelsrichtung Osten mit Inspiration und Atem, Neuheit und Fröhlichkeit, Adlern und Liedern. Ruf diese Geister an, dir oder jemand anderem zu helfen, die Depression zu vertreiben.

Wenn du die Duftkräuter angezündet hast, hebe die Hände, atme tief ein und sprich:

Ich rufe euch an, heilende Geister des Ostens,
auf daß ihr mir unverzüglich helft.
Ich beschwöre euch im heiligen Namen der Hekate, der
* Verwandlerin und Hebamme,*
ich beschwöre euch beim Salbei [oder Name des hier ver-
* wendeten Krauts], meinen Geist aus der Verzweiflung*
* zu erheben!*
Nimm mir mit dem Rauch mein Leid!
Nimm es durch den innigen Wunsch!

Nimm es durch die Kraft des Mondes!
So sei es!

Dieses Ritual wiederholt man an drei aufeinanderfolgenden
Abenden, und bald schon wird alles wieder gut.

Schnell wirkender Glückszauber

Für diesen Zauber braucht man sieben Hiobstränen, die man
in Läden für Okkultbedarf erhält. Diese Samenkörner stopft
man in das Kopfkissen, auf dem man gewöhnlich schläft. Es
macht etwas Mühe, das Kissen aufzutrennen und anschließend wieder zuzunähen, aber es ist die Sache wert.

Zauber, um einen Geliebten anzuziehen

Ob Dezember oder nicht, diesen Zauber für Möchtegern-Ver-
liebte kann man jederzeit anwenden. Das Zauberkraut hier
heißt Euphorbiacee *(Stillingia sylvatica)*. Es fördert die
Fruchtbarkeit, aber zunächst einmal soll es die Liebe fördern.
Man braucht lediglich ein wenig von diesem Kraut in einem
kleinen roten Beutel bei sich zu tragen – so kann man es gut
in der Tasche verbergen. Wenn der Zauber Erfolg hat, soll
der Sage nach der aus dem Kraut gekochte Tee helfen,
schwanger zu werden.

Zauber zur Anrufung der Engel

Diesen Zauber vollzieht man am besten im Dezember. Anschließend kann es gut sein, daß sich alle Weihnachtswün-

sche erfüllen. Er wirkt auch ausgezeichnet, um die himmlischen Heerscharen, die Engel, jene glücklichen Geister, die den Menschen zum Schutz gegeben sind, um Hilfe und bei der Lösung von Problemen zu bitten. Sie können uns in Herzensdingen beistehen, die Stimmung heben, überleben helfen und Wunder bewirken – ja, selbst beim Bücherschreiben. Für dieses Ritual braucht man 30 Gramm Wintergrün *(Chimaphila umbellata)*, Rosenpulver, Veilchenpulver und zerstoßene Vanille. Das Wintergrün zerreibt man zu einem feinen Pulver und vermischt es mit je einer Handvoll von den anderen magischen Zutaten.

Beim Aufgang des Abendsterns zündet man eine weiße Kerze in einem Glas an, eine sogenannte Siebenkräfte-Kerze, die aus sieben verschiedenen Farben übereinander besteht. Diese Siebenkräfte-Kerzen stammen aus Afrika und wirken sehr stark. Sie brennen in feuerfesten Gläsern eine Woche lang ununterbrochen und sind absolut sicher. Meditiere über die Engel des Lichts, während du die Kerze betrachtest (nimm vorher ein Bad). Dann verbrennst du einen besonderen Duftstoff und betest zu den Engeln: Die Engel sind viel älter als das Christentum. Sprich mit ihnen wie mit mächtigen Freunden, erzähl ihnen von deinen Herzenswünschen, öffne ihnen deine Seele. Diesen Zauber vollziehst du sieben Tage hintereinander, weil die Sieben die magische Zahl der Göttin ist, eine Glückszahl. Die Engel werden sich daran gewöhnen, dich zu besuchen, und du erlebst alle möglichen Wunder. Zünde mit dem letzten Licht der Kerze eine neue an, ohne sie auszulöschen.

Zauber für inneren Frieden

Ab und zu wollen wir einen Neuanfang machen und uns mit der Vergangenheit aussöhnen. Damit meine ich nicht, daß wir uns wegen irgendwelcher Dinge schuldig fühlen sollen, sondern genau das Gegenteil. Wenn du deine Grußkarten zur Wintersonnenwende verschickst, denk dabei auch an Leute, mit denen du auf nicht allzu gutem Fuß stehst oder mit denen du gestritten hast. Sag einfach: »Vergessen wir die unangenehmen Dinge, hier schicke ich dir meinen Segen.« Jedesmal, wenn du vergibst, wird jemand dir vergeben – das ist eine gute Methode, aus Feinden Freunde zu machen. Um sicherzugehen, daß diese Botschaften nicht mißverstanden werden und die Sache noch schlimmer machen, reibe die Karten mit Lavendelblüten ein oder gib ein paar davon in den Briefumschlag. Dann wirkst du glaubwürdiger.

Rituale für die Wintersonnenwende

Wenn du Platz für neue Dinge schaffst, wird die Natur, die keine Lücken duldet, sie für dich mit etwas Neuem füllen. Stell einen wunderschönen Weihnachts- oder Julbaum (irgendeine immergrüne Pflanze) auf: Der Duft solcher Bäume wirkt läuternd, und der Baum selbst repräsentiert den Baum des Lebens. Schmücke ihn mit Symbolen für Überfluß – bunte Kugeln und Feenglitter. Wenn du Eierlikör trinkst, stell dir vor, daß es Muttermilch ist, dann spürst du die verjüngende Kraft darin besser; überanstrenge deinen Körper aber nicht in dieser Feierzeit. Stell den ganzen Monat überall im Haus brennende Kerzen auf. Führe Tagebuch, nimm dir Zeit zum Nachdenken. Es ist die Zeit, in der man sich mehr nach innen richtet. Dezember ist ein sehr fröhlicher Monat, aber auch geeignet zu Kontemplation und Nachdenken.

Die Festtage im Dezember

3. DEZEMBER
FEST DER BONA DEA (RÖMISCH)

Bona Dea ist die gute Göttin der Gerechtigkeit. Zu ihren Ehren hielten Frauen an diesem Tag Feiern ab, zu denen Männer nicht einmal als Zuschauer zugelassen waren – nicht einmal Kater und Rüden durften sich den Frauen nähern. Bona Dea klingt wie der Ursprung von totaler Geschlechtertrennung. Hatten die Männer Ausgangssperre? Veranstalte heute etwas ausschließlich für Frauen oder gründe eine Gruppe!

4. DEZEMBER
PALLAS ATHENE (RÖMISCH)

An diesem Tag wurde die römische Göttin der Weisheit, der Erfahrung und des Studiums gefeiert. Pallas war ursprünglich eine von Athene unabhängige Göttin: Wir stehen hier vor einer lesbischen Liebesgeschichte, von der man sonst nie hört. Die jungfräulichen Göttinnen Athene und Pallas liebten sich in ihrer Jugend, aber Pallas stürzte bei den Amazonischen Spielen von einem Felsen. Athene trauerte tief um sie und ließ Pallas' Bildnis in all ihren Tempeln anbringen. Sie setzte ihren Namen vor ihren eigenen und trug ein Bildnis ihres Kopfes vorn auf ihrem Brustpanzer (griech. *aegis*). Athene ist keine kühle Göttin, sondern eine Liebende mit tiefen Gefühlen und Bindungen. Die Weisheit, die Künste und Strategien sind sämtlich ihre Erfindung. Sie ist die Weberin, die Musikerin, die Künstlerin. Feiere heute die lesbische Liebe.

5. DEZEMBER
SINTERKLAAS-TAG (HOLLÄNDISCH)

Die Kinder in Holland stellen an diesem Abend ihre Schuhe auf, um sie von dem alten Kobold Sinterklaas mit Geschenken füllen zu lassen. Wir haben den Nikolaus von den Holländern übernommen, aber um einen Tag verlegt, auf den 6. Dezember.

8. DEZEMBER
UNBEFLECKTE EMPFÄNGNIS DER JUNGFRAU MARIA
(EUROPÄISCH)

Ursprünglich wurde an diesem Tag die weiße Göttin, die Jungfrau Maria gefeiert. Sie wird als Himmelskönigin dargestellt, mit dem Mond zu ihren Füßen und der strahlenden Sonne hinter ihr. Ihr langes Haar fließt ihr über die Schultern; im Hintergrund sieht man alle Symbole der heidnischen Göttin. In der Hand hält sie einen Olivenzweig, eine Rose, Lilie oder einen Spiegel, ein Szepter und die Krone. Die Göttin entsprang sich selbst, wie auch die ägyptische Neith bekennt: »Kein Mann hat je meinen Schleier gehoben.«* Der alte Brauch des Weihrauchverbrennens legt nahe, daß es sich bei der Jungfrau Maria um niemand anderen als die Göttin der Sonne und des Mondes in einer Gestalt handelt.

---

* Ägyptische Inschrift, zitiert in: Lawrence Durbin-Robertson: Juno Covella, S. 245.

Im Süden Mexikos feiert man an diesem Tag die alte Maya-Mutter Ixchel mit Prozessionen und man segnet kleinere Boote und die Felder. In Japan nehmen sich Frauen an diesem Tag frei, um Spaß zu haben und die Männerrolle im Haushalt zu übernehmen – man nennt diesen Tag »Hari no Kuyo«. Kehr die Rollen um, schlüpf einmal in andere Schuhe!

9. DEZEMBER
TONANTZIN-FEST (MEXIKANISCH)

Im Jahre 1531 erschien Juan Diego die altehrwürdige Göttin Tonantzin an der Stätte ihres alten heidnischen Tempels auf dem Hügel von Tepayak, die seit der spanischen Eroberung unangetastet geblieben war. Juan Diego zufolge sagte Tonantzin, sie liebe das Volk und wolle, daß der Schrein wiederaufgebaut würde; ihr Wunsch wurde erfüllt. Tonantzin wurde für eine Erscheinung der Jungfrau Maria gehalten, und seitdem nennt man sie die Madonna von Guadeloupe. Sie wird an diesem Tag vom mexikanischen Volk und anderen Gläubigen angebetet, die aus aller Welt zu ihrem Schrein anreisen. »Denn ich bin die Mutter aller, die in diesem Land leben«, sagte sie.* Es lebe Tonantzin!

13. DEZEMBER
FEST DER HEILIGEN LUCIA (SCHWEDISCH)

Heute findet die größte Feier von Lucia als Sonnengöttin statt. Frauen ziehen als Bräute verkleidet durch die Straßen, verteilen Kuchen und Schnaps und verbreiten Fröhlichkeit, weil die Göttin neue Sonnenstrahlen erglänzen läßt. Die

---

* Lawrence Durbin-Robertson: Juno Covella, S. 248.

Tochter des Hauses weckt mit einer Kerzenkrone auf dem Kopf die anderen Familienmitglieder mit Kuchen und Liedern. Man sieht bei den Feiern oft junge Mädchen in weißen Kleidern, da die Sonnengöttin selbst noch ein Kind ist; die Männer verkleiden sich als Kobolde, Lucias Helfer. Wenn man an diesem Tag mit einem schwedischen Flugzeug fliegt, zelebrieren sogar die Stewardessen das Fest der heiligen Lucia.

17. DEZEMBER
OPS-FEST; DIE SATURNALIEN (RÖMISCH)

Saturn und Ops, die Göttin des Überflusses, zelebrieren an diesem Tag ihren Segen, und hier hat der Brauch, Geschenke auszutauschen, seinen Ursprung. Man schenkte einander Dinge, die für Ops, die Göttin der Fruchtbarkeit, in Reispapier gehüllt waren, und Puppen, die die Beschenkten in Wohlstand und bei guter Gesundheit darstellten. Saturn feierte gern mit Wein und Gesang. An diesem Tag erhielten manche Sklaven ihre Freiheit, und man unternahm alles, um in das Goldene Zeitalter zurückzukehren, in dem es keine gesellschaftlichen Schranken gegeben hatte. Das Fest dauerte bis zum Ende des Monats und ist der Ursprung aller Karnevalsfeiern und anderer wilder Feste. Einige dieser Festbräuche haben sich in Österreich, Belgien, Deutschland, Frankreich, Spanien, Italien und Ungarn erhalten.

21. DEZEMBER
WINTERSONNENWENDE; DIE SONNE TRITT IN DAS ZEICHEN DES STEINBOCKS

Heute ist Wintersonnenwende, die Wiedergeburt des Lichts – eines der größten Feste für alle Hexen, die die Sonne mit Nachtwachen, Tanz und Gesang begrüßen. Die Sonne tritt erneut in das Zeichen des Steinbocks, der Ziege. Überall in der Welt schenken jungfräuliche Mütter Kindern das Leben: Rhiannon gebiert ihren Sohn Pryderi, durch Isis wird Horus wiedergeboren, Demeter bekommt ihre heilige Tochter Persephone, die Erdgöttin schenkt Dionysos das Leben, und in Japan kommt Amaterasu aus ihrer Höhle. Diese verschiedenen Feiern der Wiedergeburt sind der Ursprung unseres Weihnachtsfestes.

23. Dezember
Narrentag (europäisch)

Aus der heidnischen Mythologie kennen wir die Sagen vom alljährlichen Sterben und Wiedergeborenwerden des Königs. In Europa wurde an diesem Tag der Stadtnarr gekrönt und auf den Thron gesetzt, während der echte König sich verbarg – ein simulierter Tod. Selbst die Mächtigen mußten sterben, um wiedergeboren zu werden.

24. Dezember
Mutter-Nacht (angelsächsisch)

Unsere heidnischen angelsächsischen Ahnen nannten die Nacht vor Weihnachten Modraniht (angelsächsisch für »Mutter-Nacht«). Wer waren diese geheimnisvollen Mütter, vor denen alle Welt Ehrfurcht empfand? Die großen Göttinnen aus aller Welt gebaren wie in einem einzigen, orchestrierten göttlichen Akt eine neue Welt.

Diese Tage sind voll Zauber, denn die Mütter haben sich dem Leben neu verpflichtet. Die Jugend ist voller Erregung, denn nach der Nacht der Mütter ist sie an der Reihe. Am nächsten Tag wird Mutterliebe in Form von Geschenken mit magischer Bedeutung auf die Jungen herabregnen: Die frühen Angelsachsen veranstalteten wahrscheinlich große Ge-

lage, wenn die Frauen
der Familien zu Besuch
kamen und Geschenke
für die Kinder mit-
brachten. Alle bekann-
ten Symbole dieser Jah-
reszeit stammen aus
heidnischen Zeiten: Der
Lebensbaum ist unser
Weihnachtsbaum, und wir
schmücken ihn wie eh und je mit

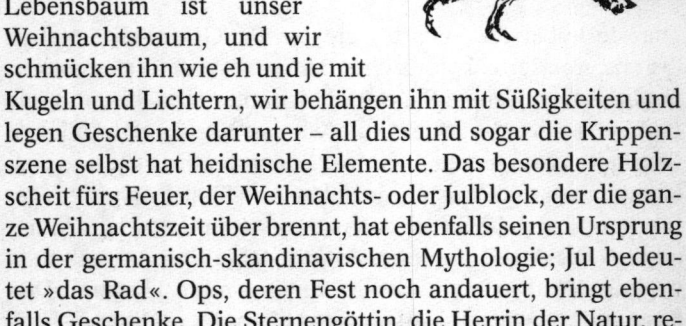

Kugeln und Lichtern, wir behängen ihn mit Süßigkeiten und
legen Geschenke darunter – all dies und sogar die Krippen-
szene selbst hat heidnische Elemente. Das besondere Holz-
scheit fürs Feuer, der Weihnachts- oder Julblock, der die ganze Weihnachtszeit über brennt, hat ebenfalls seinen Ursprung
in der germanisch-skandinavischen Mythologie; Jul bedeutet »das Rad«. Ops, deren Fest noch andauert, bringt ebenfalls Geschenke. Die Sternengöttin, die Herrin der Natur, regiert die Welt, und ihr Symbol ist der Polarstern, der auf der
Spitze aller Weibnachtsbäume thront.

25. DEZEMBER
DIE JUVENALIEN: TAG DER KINDER (RÖMISCH)

An diesem Tag wurde den Kindern Unterhaltung geboten
Theaterstücke, Mummenschanz, magische Scharaden. Man
kleidete sich festlich und aß nur ausgesuchte Speisen. Talis-
mane, die Glück bringen sollten – wie Glöckchen, glückbrin-
gende Hüte, Socken für einen glücklichen Lebensweg, Spiel-
zeug und warme Kleider –, wurden ausgetauscht; dies waren
vermutlich die ersten Weihnachtsgeschenke. Man tanzte, die
Jugend traf sich, umwarb einander und verliebte sich unter
dem Mistelzweig. Lange, ehe unsere angelsächsischen Urahnen in Kontakt mit dem Christentum gerieten (einem Import

aus dem Nahen Osten und beileibe keine ureuropäische Tradition), feierten sie bereits Weihnachten, das seit Jahrhunderten als Modraniht bekannt war – und in etwa so gefeiert wurde, wie wir es heute noch tun.

25. DEZEMBER
FEST DER ASTARTE (SEMITISCH)

Die sternübersäte Astarte, die Große Göttin des Nahen Ostens, mit der babylonischen Ishtar verwandt, stammt aus neolithischen Zeiten. Sie war die schöpferische, bewahrende und zerstörerische Macht, die wir mit allen jungfräulichen Gottheiten assoziieren. Schon Salomon verehrte sie, und vielleicht haben die Christen sie daher zum Teufel Ashtoreth gemacht und, um die Sache noch zu verschlimmern, zum Mann erklärt. Die Araber nannten Astarte Athtar. Im Aramäischen war sie Attar-Samayin, der Morgenstern am Himmel. Den Kanaanitern war sie als Ashtoreth bekannt, die Himmelsherrscherin, Mutter von Baalim, Mutter aller Götter.

25. DEZEMBER
JUL: WIEDERKEHR DER SONNE (TEUTONISCH)

Die Gestalt des Nikolaus, »Santa Claus« im anglo-amerikanischen Sprachraum, hat viele Inkarnationen erlebt, von einem alten Gott über einen christlichen Heiligen zu einer Hauptfigur der amerikanischen Folklore. Seine Rentiere weisen eindeutig auf schamanischen Ursprung hin, seine zwergenhaften Gehilfen entstammen der Feentradition der Alten Religion. Der magische Mistelzweig ist ein Anlaß, sich zu küssen, und wirkt als Zauber für Verliebte. Manchmal saß ein Mädchen rittlings auf dem Julblock, wenn er ins Haus geschleppt wurde: Sie symbolisierte die Sonnengöttin.
Die Saturnalien werden über diesen Tag hinaus fortgesetzt.

31. DEZEMBER
HEKATE-TAG (RÖMISCH)

Das Jahr endet. Das Feuer im Kamin wird frisch angezündet, und Hestia/Vesta, die Göttin der Flammen, wird geehrt. Zünde an diesen Tagen ein Feuer an, entweder im Kamin oder draußen, und laß auch viele Kerzen brennen, um die dunklen Wintermonate zu erhellen. Sie vertreiben Furcht und schaffen Freude, denn unsere Reise um die Sonne ist zu Ende. Sag Dank für die vielfältigen Erfahrungen, und kräftige deine Hoffnung, eine weitere Reise um die Sonne zu erleben:

Königin der Himmel, Göttin des Universums,
Die Eine, die durch Furcht und Chaos schreitet
Und Leben nach dem Gesetz der Liebe bringt.
Aus dem Chaos wurde Harmonie,
Aus dem Chaos führte sie uns heraus,
Frau aller Frauen, Göttin ohne ihresgleichen!
Sie bestimmt die Schicksale der Menschen,
Höchste Herrscherin,
Krönung der Himmel,
Göttin jener im Himmel selbst,
*erhör unser Gebet!**

---

*   »Ishtar«, in: Merlin Stone: Ancient Mirrors of Womanhood, S. 107. Abdruck mit freundlicher Genehmigung von Beacon Press.

Die Dezemberlehre:
Die mystisch-praktische Kunst
des Feierns

Im Jahre 1988 wurde ich gebeten, bei einer Wicca-Konferenz in Wisconsin ein Zirkelritual abzuhalten. Seit zwei Jahren versammelten sich alljährlich hundertfünfzig Frauen aus dem ganzen Land in Wisconsin, um die Tradition der Frauenmysterien neu zu definieren und zu entwickeln. Man möchte meinen, daß eine große Zahl schöner Frauen ganz leicht ein wunderbares mystisches Ritual vollziehen kann, aber das war nicht der Fall. Die Priesterin hatte viele Ideen und bot der Gruppe die verschiedensten Möglichkeiten an, wie sie an dem Zirkel teilnehmen konnte; doch die Gruppe war noch uneins; die Frauen waren gerade erst aus allen Landesteilen angekommen und noch nicht in der Stimmung, sich zu offenbaren.

Warum sterben Zirkel manchmal? Warum werden sie einfach schlapp und kraftlos? Die Zeiten, in denen die Frauen ganz natürlich untereinander Kreise bildeten, sind vorbei: Wir wissen heute nichts mehr darüber oder haben uns schlechte Angewohnheiten zugelegt. Regel Nummer eins ist, niemals ein Ritual für eine Gruppe zu planen, ohne die Gruppe selbst daran zu beteiligen – bei einem Zirkelritual braucht man vorher Zeit, um alle an dem Weg zu dieser Erfahrung teilhaben zu lassen. Das erzeugt Interesse und gibt den Frauen bestimmte Dinge zu tun, die sie aus der Rolle der passiven Außenstehenden befreien. Sie können Blumen pflücken, Kerzen mitbringen, mit ihren eigenen okkulten Gegenständen zum Gelingen beitragen. Das löst gleich ein weiteres Problem – daß sonst nämlich immer nur die Vorräte der Priesterin aufgebraucht werden, was bei mir häufig der Fall war.

Stelle bei der Planung zunächst einmal fest, wie viele Frauen an dem Ritual teilnehmen werden. Dazu sollten alle aufstehen und sich an den Händen halten. Man sieht dann besser, womit man zu rechnen hat. Sorge dafür, daß es ein echter Kreis wird und kein Ei. Der Unterschied ist, daß in einem richtigen Kreis jeder den anderen sehen kann – dies gibt den Teilnehmern die Gelegenheit, sich zum ersten Mal als Gruppe zu betrachten. Sie müssen sehen, wer noch dabei ist, sie müssen das wirklich empfinden. Fühlt man sich wohl im Kreis? Neigungen sollten berücksichtigt werden, und die Teilnehmerinnen dürfen die Plätze tauschen.

Von deiner ersten bis zur letzten Bitte an die Gruppe mußt du als Ritualleiterin klarmachen, daß du für sie da bist, daß du organischer Bestandteil des Ganzen bist und nicht jemand, der abgehoben, privilegiert oder von Gottes Gnaden »auserwählt« und daher besser als die anderen ist. Du mußt deine Funktion als Priesterin erfüllen und nichts anderes. Eine Göttinnen-Priesterin würde sich zum Beispiel nicht abseits der Gruppe halten, auf einem Thron in der Mitte etwa oder in einer exponierten Position. Sie würde ein Teil der Gruppe sein und es ihr daher erleichtern, sie jederzeit anzusprechen. Ich setze oft Humor ein, denn Frauen entspannen sich besser, wenn sie lachen können. Das nenne ich »Lach-Yoga«: Sage ganz einfach ab und zu etwas Lustiges, das bricht das Eis.

Als nächstes stellst du fest, wer in der Gruppe unter einem Luftzeichen geboren ist, als Zwillinge, Waage oder Wassermann. Beauftrage die Luftzeichen-Frauen, ihre eigene Ecke des Universums zu gestalten und den Altar im Osten zu errichten. Das schmiedet sie zusammen: Sie haben etwas gemeinsam und beziehen sich auf ihre eigenen Symbole. Dann folgt das gleiche mit den Feuerzeichen – Widder, Schütze und Löwe; sie nehmen sich des Altars im Süden an. Die Wasserzeichen – Krebs, Fische und Skorpion – sollten in einer Ecke im Westen arbeiten. Den Nordaltar errichten die Erdzeichen – Stier, Jungfrau und Steinbock. So hat die ganze Gruppe sofort etwas zu tun. Sie beginnen, ihre intuitiven Kräfte einzusetzen, indem sie Altäre errichten, Blumen ordnen, Wasser in Kelche gießen, alles schön herrichten, miteinander sprechen, einander vertrauen. Die Mitte des Altars für die Göttin selbst sollte von allen Frauen gestaltet werden, nachdem sie die Enden des Universums hergerichtet haben. Du wirst überrascht sein, wie schnell die schönsten Altäre von ganz unterschiedlichen Frauen errichtet werden. Die Erfahrung, zusammen heiligen Raum zu schaffen, ist bereits trance-ähnlich. Es ist eine ungewöhnliche Tätigkeit, seit Jahrhunderten verboten und mit dem Tode bestraft. Heute beten Hexen wieder die Lebenskraft selbst an. Nun kleiden sich die Frauen in ihre rituellen Gewänder und schmücken sich, flechten Kronen aus Blumen, Gräsern und Zweigen. Einige legen silberne Kronen und Armbänder an, andere Perlen und Edelsteine. Es findet eine vollständige Verwandlung statt.

Ein Zirkel ist wie eine Torte mit verschiedenen Schichten: Auf jede Schicht folgt eine andere, höhere. Auf die gleiche Weise wird Energie aufgebaut. Die erste Schicht bildet der Zirkel. Es ist sehr wichtig, daß wir beim Aufbau der Macht nicht pfuschen, denn um Macht geht es schließlich bei der Göttin. Die Macht der Göttin ist die Energie des Lebens, und diese Kraft muß in starken, fließenden Strömen in den Zirkel geleitet werden. Die unsichtbare Energie wird sichtbar, wenn sich alle an den Händen halten und die Gruppe unbewußt zu schwingen beginnt, zuerst nur ein wenig, dann in großen Wellen, denen sich alle hingeben. Alle Körper wiegen sich sanft unter der fließenden Kraft der Göttinnenenergie.

Als nächstes wird die Energie gesteigert, wie die nächste Schicht auf der Torte. Eine traditionelle indianische Methode, die Macht zu verstärken, ist das Summen. Wenn man die Stimmbänder leicht aneinanderreiben läßt, beginnt der Schädel zu vibrieren. Achte auf deine Schädeldecke. Vibriert sie? Summe etwa drei bis fünf Minuten lang, um den elektrischen Strom im Blutkreislauf auszugleichen. Als die Dianiker begannen, gemischte heidnische Feste zu besuchen und Priesterinnen aller Traditionen unter sich zu vereinen, lernten die Frauen schnell das Summen und führten diese Technik bei ihren Bünden ein.

Wenn das Summen den Zirkel in eine tiefere, meditative Stimmung versetzt hat, kann man die Enden des Universums anrufen. Man ruft mit lauter, klarer Stimme die Kräfte in der Natur an – die Luft, das Wasser, die Erde. Man kann die Mächte des Universums auch gemeinsam anrufen, oder alle Frauen, die eine bestimmte Gemeinsamkeit haben, wie das gleiche Sternzeichen, rufen sie individuell an. Sie können sie einzeln rufen oder gemeinsam, sie können die Anrufung der anderen ergänzen und zur Untermalung Laute von sich geben – nur ein Senken der Energie ist nicht zulässig. Die Energie muß weiter ansteigen, ganz gleich, was passiert. Wenn man sie absinken läßt, ist der Zirkel verloren. Man muß dann noch einmal von vorn beginnen. Man sorgt dafür, daß die Energie nicht absinkt, indem man trotz der anderen Anrufungen ständig unterschwellig weitersummt.

Sagen wir, du hast alles Notwendige getan, du hast die geeigneten Göttinnen und Elemente der Luft, des Feuers, des Wassers und der Erde angerufen, und der Kreis hat sich geschlossen. Dann haben wir ein Zentrum der Magie: Was ist der Sinn dieses Zirkels? Wofür steht er? Man sollte die Magie der Göttin nicht benutzen, um sich einfach nur wohl zu fühlen oder weil es gerade »in« ist, an einem Kreisritual teilzunehmen. Die Macht muß genutzt werden. Du hast sie angerufen, du hast sie hergebeten, jetzt muß sie ausgerichtet werden. Das ist nicht so schwer, weil ihr euch bereits vor Beginn, als Teil der Vorbereitungen, darüber einig geworden seid. Der Weltfriede oder die Beendigung von Kindesmißbrauch sind angemessene Ziele.

Stell dir vor, daß die Göttin tatsächlich über euch schwebt, bestehend aus allen Ausstrahlungen von weiblichem Bioplasma, unseren Körpervibrationen. Nun wartet sie darauf, daß wir mit ihr in Verbindung treten. Biete ihr den Kelch an, rufe sie an als Sterngöttin – das ist mein Lieblingsgebet*. Es erzeugt unweigerlich Ehrfurcht vor der Göttin, gemahnt uns an die Unsterblichkeit, verstärkt unsere Hoffnung und macht uns weise. Aber gleich, welchen heiligen Text wir benutzen: Dies ist der Augenblick für den Zirkel, ehrfürchtig zu werden. Wenn die Gruppe dieses Gebet kennt, klingt es am mächtigsten, wenn es von allen zusammen gesprochen wird. Es jagt den meisten Schauer über den Rücken.

Nach einer Pause wird das Summen fortgesetzt, leise und stetig, um das Energieniveau aufrechtzuerhalten. Nun folgt der Teil, in dem die Einzelpersonen zur Göttin treten, sie wie ihre eigene Mutter ansprechen und sie um Dinge bitten können – Gesundheit, Reichtum, Weisheit, Heilung, Lösungen. Das geschieht normalerweise, indem wir in den Kreis treten und beim Sprechen eine Kerze anzünden. Die anderen Frauen summen weiter, schenken der einzelnen aber ihre volle Aufmerksamkeit. Gewöhnlich gehen wir mindestens einmal im Kreis herum und zünden alle Kerzen auf dem Altar an.

Das ist der Höhepunkt des Zirkels. Mag die Luft vorher ein Frösteln durchzogen haben – das ist jetzt verschwunden. Die Körpertemperatur wie auch die Temperatur im Raum um uns ist siedend heiß vom Kerzenschein und von unserer Energie. Jetzt werden Göttinnenhymnen und Lieder gesungen, und schließlich, wenn die Zeit dafür reif wird, tanzen wir mindestens dreimal um den Altar. Das bringt Glück, und daher wird alles, was von der Göttin erbeten wurde, gesegnet. Mein Lieblingsgesang dafür ist: »Die Göttin lebt! Zauber ist überall!«

Dann bestätigt jede Frau einzeln die Göttin: »Die Göttin lebt!«, und jedesmal singt die Gruppe darauf als Antwort: »Zauber ist überall!« Nach der Bestätigung der Göttin sagt jede Frau den gleichen Satz mit ihrem eigenen Namen, um ihre Verbindung zum Göttlichen zu bekräftigen. »Zsuzsanna lebt! Zauber ist überall!« Das verstärkt die Energie noch mehr.

---

*   Siehe dazu auch Z. E. Budapest: Herrin der Dunkelheit.

Du mußt aber aufpassen, denn es gelingt nicht mit jedem Lied oder jeder Hymne: Alles muß zur Energiemenge passen. Bring deine Gruppe nicht mit einem zu langsamen Lied aus dem Rhythmus: Hebe das besser für später auf, wenn die Energie wieder gesenkt wird. Eine Priesterin sollte ein vielfältiges Repertoire an Liedern und Hymnen haben.

Schließlich fassen sich alle an den Händen und umkreisen den Altar. Die Kerzen brennen nun sehr niedrig, die letzten Bitten sind ausgesprochen, und der Tanz geht weiter. Bewegt euch geschmeidig und ausgelassen in Tanzschritten. Danach ist es Zeit, die Energie wieder zu senken. Eine beliebte Übung dazu ist, auf den staubigen Boden zu schlagen, den Boden zu küssen oder andere bodenorientierte Gesten zu machen. Ich küsse den Boden nur in freier Natur gern – damit meine ich nicht das Straßenpflaster. Die Alten ließen sich an dieser Stelle einfach auf dem Boden nieder und hielten ein Festmahl, denn Essen ist eine sehr natürliche Methode der Energieabsenkung. Wenn es kein Essen gibt (doch das sollte immer vorhanden sein), atme zum Boden. Sauge die Energie in dich ein wie mit einem Strohhalm, lagere sie in deinem Körper ab und sag dir, daß dieser Raum nun in dir weiterlebt. Du brauchst ihn nur in dich einzuatmen. Ich benutze auch allgemeines Klatschen zur Absenkung. Wir beklatschen einander und das Erlebnis: Das ist eine ausgezeichnete Methode, ein Ritual abzurunden. Beim Essen folgen dann noch andere Rituale, um die guten Gefühle und die Segnungen fortdauern zu lassen. Manchmal geben wir einander den ersten Bissen oder Schluck mit den Worten: »Mögest du niemals Hunger leiden! Mögest du niemals Durst haben!« Erst wenn wir jemand anderem zu essen gegeben haben, beginnen wir selbst – das verstärkt das Gefühl des Einsseins. Essen teilen und an jemand anderen zuerst denken ist bei heiligen Mahlzeiten üblich.

Wenn die Energie schließlich ganz zu schwinden beginnt, sollten sich alle wieder erheben und gemeinsam der Macht, der Göttin danken, weil sie uns mit ihrer Präsenz gesegnet

hat. Und genauso begeistert, wie die Teilnehmerinnen die
vier Enden des Universums angerufen haben, wird die gleiche Energie aufgewandt, ihnen zu danken. Ich werfe immer
eine Blume in die vier Richtungen, ein Gänseblümchen oder
eine Rose, als einen echten Dank und ein Lebwohl. Das bildet einen ausgezeichneten Abschluß, und ich glaube, die
Göttin schätzt solche Feinheiten.

Außerdem verwende ich Abschiedslieder, die ich selbst für
einen guten Abschluß einer guten Versammlung komponie-
re. Das Ende ist ebenso wichtig wie der Anfang, wenn nicht
sogar wichtiger.

Möge Artemis dich beschützen
und Hera für dich sorgen,
und die Frauenseele in dir
leite dich auf deinem Heimweg.
Trefft euch froh und geht froh nach Hause
und trefft euch fröhlich wieder!

Dann sammeln die Frauen die Wertsachen vom Altar, die
Kerzen (sie können später auf dem Hausaltar ausbrennen),
die Edelsteine, Kleider, eben alles, womit sie zum Ritual beigetragen haben. Auf diese Weise gewinnen sie Einsicht in die
Magie, die sie aufgebaut haben. Sie erinnern sich daran, wie
sie die Altäre errichteten – und nun bauen sie sie ab. Es war
die Magie der Göttin, aber irgendwie waren es die Frauen,
die diese Magie erzeugten. Das ist eine gute Lektion, über
die man nachdenken sollte. Wenn alles getan ist, geht und
kommt gut nach Hause.

Ein gutes Ritual bleibt wochenlang gegenwärtig und verleiht Energie. Immer wieder erinnert man sich an diesen oder
jenen Moment des Abends, Dinge, die geschahen, wie man
sich fühlte und momentan fühlt. Bei unserer letzten Voll-
mondfeier erinnerten sich zwei Frauen, wie sie mitten im
Kreis während der Gebete eine weiße Emanation der Göttin
sahen. Ich erinnere mich, wie glatt die Energie strömte und

wie ich das Zeitgefühl verlor. Als wir aufhörten, war es halb zwei am Morgen, und wir glaubten, es sei erst zehn Uhr abends. Wenn man den Raum zwischen den Welten betritt wie einen magischen Zirkel, geht als erstes das Zeitgefühl verloren. Die beste Erinnerung ist, wenn die Zauber einer nach dem anderen erscheinen und man sieht, daß alles in Erfüllung geht, um was man gebeten hat. Dieses Gelingen ist letztendlich der Beweis für ein gutes Ritual.

Erspüre, was die Gruppe braucht. Kannst du den allgemeinen Willen kanalisieren? Kannst du die Gefühle verstärken? Kannst du ein Ritual schaffen, das genau zum Augenblick und zu den Teilnehmern paßt? Ich fühle mich immer nur ein, dann erfolgt einfach alles wie von selbst, wie wenn ein Lied genau in dem Moment im Radio gespielt würde, wenn ich es brauchte – alles kommt zu mir, wie es gerade nötig ist – selbst die Reihenfolge stimmt manchmal. Aber das ist harte Arbeit. Man geht auch ein großes Risiko ein, so offen zu sein, vertrauend auf alles, was geschieht. Ich denke niemals: »Was, wenn ich keine Inspiration habe? Was, wenn ich durch meine Priesterschaft und Kanalisierung kein Ritual empfange?« Nur ein einziges Mal schien nichts zu erfolgen, aber dann haben wir einfach das Schweigen genutzt. Das Schweigen lehrte uns mehr, als wir vorher wußten. Es ruhte in uns allen – völliges Schweigen.

Rituale, wie ich sie in diesem Buch vorgeschlagen habe, berühren kaum die Oberfläche der Erkenntnis und Tragweite, die zu einem spirituellen Vorhaben gehören. Ich sähe es gern, wenn Frauen die Fähigkeiten, die Energie der Gemeinschaft zu steuern, ernster nähmen und das Vertrauen ins Unerwartete verstärkten. Es müssen schauspielerische und improvisatorische Fähigkeiten in die Ritualarbeit eingebracht werden, sonst versinken wir in Trivialität und Langeweile. Rituelle Führerinnen – kleidet euch prächtiger, benutzt eure Utensilien, bewahrt sie nicht einfach nur im Haus auf. Die Seelen der Frauen verlangen nach den alten Archetypen: Ermutigt die Frauen, die sie in sich haben, euch zu führen. Übt euch in Selbsterkenntnis, erkennt eure Grenzen und eure Stärken. Das macht euch zu den Priesterinnen, die die Göttin braucht. Keine von uns kann alles allein tun, und wir brauchen auch nicht alles allein zu tun: Dazu haben wir doch einander. Und das ist gut.

Literatur

Adler, Margo: *Drawing Down the Moon*, New York 1987

Allen, Richard Hinckley: *Star Names. Their Love and Meaning*, New York 1899/1963

Arguelles, Jose A.: *Transformative Vision*, Boulder 1975

Atwater, Donald: *The Penguin Dictionary of Saints*, Harmondsworth ²1985

Bailey, Alice A.: *A Treatise on White Magic*, New York 1974

The Beltane Papers, Clear Lake/Washington 1984–1988

Berger, Pamela: *The Goddess Obscured. Transformation of the Grain Protectress from Goddess to Saint*, Boston 1985

Better Homes and Gardens Heritage Cookbook, New York 1975

Blavatsky, Helena P.: *Die Geheimlehre*, Satteldorf ³1992

Blavatsky, Helena P.: *Isis Unveiled*, Wheaton/ Illinois 1973

Blofeld, John: *Compassion Yoga. The Mystical Cult of Kwan Yin*, London 1977

Bodde, Derk: *Festivals in Classical China. New Year and Other Annual Observances During the Han Dynasty, 206 B.C. – A.D. 220*, Princeton/New Jersey 1975

Bradley, Marion Zimmer: *Die Nebel von Avalon*, Frankfurt/ Main 1995

Budapest, Zsuzsanna E.: *Herrin der Dunkelheit – Königin des Lichts*, Freiburg ³1995

Budge, E. A. Wallis: *The Egyptian Book of the Dead*, New York 1967

Calendar of The Irish Folk Customs 1984, Belfast 1983

Carlyon, Richard: *A Guide to the Gods*, London 1981

Cassella, Dolores: *A World of Breads*, Port Washington/New York 1977

Christ, Carol P.: *Diving Deep and Surfacing. Women Writers on Spiritual Quest*, Boston 1980

Clark, Ella E.: *Indian Legends of the Pacific Northwest*, Berkeley 1953

Collins, June McCormick: *Valley of the Spirits. The Upper Skagit Indians of Western Washington*, Seattle 1980

Deramer, Percy, Ralph Vaughan Williams und Martin Shaw: *The Oxford Book of Carols*, New York 1928/1975

Downing, Christine: *The Goddess. Mythological Images of the Feminine*, New York 1981

Durbin-Robertson, Lawrence: *Juno Covella. Perpetual Calendar of the Fellowship of Isis*, Enniscorthy 1982

Ehrenreich, Barbara und Deidre English: *Hexen, Hebammen und Krankenschwestern*, München 1973

Engwall's Journal: A Newsletter for Coffee Connoisseurs, Clifton/New Jersey 1987

Estrada, Alvaro: *Maria Sabina. Her Life and Chants*, Santa Barbara 1981

Faron, L. C.: *Hawks of the Sun*, Pittsburgh 1964

Faron, L. C.: *The Mapuche Indians of Chile*, New York 1971

Friedrich, Paul: *The Meaning of Aphrodite*, Chicago 1978

Gimbutas, Marija: *Goddesses and Gods of Old Europe, 6500–3500 B. C. Myths and Cult Images*, Berkeley 1982

Goddesses and Their Offspring. Nineteenth- and Twentieth-Century Eastern European Embroideries, Binghamton/New York 1986 (Ausstellungskatalog)

Goldenberg, Naomi R.: *Changing of the Gods. Feminism and the End of Traditional Religions*, Boston 1979

Graves, Robert: *The Greek Myths*, Band 1 und 2, Harmondsworth 1983

Graves, Robert: *The White Goddess*, New York 1948/1966

Greenberg, Florence: *Florence Greenberg's Jewish Cookbook*, Secaucus/New Jersey 1980

Grieve, M.: *A Modern Herbal*, 2 Bände, New York 1971

Griffin, Susan: *Frau und Natur*, Frankfurt/Main 1987

Grimal, Pierre (Hrsg): *Larousse World Mythology*, London 1965

Guren, Denise und Nealy Gillette: *The Ovulation Method. Cycles of Fertility*, Bellingham/Washington 1984

Haich, Elisabeth: *Einweihung*, Hammelburg ²1994

Hall, Nor: *The Moon and the Virgin. Reflections on the Archetypical Feminine*, New York 1980

Harding, M. Esther: *Woman's Mysteries. Ancient and Modern*, New York 1971

Harlan, William: *The Horizon Cookbook and Illustrated History of Eating and Drinking Through the Ages*, New York 1968

Harrison, Jane Ellen: *Prolegomena to the Study of Greek Religion*, New York 1955

Harrison, Kenneth: *The Framework of Anglo-Saxon History to A. D. 900*, Cambridge 1976

Harvey, Youngsook Kim: »Possession Sickness and Woman Shamans in Korea«, in: *Unspoken Worlds*, New York 1980

Harvey, Youngsook Kim: *Six Korean Women. The Socialization of Shamans*, St. Paul/Minnesota 1979

Hendricks, Rhoda A.: *Mythologies of the World. A Concise Encyclopedia*, New York 1979

Hickey, Elizabeth: *The Legend of Tara*, Dundalk 1982.

Hope Murry: *The Way of Cartouche*, New York 1985

Hultkrantz, Åke: »The Religion of the Goddess in North America«, in: *The Book of the Goddess, Past and Present*, hrsg. v. Carl Olson, New York 1985

Iglehart, Hallie: *Weibliche Spiritualität. Traumarbeit, Meditation und Rituale*, München 1988

Jobes, Gertrude und James Jobes: *Outer Space. Myths, Names, Meanings, Calendars*, New York 1964

Kavasch, Barrie: *Native Harvests. Recipes and Botanicals of the American Indian*, New York 1979

Kimball, Yeffe und Jean Anderson: *The Art of American Indian Cooking*, New York 1965

Kovi, Paul: *Transsylvanian Cuisine*, New York 1985

Krieg, Saul: *The Alpha and Omega of Creek Cooking*, New York 1973

Krupp, E. C.: *Echoes of the Ancient Skies. The Astronomy of Lost Civilizations*, New York 1983

Lurker, Manfred: *Götter und Symbole der Ägypter*, Bergisch Gladbach 1991

Metropolitan Museum of Art/Los Angeles County Museum of Art: *From the Lands of the Scythians. Ancient Treasures from the Museums of the U.S.S.R., 3000 B. C. to 100 B. C.*, New York/Los Angeles 1975 (Ausstellungskatalog)

Mikalson, Jon: *The Sacred and Civil Calendar of the Athenian Year*, Princeton/New Jersey 1975

Monaghan, Patricia: *The Book of Goddesses and Heroines*, New York 1981

Murphy, John: *Traditional Irish Recipes*, Belfast 1980

Nowak, Margaret und Stephen Durrant: *The Tale of the Nissan Shamaness. A Manch Folk Epic*, Seattle 1977

Octava. Newsletter for the Eight Feasts, Clear Lake/Washington 1986–1989

Quei, Mimie: *The Art of Chinese Cooking*, New York 1960

Palmer, Martin (Hrsg.): *Tung Shu. The Ancient Chinese Almanac*, Boston 1986

Passmore, Nancy E W. u. a.: *The Lunar Calendar, Dedicated to the Goddess in Her Many Guises*, Boston o. J.

Piercy, Marge: *The Moon Is Always Female*, New York 1980

Piercy, Marge: *Woman on the Edge of Time*, New York 1976

Potts, Billie: *Witches Heal. Lesbian Herbal Self Sufficiency*, Bearsville/New York 1981

Rich, Adrienne: *Of Woman Born. Motherhood as Experience and Institution*, New York 1977

Roberts, Jane: *Die Natur der persönlichen Realität. Ein neues Bewußtsein als Quelle der Kreativität*, München 1995

Robinson, Herbert Spencer und Knox Wilson: *Myths and Legends of All Nations*, Totowa/New Jersey 1976

Rudhyar, Dane: *Der Sonne-Mond-Zyklus. Ein Schlüssel zum Verständnis der Persönlichkeit*, Wettswil bei Zürich 1988

Sanday, Peggy Reeves: *Female Power and Male Dominance. On the Origins of Sexual Inequalities*, Cambridge 1981

Santa Maria, Jack: *Indian Sweet Cookery*, Boulder 1980

Spicer, Dorothy Gladys: *The Book of Festivals*, New York 1937

Spretnak, Charlene: *Lost Goddesses of Early Greece*, Berkeley 1978

Spretnak, Charlene: *The Politics of Women's Spirituality*, Garden City/New York 1982

Starhawk: *The Spiral Dance*, New York 1979

Stein, Diane: *The Kwan Yin Book of Changes*, St. Paul/Minnesota 1986

Stewart, Katie und Pamela Michael: *Wild Blackberry Cobbler and Other Old-Fashioned Recipes*, Salem/New Hampshire 1984

Stone, Merlin: *Ancient Mirrors of Womanhood. Our Goddess and Heroine Heritage*, Boston 1984

The Time-Life Holiday Cookbook, New York 1976

Tun Li-ch'en: *Annual Customs and Festivals in Peking*, übers. v. Derk Bodde, Peiping 1936

Walker, Barbara G.: *Das geheime Wissen der Frauen*, München 1995

Wasson, R. Gordon: *Maria Sabina and Her Mazatec Velada*, New York 1974

Zimmermann, J. E.: *Dictionary of Classical Mythology*, Toronto 1980

Register

Über die Autorin

Zsuzsanna Emese Budapest wurde am 30. Januar 1940 in Budapest während eines heftigen Schneesturms geboren. Ihre Mutter, Masika Szilagyi, war medial veranlagt und eine praktizierende Hexe, die den Lebensunterhalt für sich und ihre Tochter als Bildhauerin mit ihrer Kunst verdiente; sie brachte Zsuzsanna (»Z.«) die Liebe und den Respekt für Mutter Natur, die Dreifältige Göttin, nahe. Die Armut im Nachkriegseuropa, die Unterdrückung unter der russischen Besatzung und schließlich die Ungarische Revolution von 1956 brachten Z. dazu, ihr Schicksal in die eigenen Hände zu nehmen: Sie flüchtete aus Ungarn, beendete die Schule in Innsbruck und studierte als Stipendiatin an der Universität von Wien Sprachen. 1959 emigrierte sie in die USA, schrieb sich an der Universität von Chicago ein, heiratete und brachte zwei Söhne zur Welt. Hier besann sie sich auf ihre magischen Wurzeln und begann wieder, die Göttin zu verehren.

Bald erkannte sie in der feministischen Bewegung das Bedürfnis nach einer spirituellen Dimension und gründete den Susan-B.-Anthony-Bund Nr. I, den ersten feministischen Hexenbund, der ein Modell für Tausende anderer Gruppen wurde, die sich schnell im Land ausbreiteten.

Z. wurde 1975 verhaftet, als sie einer verdeckten Ermittlerin die Tarotkarten legte; sie verlor den Prozeß, gewann aber in der Sache, und das »Parapsychologen«-Gesetz gegen Hellseher, Wahrsager und Medien wurde neun Jahre später aufgehoben.

Heute lebt Z. in der San Francisco Bay Area, reist viel, gibt Kurse, hält Vorlesungen, hat eine eigene Fernsehshow – »Der 13. Himmel« – und leitet das Spiritualitäts-Forum für Frauen, eine gemeinnützige Organisation, die eine monatliche Vorlesungsreihe über die Göttin, spirituelle Retreats und Spiraltänze zu Halloween in der Bay Area finanziert.

Layne Redmond

FrauenTrommeln

Eine spirituelle Geschichte des Rhythmus
272 Seiten mit über 300 Abbildungen
Festeinband mit Musik-CD

Die Trommlerinnen von heute stehen in einer
alten weiblichen Tradition: Bereits in den frühen
Göttinnenreligionen galten die trommelnden
Schamaninnen und Priesterinnen als Wächterinnen
des spirituellen Lebens. Layne Redmond stellt die
ursprüngliche Verbindung von Rhythmus, Spiritualität und Frauenmacht wieder her.
Die Musik-CD mit Stücken international bekannter
Trommlerinnen rundet dieses Set zu einem einzig-
artigen Lese- und Hörerlebnis ab.